Springer-Lehrbuch

Klaus Henning · Sebastian Kutscha

Informatik im Maschinenbau

Vierte, neubearbeitete Auflage
mit 222 Abbildungen

Springer-Verlag
Berlin Heidelberg New York
London Paris Tokyo
Hong Kong Barcelona Budapest

Prof. Dr.-Ing. Klaus Henning
RWTH Aachen

Dr.-Ing. Sebastian Kutscha
sd&m München

Die ersten drei Auflagen erschienen bei der Augustinus-Buchhandlung
in Aachen

ISBN 3-540-57508-1 4. Aufl. Springer-Verlag Berlin Heidelberg New York

CIP-Eintrag beantragt

Satz: Reproduktionsfertige Vorlage der Autoren
Druck: Mercedes-Druck, Berlin; Bindearbeiten: Lüderitz & Bauer, Berlin
SPIN: 10120917   68/3020 - 5 4 3 2 1 0 - Gedruckt auf säurefreiem Papier

Vorwort zur 4. Auflage

Der vorliegende Band "Informatik im Maschinenbau" wurde ursprünglich als Vorlesungsumdruck an der Rheinisch-Westfälischen Technischen Hochschule erarbeitet. Sein Ziel ist es, der Leserin bzw. dem Leser zu vermitteln,
- für welche Zwecke,
- unter welchen Bedingungen und
- mit welchen Folgen

Rechnersysteme im Rahmen der Lösung von Ingenieurproblemen im Bereich des Maschinenwesens und der Verfahrenstechnik einsetzbar sind.

Der Band ist als Begleitmaterial zu einer Grundlagenvorlesung im Fach Maschinenbau konzipiert und soll nach dem Vordiplom durch entsprechende weiterführende Lehrveranstaltungen der einzelnen Studienrichtungen vertieft werden können.

Die Übung zur Vorlesung "Informatik im Maschinenbau" soll erste exemplarische Anwendungszusammenhänge vermitteln und enthält folgende Schwerpunkte:
- Aspekte der Modellbildung und Simulation werden am Beispiel eines Problems der Mechanik dargestellt. Dabei werden u.a. Bezüge zur Studienrichtung Grundlagen des Maschinenbaus deutlich.
- Aspekte der Prozeßsteuerung und -überwachung werden am Beispiel einer Klimaanlage dargestellt. Dabei entstehen u.a. Bezüge zur Studienrichtung Verfahrenstechnik und Energietechnik.
- Aspekte betrieblicher Informationsverarbeitung werden für örtlich verteilte Transportprozesse am Beispiel von Elementen einer logistischen Transportkette dargestellt. Dabei werden u.a. Bezüge zur Studienrichtung Verkehrstechnik dargestellt.
- Aspekte der Oberflächengestaltung und Mensch-Rechner-Schnittstellen werden am Beispiel benutzerorientierter Maschinensteuerungen für rechnergesteuerte Werkzeugmaschinen (CNC) dargestellt. Dabei werden u.a. Bezüge zur Studienrichtung Fertigungstechnik aufgezeigt.

Wir hoffen, Ihnen, den Studierenden, nicht nur einen Einblick in die Informatik im Maschinenbau zu geben, sondern Ihnen auch exemplarisch eine Brücke zu schaffen zwischen der grundlagenorientierten und der anwendungsbezogenen Phase Ihres Studiums. Wir bitten Sie herzlich, uns alle Anregungen, Verbesserungsvorschläge, Korrekturen etc. zu dem vorliegenden Buch und der Lehrveranstaltung schriftlich oder mündlich zukommen zu lassen, damit wir besser lernen, wie Sie besser lernen können.

Da dieser Band sich auch ohne die begleitenden Vorlesungen und Übungen als Einführung und Nachschlagewerk für Belange der Informatik bei Ingenieurproblemen erwiesen hat, liegt der Vorlesungsstoff "Informatik im Maschinenbau" nun erstmals als Buch vor. Die Grundstruktur des bisherigen Umdrucks wurde dabei beibehalten. Besonderer Dank gilt den Studierenden der Lehrveranstaltung, die durch ihre Verbesserungsvorschläge und Hinweise die Überarbeitung unterstützt haben.

Aachen, im November 1993
Klaus Henning, Sebastian Kutscha,
Mitarbeiterinnen und Mitarbeiter

Inhaltsverzeichnis

Prof. Dr.-Ing. Klaus Henning

ist seit 1985 Professor für das Fachgebiet Kybernetische Verfahren und Didaktik der Ingenieurwissenschaften (KDI) und Leiter des Hochschuldidaktischen Zentrums (HDZ) der RWTH Aachen.

Arbeitsgebiete: Kommunikations- und Organisationsentwicklung; Human–zentrierte Gestaltung von Mensch-Maschine-Systemen; Informatik im Maschinenbau

Anschrift:
Dennewartstr. 27
52068 Aachen
Telefon: 0241/9666-0
Telefax: 0241/9666-22

Dr.-Ing. Sebastian Kutscha

ist als Bereichsleiter bei der Firma software design & management gmbh (sd&m) in München tätig.

Arbeitsgebiete: Design und Projektmanagement betrieblicher Informationssysteme; Reengineering; praxisorientierte Umsetzung objektorientierter Methodik; IT-Consulting

Anschrift:
Thomas-Dehler-Str. 27
81737 München
Telefon: 089/63812-0
Telefax: 089/63812-150

Mitarbeit:

Susanne Alves, Matthias Barthel, Dr.-Ing. Bertram Harendt,
Dipl.-Ing. Karin Johnen, Dipl.-Ing. Horst Kesselmeier,
Dipl.-Ing. Markus Messelken, Dipl.-Ing. Beate Schmitz, Karl-Heinz Slacek,
Dipl.-Phys. Inga Tschiersch, Dipl.-Ing. Dirk Wollenweber

Methodische und didaktische Beratung:

Dr.-Ing. Robert Sell, Dr. rer. nat. Dietrich Brandt

Redaktionelle Arbeiten:

Caroline von Busekist, Peter Breuer, Claudia Capellmann, Sandra Dahmen,
Nicole Dullisch, Antje Eder, Ursula Hahn, Marc Herzhoff, Gisela Jansen,
Thomas Klevenz, Mourad Louha, Stefan Moritz, Anja Müller, Michaela Plum,
Benedikt Schmedding

1 Einführung

1.1 Ziel der Lehrveranstaltung

Die Informatik hat sich in der Bundesrepublik Deutschland seit ca. 1967 als Studienfach, aber auch als eigenständige Wissenschaftsdisziplin etabliert. Die Informatik beschäftigt sich generell mit dem Lösen von Problemen durch eine präzise Formulierung des Lösungswegs (Algorithmen) und der Realisierung des Lösungswegs auf einer Rechenanlage. Aber schon lange vor der "Informatik" als eigenem Wissenschaftsbereich finden sich Teile dieser Arbeitsinhalte unter den Bezeichnungen "Informationsverarbeitung", "Elektronische Datenverarbeitung", "Informationstechnik" etc. Generell kann man sagen, daß die Informationsverarbeitung durch Rechenanlagen mit der häufig damit verbundenen Automatisierung die industrielle Entwicklung seit Anfang der 60er Jahre auf dominante Art und Weise prägt.

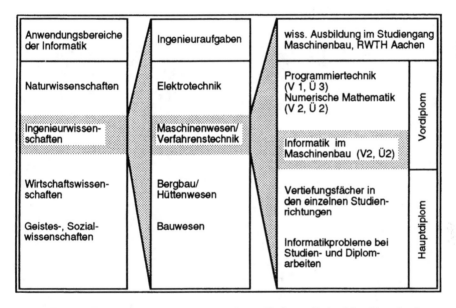

Abb. 1-1: Einordnung der Lehrveranstaltung "Informatik im Maschinenbau"

Methoden der Informatik werden heute in fast allen Wissenschaftsbereichen angewandt (Abb. 1-1). Einer der wichtigsten Anwendungsbereiche der Informatik in den Ingenieurwissenschaften bezieht sich auf den Bereich des Maschinenwesens und der Verfahrenstechnik. Die hierfür erforderliche wissenschaftliche Ausbildung im Studiengang Maschinenbau der RWTH Aachen umfaßt während der Vordiplomausbildung aufbauend auf der Lehrveranstaltung "Programmiertechnik" den in der Lehrveranstaltung "Informatik im Maschinenbau" enthaltenen Stoff. Der Lehrplan ist so strukturiert, daß nach dem Vordiplom in den einzelnen Studienrichtungen spezielle Vertiefungsangebote die Informatikkenntnisse der Studierenden erweitern und so einschlägige Informatikprobleme im Rahmen von Studien- und

Diplomarbeiten gelöst werden können. Damit sind die Voraussetzungen gegeben, daß die informationstechnische Ausbildung im Studiengang Maschinenbau den Anforderungen der industriellen Praxis entspricht.

Ziel dieser Veranstaltung "Informatik im Maschinenbau" ist es, Studierenden des Studiengangs Maschinenwesen zu vermitteln,

- für welche Zwecke,
- unter welchen Bedingungen und
- mit welchen Folgen

Rechnersysteme im Rahmen der Lösung von Ingenieurproblemen im Maschinenbau (inklusive Verfahrenstechnik) eingesetzt werden können.

Rechnersysteme werden heute praktisch in allen Bereichen des Maschinenbaus eingesetzt. Einige typische Beispiele mögen dies verdeutlichen.

In der *Fertigungstechnik* werden Rechnersysteme von der unmittelbaren Maschinensteuerung über die Verknüpfung mehrerer Maschinen durch Austausch von Daten bis hin zur rechnergestützten Produktionsplanung eingesetzt. So kann z.B. an einer numerisch gesteuerten Werkzeugmaschine nach der Programmierung der gewünschten Form eines Werkstücks der eigentliche Vorgang des Drehens oder Fräsens automatisch erfolgen (Abb. 1-2).

Abb. 1-2: Numerisch gesteuerte Universaldrehmaschine (Quelle: Gildemeister)

In der *Verkehrstechnik* finden Rechnersysteme sowohl in den Verkehrsmitteln als auch zur Steuerung und Produktion von Verkehrsmitteln vielfältige Anwendungen.

Beispielsweise können die logistischen Abläufe innerhalb eines Containerhafens durch materialflußbegleitende Informationssysteme überwacht werden. Dies ermöglicht es, dem Kranführer immer den aktuellen Auftragsbestand an umzuschlagenden Containern anzuzeigen und so den Umschlagprozeß zu verbessern (Abb. 1-3).

Abb. 1-3: Rechnergestützter Arbeitsplatz im Portalkran eines Containerhafens (Quelle: AEG/Contship)

Ein typisches Anwendungsbeispiel aus dem Bereich der *Grundlagen des Maschinenwesens* ist die Simulation mechanischer Systeme, um z.B. die Schwingungen von Bauteilen mit komplexer Geometrie ermitteln zu können (Abb. 1-4).

Eine häufige Rechneranwendung in der *Verfahrens- und Energietechnik* ist die automatisierte Überwachung komplizierter Prozeßabläufe wie z.B. die Steuerung extrem nichtlinearer, schnell ablaufender chemischer Prozesse (Abb. 1-5).

Diese Beispiele mögen genügen, um zu verdeutlichen, daß ein besonderes Merkmal der Informatik im Maschinenbau in der **Vielfalt der Einsatzmöglichkeiten** liegt. Eine erste Klassifizierung der Einsatzmöglichkeiten ist wie folgt erkennbar:

- Rechnersysteme sind **Teil der Lösung** eines Problems. Beispiele hierfür sind die unmittelbare Maschinensteuerung oder die Regelung komplizierter Prozesse.
- Rechnersysteme sind **Werkzeuge beim Finden von Lösungen**. Beispiele hierfür sind die Simulation mathematischer Modelle von Anlagen und Geräten oder numerische und symbolische Berechnungen.

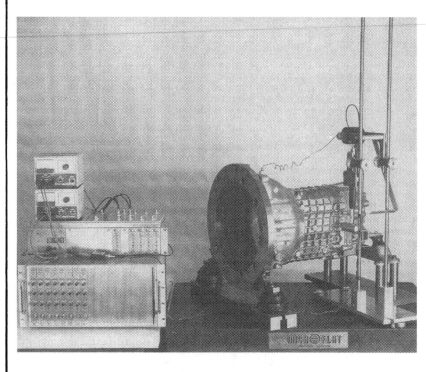

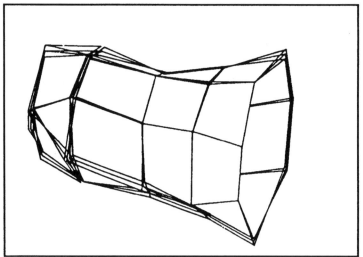

Eigenschwingungen bei f = 1192 Hz
LEHRsche Dämpfung: 0,75%

Abb. 1-4: Simulation des Schwingungsverhaltens eines Getriebegehäuses
(Quelle: Lehrstuhl für Mechanik B, TU München)

Abb. 1-5: Automatisierte Leitwarte (Quelle: ABB)

Dabei tritt häufig der Fall auf, daß das Werkzeug, das man zum Finden einer Lösung verwendet hat, *gleichzeitig auch einen Teil der Lösung des Problems* darstellt. Rechnersysteme können also im Maschinenbau als Produktionsmittel, als Produkte oder als Kombination von Produktionsmitteln und Produkten auftreten.
Der Grund für diese außergewöhnlich vielfältigen Einsatzmöglichkeiten des Computers liegt in folgendem:

> Diejenigen Aspekte eines Vorgangs, die sich durch **feste und präzise Regeln** beschreiben lassen, können auf einem Computer abgebildet werden.

Auf diesen **Kernsatz** wird im Laufe der Lehrveranstaltung immer wieder zurückgegriffen werden.
Mit "Vorgang" ist zunächst eine beliebige Folge von Ereignissen gemeint, die wir in der uns umgebenden Wirklichkeit beobachten. Solche Vorgänge sind nicht generell auf Computern abbildbar.
Eine erste Einschränkung ergibt sich schon allein dadurch, daß ein Vorgang immer unter **verschiedenen Aspekten** betrachtet werden kann. Solche Aspekte eines Vorgangs können sein:
- Der beobachtete Vorgang wird nur unter formal *logischen* Aspekten bewertet.
- Der beobachtete Vorgang wird hinsichtlich seiner *praktischen Verwendbarkeit* bewertet.
- Der beobachtete Vorgang wird hinsichtlich seiner *Struktur und zeitlichen Abläufe* bewertet.
- Der beobachtete Vorgang wird in Hinblick auf seine Beliebtheit bei Nutzern bewertet (*Nutzerakzeptanz*).
Diese unvollständige Aufzählung von Aspekten eines Vorgangs macht bereits deutlich, daß nicht alle Aspekte eines Vorgangs durch feste und präzise Regeln be-

schrieben werden können. So ist es z.B. nicht möglich, das Verhalten des Fahrers
in einem Kraftfahrzeug vollständig durch feste und präzise Regeln zu beschreiben.
Gemäß obigem Kernsatz lassen sich dann auch nicht alle Aspekte dieses Vorgangs
auf einem Computer abbilden.

Informatik erfaßt also nie ein vollständiges Abbild der Wirklichkeit, sondern nur
bestimmte Aspekte von Vorgängen, und zwar nur diejenigen Aspekte, die durch feste und präzise Regeln beschrieben werden können.

Wenn es jedoch gelungen ist, Aspekte eines Vorgangs durch feste und präzise Regeln zu beschreiben, dann lassen sich diese Regeln im Prinzip immer auf eine Aneinanderreihung logischer Operationen zurückführen. Der Aufwand hierfür kann allerdings ganz erheblich sein. Logische Operationen wiederum lassen sich in elektrischen Schaltungen realisieren. Wie diese Abbildung eines realen Problems auf
elektrische Schaltungen vor sich geht und welche Hilfsmittel hierfür eingesetzt
werden können, ist Thema der Lehrveranstaltung "Informatik im Maschinenbau".

1.2 Struktur der Lehrveranstaltung

Vorlesung und Buch liegt folgende Überlegung zugrunde (Abb. 1-6): Im ersten Teil
soll nach einer allgemeinen Einführung in die Problematik (Kap. 1) der Weg von
einer allgemeinen, unscharfen Problemstellung bis zur Hardware-Schaltung verfolgt werden, in der bestimmte Aspekte des zu behandelnden Vorgangs ablaufen -
allerdings nur solche Aspekte von Vorgängen, die sich durch feste und präzise
Regeln beschreiben lassen (Kap. 2).

Da die Abbildung von festen und präzisen Regeln in Hardware-Schaltungen schon
bei einfachen Problemen sehr große und unübersichtliche Dimensionen annehmen
kann, ist die zweite Hälfte der Vorlesung der Frage gewidmet, mit welchen Hilfsmitteln von Hardware und Software die einzelnen Etappen des Problemlöseprozesses unterstützt werden können (Kap. 3).

Bevor die einzelnen Schritte auf dem Weg vom Problem zur Hardware genauer
untersucht werden, ist es sinnvoll, einige allgemeine Aspekte des Entwicklungsprozesses rechnergestützter Lösungen zu betrachten (Kap. 2.1). Die Grundlage eines
solchen Prozesses bildet immer ein Modell, das sich der Entwickler von der
Wirklichkeit macht. Anhand eines Beipiels werden wir daher die Modellbildung
genauer untersuchen. Die Entwicklung rechnergestützter Lösungen weist viele
Gemeinsamkeiten mit dem allgemeinen Prozeß ingenieurmäßigen Problemlösens
auf. Wir werden uns daher damit beschäftigen, in welchen Schritten ein solcher
Prozeß zielgerichtet durchgeführt werden kann, wie diese Schritte auf die Entwicklung rechnergestützter Problemlösungen angewendet werden können und wie der
spätere Anwender eines solchen Systems in den Entwicklungsprozeß eingebunden
werden kann.

Der erste Schritt dabei ist die Problemanalyse und -spezifikation (Kap. 2.2). Ziel
dieser Phase ist es, von einer allgemeinen, unscharfen Problemstellung zu einer
präzisen Beschreibung von Problemen und Anforderungen zu kommen. In diesem
Zusammenhang werden wir auf die Möglichkeiten zur Klassifikation von
Problemen eingehen.

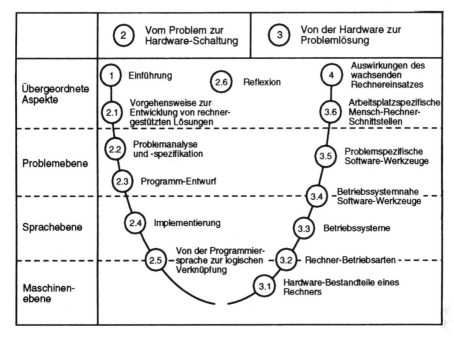

Abb. 1-6: Struktur der Lehrveranstaltung und des Buches

Es stellt sich dann die Frage, wie aus der Problem- und Anforderungsbeschreibung eine präzise Formulierung des Lösungswegs entsteht. Dies ist der Inhalt der Entwurfsphase (Kap. 2.3). Diese Phase ist von entscheidender Bedeutung für die Qualität des gesamten Produktes. Auf die Kriterien für einen guten Entwurf und die Prinzipien und Hilfsmittel, ihn zu realisieren, wird daher ausführlich eingegangen. Nur in seltenen Fällen sind die zu lösenden Probleme als Ganzes behandelbar. Meistens müssen sie in Teilprobleme zerlegt werden. Hierfür gibt es zahlreiche logische und rechentechnische Hilfsmittel, die allerdings für einen guten Programmentwurf nicht ausreichend sind. Zusätzlich müssen Qualitätsaspekte beachtet werden, die mehr mit den Software-Entwickl**ern** als mit der Software-Entwickl**ung** zusammenhängen. Am Abschluß des Programmentwurfs stehen die fertigen Algorithmen und Datenstrukturen.

Wie kommt man nun vom Algorithmus zu einem (korrekten) Programm? Dieser Umsetzungsschritt geschieht in der Implementierungsphase (Kap. 2.4). Dabei wird der Algorithmus in eine Programmiersprache übersetzt. Die Wahl der Programmiersprache und der Programmierstil sind entscheidend für die Eigenschaften des zukünftigen Programms. Die existierenden Programmiersprachen unterscheiden sich in ihrer Struktur und damit u.a. in ihrer Effizienz und Lesbarkeit. Der bei der Umsetzung angewandte Programmierstil beeinflußt den Umfang von Fehlern des Programms. Da diese Fehler im schlimmsten Fall erst durch eine Analyse der Vorgänge auf Maschinenebene beseitigt werden können, ist es ratsam, durch einen guten Programmierstil Fehler zu vermeiden. Unter anderem deshalb wird gezeigt, wie Elemente einer Programmiersprache in kleinste Teilschritte zerlegt werden können.

Das Verständnis des Übergangs vom Maschinencode zur logischen Verknüpfung und zur Hardware-Schaltung (Kap. 2.5) ist gerade im Bereich des Maschinenbaus bei einer gerätenahen Anwendung von grundlegender Bedeutung. Hierzu wird der Aufbau eines Rechners in seinen Grundzügen erläutert. Darauf aufbauend wird dargestellt, wie sich die Teilschritte in den logischen Basisverknüpfungen abbilden lassen.

Damit sind die Überlegungen "ganz unten angekommen" (Kap. 2.6). Alle Aspekte von Vorgängen, die sich in feste und präzise Regeln fassen lassen, können nun mit Nullen und Einsen abgebildet werden. Diese Welt von Nullen und Einsen wird - im Sinne einer kritischen Reflexion - diskutiert. Anschließend werden die daraus folgenden allgemeinen Anforderungen an Mensch-Rechner-Schnittstellen behandelt.

Um den im zweiten Kapitel beschriebenen Abbildungsvorgang einer Problemstellung auf eine Rechner-Hardware effizient durchführen zu können, bedarf es einer Vielzahl von Hilfsmitteln der Hardware und Software auf den verschiedenen Ebenen. Diesem Thema ist das dritte Kapitel gewidmet.

Zunächst werden die Hardware-Bestandteile eines Rechners vorgestellt (Kap. 3.1). Darunter versteht man beispielsweise die Speicherelemente der Zentraleinheit eines Rechners, die Speichermedien, die Einrichtungen zur Ein- und Ausgabe, die Verbindungen zwischen den Hardware-Elementen (Busse) etc.

Hierauf aufbauend stellen sich Fragen nach der inneren Organisation eines Rechners (Kap. 3.2). Wie können Programme effektiv im Rechner verarbeitet werden? Welche speziellen Anforderungen entstehen, wenn Rechner an Maschinen und Anlagen gekoppelt werden? Wie kann man analoge Meßwerte einer Anlage in die digitale Repräsentation eines Meßwertes im Rechner umwandeln und umgekehrt? Was ist zu tun, wenn die Zeit knapp wird?

Das wichtigste interne Problem stellt die Koordination der nahezu unzählbaren logischen Abläufe auf Maschinenebene dar (Kap. 3.3). Alle derartigen Aufgaben werden durch ein spezielles Software-Programm behandelt, das sogenannte Betriebssystem. Nach der Beschreibung des Aufbaus solcher Betriebssysteme wird auf ein herstellerneutrales Betriebssystem näher eingegangen. Dieses ist auf unterschiedlichen Hardware-Konfigurationen lauffähig.

Das Kapitel 3.4 enthält einen Überblick über betriebssystemnahe Software-Werkzeuge und beschreibt, wie der Nutzer eines Rechners mit den Rechner-Interna umgeht. Dabei wird auf die prinzipielle Funktionsweise eines Übersetzers von einer Programmiersprache in einen Maschinencode Wert gelegt (Compiler/Assembler).

Auch auf der problemspezifischen Ebene stehen für Rechnersysteme umfangreiche Software-Werkzeuge zur Verfügung (Kap. 3.5). Neben den allgemeinen Programm-Bibliotheken gehören hierzu Programme zur systematischen Behandlung von Daten (Datenbanken), problemorientierte Beschreibungsmittel sowie Hilfsmittel, die dem Bereich der Expertensysteme und der Methode der Künstlichen Intelligenz zuzuordnen sind. Ein Überblick über Software-Werkzeuge in der rechnerunterstützten Produktion und die Funktionsweise von Software zur Datenfernübertragung schließen das Kapitel 3.5 ab.

Die Mensch-Rechner-Schnittstelle stellt dabei ein besonderes Problem dar und muß insbesondere an die Fähigkeiten und Grenzen des Menschen angepaßt sein (Kap. 3.6). Die Gestaltung solcher "Oberflächen" erfolgt dabei zunehmend mit Hilfe von Methoden der Software-Ergonomie. Als Beispiel dient die analoge Repräsentation von Werkstücken bei der rechnerunterstützten Steuerung von

Werkzeugmaschinen. Dadurch kann u.a. das Erfahrungswissen von Facharbeitern genutzt werden.

Das abschließende Kapitel 4 behandelt einige Auswirkungen des wachsenden Rechnereinsatzes und weist auf Chancen und Risiken dieser Entwicklung hin.

Für die Studierenden des Maschinebaus an der RWTH Aachen vertiefen Hörsaalübungen den Vorlesungsstoff an Beispielen einer mechanischen Simulation, einer Klimaanlage, einer Regelungseinrichtung für einen Hydraulikzylinder und anderen technischen Fragestellungen.

2 Vom Problem zur Hardware-Schaltung

2.1 Die Vorgehensweise zur Entwicklung von rechnergestützten Lösungen

2.1.1 Allgemeines

Die Entwicklung von rechnergestützten Lösungen für Ingenieurprobleme ist eine komplexe Aufgabe, die weit über das reine Programmieren oder die Auswahl der richtigen Hardware hinausgeht. Vielfältige Anforderungen technischer und nicht-technischer Art spielen in diesem Entwicklungsprozeß eine Rolle. Funktionalität, Wirtschaftlichkeit, Nutzerakzeptanz, Sicherheit, rechtliche, soziale und politische Auswirkungen sind nur einige dieser Einflußfaktoren. Aus diesen Gründen ist ein zielgerichtetes, planmäßiges und durchdachtes Vorgehen unabdingbar. Darauflosprogrammieren in Hacker-Mentalität ("Wo ist das Problem? Man muß doch nur...") ist nicht nur unzweckmäßig, sondern kann katastrophale Folgen haben.

Grundlage des Entwicklungsprozesses ist es, sich zu vergegenwärtigen, welche Aspekte der Wirklichkeit für das vorliegende Problem von Bedeutung sind und welche nicht. Wir müssen uns also ein Modell der Wirklichkeit konstruieren. Mit diesem Prozeß der Modellbildung werden wir uns im folgenden Abschnitt anhand eines Beispiels eingehend beschäftigen.

Im Anschluß daran werden wir ein Schema zum zielgerichteten Lösen von Problemen vorstellen. Der Vorteil dieses Schemas ist, daß eine Anwendung nicht nur auf Informatikprobleme beschränkt ist, sondern allgemein gültige und nützliche Hinweise zum Problemlösen bietet. Damit wollen wir den Zusammenhang zwischen "normaler" und rechnergestützter Ingenieurarbeit herstellen. Im Anschluß werden wir dieses Schema für den Anwendungsfall der Software-Entwicklung spezialisieren und in Bezug zu den Phasenmodellen des Software-Engineering setzen. Schließlich werden wir im letzten Unterkapitel Verfahrensweisen für die Kommunikation mit dem Anwender bzw. Kunden vorschlagen.

2.1.2 Modelle

Jedes System aus Hard- und Software ist ein Modell der Wirklichkeit. Die Komponenten des Systems sind Modelle realer Gegenstände und Vorgänge in dem Sinne, daß sie alle für die Problemstellung wichtigen Eigenschaften besitzen und daß alle anderen wegabstrahiert sind (vgl. Denert, 1991, S. 68). Ein System aus Hardware und Software zu bauen heißt also, ein Modell des Teils der Wirklichkeit zu entwerfen, der für die Anwendung relevant ist. Diese Modellbildung erfolgt in verschiedenen Stufen. Im folgenden werden diese Stufen im Hinblick auf eine Modellbildung auf Rechnern erläutert (Abb. 2-1-1). Als Beispiel soll dabei ein Doppelkarussell auf dem Jahrmarkt dienen.

Stufe 1

Die erste Stufe der Modellbildung besteht aus *Nachdenken* und *Beobachten* (Abb. 2-1-1). Als Ergebnis entstehen *gedachte oder beobachtete Vorgänge*, die die Vorgänge der Wirklichkeit abbilden. Bereits bei diesem Schritt der Modellbildung werden nicht beobachtbare Teile der Wirklichkeit zwangsläufig vernachlässigt.

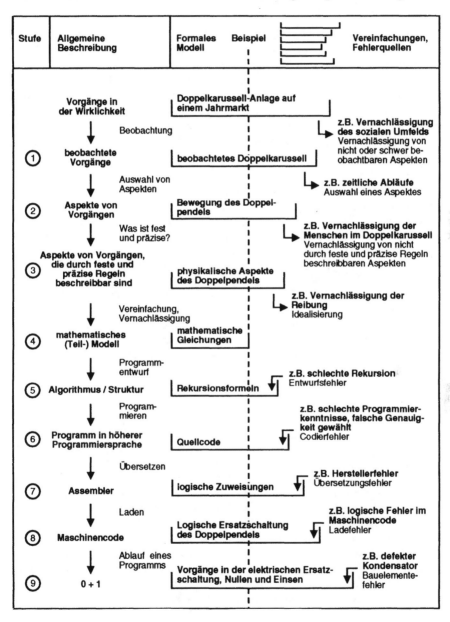

Abb. 2-1-1: Modellbildung

Beobachtet man z.B. das Doppelkarussell auf einem Jahrmarkt, so ist in vielen Fällen für den Beobachter nicht erkennbar, wie sich die Bewegungsvorgänge im Magen der Nutzer des Doppelkarussells ändern. Der Beobachter des Doppelkarussells wird sich daher auf die beobachtbaren Aspekte dieses Vorgangs beschränken und hätte damit eine erste Stufe der Modellbildung vollzogen.

Stufe 2

Der beobachtete Vorgang kann unter verschiedenen Aspekten weitermodelliert werden, z.B. hinsichtlich logischer Aspekte, praktischer Verwendbarkeit, zeitlichen Abläufen, Mengenaspekten oder Nutzerakzeptanz (vgl. Kapitel 1.1).

Das Doppelkarussell könnte nun unter den aufgeführten Aspekten einer weiteren Modellbildung unterworfen werden. Zunächst könnte unter rein physikalischen Aspekten interessieren, ob sich ein bestimmter Punkt zu jedem Zeitpunkt bzgl. seiner Lage exakt beschreiben läßt. Ebenso könnte von Interesse sein, welche Kriterien für die Erhöhung der Besucherzahl ausschlaggebend sind.

Stufe 3

Im Hinblick auf eine "computergerechte" Modellbildung können nun nur diejenigen Aspekte des beobachteten Vorgangs einer weiteren Modellbildung unterzogen werden, die sich durch feste und präzise Regeln beschreiben lassen (vgl. Kernsatz).

Im Falle des kreisenden Doppelkarussels gelingt dies sicher nicht für die Nutzerakzeptanz. Dagegen lassen sich für die Bestimmung der Lage eines gegebenen Punktes Bewegungsgleichungen angeben. Auch andere Aspekte, wie z.B. die für die Bewegung benötigte Energiemenge werden sich durch feste, präzise Regeln beschreiben lassen. Man erhält schließlich als Gesamtmodell der Doppelkarussell-Anlage ein kreisendes Doppelpendel, das sich senkrecht zur Erdbeschleunigung bewegt. Dieses kreisende Doppelpendel kann auf einem Computer abgebildet werden, weil es mit festen und präzisen Regeln beschreibbar ist. Allerdings ist z.B. der wesentliche Aspekt, daß das Doppelkarussell von Menschen benutzt wird, nicht mehr berücksichtigt. In dem Modell gibt es jetzt keine Menschen mehr, obwohl sie Teil der beobachteten Wirklichkeit sind.

Stufe 4

In den Ingenieurwissenschaften steht man nun in der Regel vor dem Problem, daß nicht alle diese Aspekte, die durch feste und präzise Regeln beschreibbar sind, mit vertretbarem Aufwand auf einem Computer abgebildet werden können. Es folgt deshalb eine Phase der Modellbildung, in der Vereinfachungen der Regeln vorgenommen werden und bestimmte (feste und präzise beschreibbare) Aspekte nicht weiter beachtet werden. Das gewonnene formale (Teil-)Modell läßt sich meist durch mathematische Gleichungen beschreiben.

Im Falle des kreisenden Doppelpendels könnte man sich z.B. entschließen, die Stangen als masselos und die Massen als Punktmassen zu betrachten und sich ausschließlich für die Lage des Punktes C zu interessieren (Abb. 2-1-2). Außerdem sei die Reibung vernachlässigbar. Hierfür lassen sich dann kinematische Beziehungen formulieren und die Bewegungsgleichungen (Drallsatz und Energiesatz) aufstellen. Falls die Lösung dieses Gleichungssystems analytisch nicht möglich oder zu aufwendig ist, kann man versuchen, mit Hilfe des Rechners eine numerische Lösung zu finden.

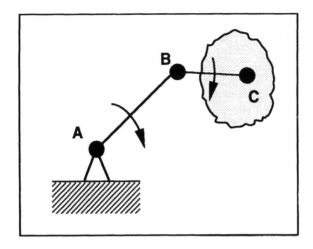

Abb. 2-1-2: Kreisendes Doppelpendel

Stufe 5

Mit dem gewonnenen mathematischen (Teil-)Modell sind nun die Voraussetzungen für einen Programmentwurf geschaffen, mit Hilfe dessen das mathematische (Teil-)Modell des beobachteten Vorgangs auf einem Computer abgebildet werden kann. Während bisher bestimmte Aspekte des beobachteten Vorgangs "verloren" gingen, können nun im weiteren Verlauf der Modellbildung durch Fehler unterschiedlicher Art Modellelemente hinzukommen, die mit der beobachteten Wirklichkeit gar nicht in Zusammenhang stehen (vgl. Abb. 2-1-1). So können z.B. bei der Entwicklung des Algorithmus logische Fehler eingebaut oder ungünstige Rekursionen ausgewählt werden.

Stufe 6

Bei der Umsetzung des Algorithmus in eine Programmiersprache können Codierfehler auftreten, weil z.B. die gewählte Genauigkeit der Zahlen ungenügend ist.

Stufe 7

Herstellerfehler im Compiler, die zu Codierfehlern bei der Übersetzung des Programmcodes in Maschinensprache führen, können sich erst lange nach der Auslieferung bemerkbar machen.

Stufe 8

Beim "Laden" des Programms von einer maschinennahen Sprache in einen Maschinencode können ebenfalls logische Fehler, z.B. im Code, auftreten.

Stufe 9

Schließlich kann ein Fehler auf der Schaltkreisebene der Hardware - z.B. ein defekter Kondensator - das Modell erheblich beeinflussen.

Abgesehen von den genannten Fehlerquellen läßt sich jedoch das mathematische (Teil-)Modell auf dem Computer in ein Modell von Nullen und Einsen überführen, denn auf der untersten Ebene treten in den elektrischen Schaltkreisen nur noch die Zustände "Ja" oder "Nein", "Wahr" oder "Falsch", "Spannung" oder "keine Spannung", "Eins" oder "Null" etc. auf. Zusammenfassend läßt sich festhalten:

Aus der beobachteten oder gedachten Wirklichkeit können diejenigen Aspekte von Vorgängen in ein Modell von Nullen und Einsen überführt werden, die sich durch feste und präzise Regeln beschreiben lassen.

Das heißt allerdings noch lange nicht, daß alle Ziele des Problemlöseprozesses auch erreicht werden können. Hierfür sind mindestens zwei weitere Voraussetzungen erforderlich: Die erste betrifft die Gültigkeit des Modells. Es kann sich beispielsweise herausstellen, daß beim Modellbildungsprozeß wesentliche Aspekte des Problems fälschlicherweise nicht beachtet wurden. Wenn aber das Modell fehlerhaft ist, können die Ergebnisse nicht zuverlässig sein, auch wenn das Modell völlig korrekt in ein 0-1-Modell überführt wurde. In einem solchen Fall hilft normalerweise die Überarbeitung des Modells und ein weiterer Durchlauf des gesamten Prozesses. Auch dies führt aber nicht immer zum Erfolg, ja es gibt sogar Fälle, wo das angestrebte Ziel überhaupt nicht erreichbar ist. Dies kann zum einen dann der Fall sein, wenn wesentliche Elemente des Problems sich nicht durch feste und präzise Regeln beschreiben lassen - wie z.B. das Verhalten der Kunden des Karussells auf dem Jahrmarkt. Zum anderen ergibt sich eine solche Situation dann, wenn zwar solche Regeln angegeben werden können, die Vernachlässigung geringster Einflußfaktoren aber zu falschen Ergebnissen führt.

Im Falle des Doppelpendels zeigt sich, daß die hier vorkommenden labilen Gleichgewichtszustände dazu führen können, daß "ein 5 km entfernter Wassertropfen" durch die von ihm ausgehende Gravitationskraft die Bewegung des Pendels langfristig deutlich verändert. Kleinste Änderungen der physikalischen Parameter führen deshalb dazu, daß das ursprüngliche Ziel, zu jedem Zeitpunkt die Lage des Punktes C bestimmen zu können (Abb. 2-1-2), nicht erreicht werden kann (vgl. Henning, 1993).

Schon bei einfachen Modellbildungen physikalischer Zusammenhänge können also auch bei konsequenter und korrekter Modellbildung Ergebnisse auftreten, die aufgrund des Einflusses winziger Vernachlässigungen mit den Vorgängen der beobachteten Wirklichkeit nicht mehr übereinstimmen.

Bei der Anwendung der Informatik im Maschinenbau treten solche Phänomene häufiger auf, als man gemeinhin annimmt. Verbunden mit der Vielzahl (versteckter) Fehlerquellen und der faktischen Unmöglichkeit, *alle* denkbaren Fehler zu prüfen, entsteht hier für die Anwendung der Informatik im Maschinenbau ein wachsendes Problem. Dies wird umso gravierender, je stärker Informatik-Elemente in die unmittelbare Maschinen- und Prozeßsteuerung integriert werden.

Die zweite Voraussetzung für das Erreichen des Ziels des Problemlöseprozesses besteht darin, daß die entwickelten festen und präzisen Regeln es ermöglichen, in endlicher Zeit ein Ergebnis zu erhalten. Auch dies ist nicht selbstverständlich. Es ist beispielsweise kein Problem, präzise Regeln zur Berechnung der Division 4:3 anzugeben und diese zu programmieren. Allerdings wird dieses Programm nie zu einem Ende gelangen, weil das Ergebnis periodisch ist. Das gestellte Problem ist daher exakt in endlicher Zeit nicht zu lösen. Bei der Formulierung eines Satzes von

Regeln zur Beschreibung eines Vorganges ist also zu prüfen, ob dieser Vorgang überhaupt in begrenzter Zeit bearbeitet werden kann. Häufig muß man sich damit behelfen, den betreffenden Vorgang einfach abzubrechen - wie beispielsweise die obige Division. Die Konsequenzen dieser unvollständigen Abarbeitung von Regeln, die "eigentlich" präzise formuliert waren, sind Gegenstand der Numerischen Mathematik und werden daher hier nicht weiter behandelt.

Diese Einschränkungen ändern jedoch nichts an der Tatsache, daß sich die Modellbildung mittels Computer als eines der wichtigsten Werkzeuge des Ingenieurwissenschaftlers entwickelt hat, und sich viele Probleme ohne dieses Hilfsmittel nicht lösen lassen.

2.1.3 Problemlöseprozeß

Bei der Frage, wozu Rechnersysteme im Rahmen von Ingenieurproblemen im Maschinenwesen und der Verfahrenstechnik eingesetzt werden können, muß zunächst geklärt werden, in welchen logischen Schritten ein zielgerichteter Problemlöseprozeß ablaufen kann. Hierzu wird ein Problemlöseschema empfohlen (Sell, 1988), das dazu beiträgt, die verschiedenen Phasen eines Problemlöseprozesses besser zu strukturieren.

Komponenten des Problemlöseprozesses

Zunächst kann ein Problemlöseprozeß durch drei Komponenten (Abb. 2-1-3) gekennzeichnet werden:
- Die Ausgangslage wird durch den *"Ist-Zustand "* beschrieben und ist von den Bearbeitern eines Problems nicht beeinflußbar.
- Bei einem Problemlöseprozeß wird in der Regel ein bestimmter *"Soll-Zustand"* angestrebt. Der *"Soll-Zustand"* beschreibt das gewünschte Ergebnis des Problemlöseprozesses.
- Der Weg vom Anfangszustand in den Endzustand wird als *Transformation* bezeichnet und beschreibt alle Handlungen, die einen Beitrag zu dem zielgerichteten Problemlöseprozeß leisten.

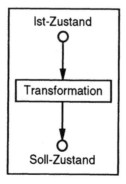

Abb. 2-1-3: Komponenten eines Problemlöseprozesses

Grobstruktur

Die Grobstruktur der *Transformation* vom Ist-Zustand in den Soll-Zustand besteht aus einem *Orientierungsteil,* einem *Ausführungsteil* und einem *Kontrollteil* (Abb. 2-1-4). In vielen Fällen muß durch Zwischenbewertungen im Ausführungsteil in den Orientierungsteil zurückgesprungen werden. Das gleiche ist notwendig, wenn bei der Kontrolle und Bewertung der Ergebnisse festgestellt wird, daß der vereinbarte oder geforderte Soll-Zustand nicht erreicht worden ist.

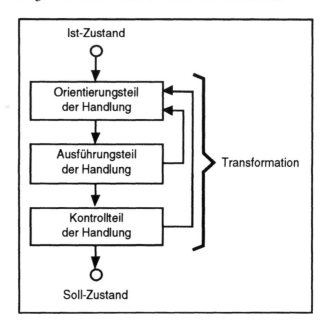

Abb. 2-1-4: Grobstruktur eines Problemlöseprozesses

Orientierungsteil

Der Orientierungsteil (Problemanalyse) umfaßt eine Ist/Soll-Analyse, die Entscheidung für Ziele und eine Vorgehensweise sowie eine abschließende Bewertungsphase (Abb. 2-1-5). Je nach Ergebnis der Bewertung ist eine Rückkehr zur Zielbildung oder zur Ist/Soll-Analyse notwendig. Diese sehr frühe Bewertung und Kontrolle ist von entscheidender Bedeutung. Ohne sie ist die Gefahr groß, durch Fehlentscheidungen bereits sehr früh in falsche Richtungen zu laufen. Solche Fehlentscheidungen lassen sich später nur noch unter erheblichem Aufwand korrigieren.

Ausführungsteil

Der Ausführungsteil enthält die Auswahl und Anwendung der notwendigen Operatoren, um das vereinbarte Ziel zu erreichen. Unter Operatoren werden in diesem Zusammenhang alle Handlungen verstanden, die dazu beitragen, den Anfangszustand in den Endzustand zu überführen. Die konkrete Umsetzung der Handlungen wird dann mit *Operation* bezeichnet. An die Anwendung der Operatoren schließt sich eine Erfolgskontrolle an, die ggf. eine Rückkehr zu einem der voran-

gegangenen Handlungsteile erfordert. Bei erzieltem Erfolg muß darüber hinaus geprüft werden, ob mit der Anwendung der Operatoren das Gesamtziel erreicht worden
ist. Ggf. sind die Operatoren neu auszuwählen und anzuwenden (vgl. Abb. 2-1-5).

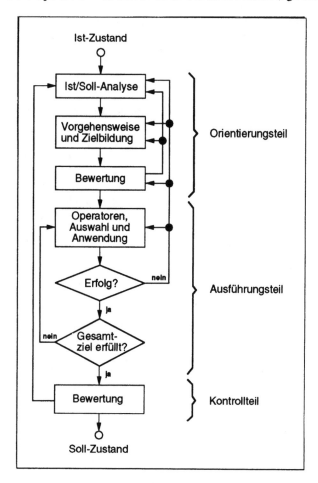

Abb. 2-1-5: Feinstruktur eines Problemlöseprozesses (nach Sell, 1988)

Kontrollteil

Dem Ausführungsteil schließt sich der Kontrollteil an, der aus einer abschließenden
Bewertung des gesamten Problemlöseprozesses besteht. Der Bewertungsprozeß
umfaßt dabei die Prüfung eventueller Zielabweichungen, die Vollständigkeit des
Ergebnisses, die Beurteilung des materiellen und zeitlichen Aufwandes.
    Zum Bewertungsprozeß gehören aber auch Fragen, inwieweit das Ergebnis ange-
messen, d.h. wirtschaftlich, sozial- und umweltverträglich ist, ob andere Lösungen
denkbar sind und ob die Mitwirkenden an dem Problemlöseprozeß das Ergebnis
auch persönlich mittragen können. Der Kontrollteil schließt mit einer Prognose der
Wirkung der Problemlösung ab, die insbesondere die Frage beantworten muß, welche neuen Problemstellungen sich ergeben oder inwieweit der Problemlöseprozeß

aufgrund der Bewertung auf der Basis einer verbesserten Ist/Soll-Analyse noch einmal durchlaufen werden muß.

Das skizzierte Problemlöseschema wird in einzelnen Elementen in den Hörsaal-
übungen zur Vorlesung angewandt und bei der Bearbeitung der sich über das ganze
Semester erstreckenden Projektaufgabe als methodisches Hilfsmittel zur Lösung der
Projektaufgabe empfohlen.

2.1.4 Entwicklungsphasen

Zu Beginn der siebziger Jahre wurde der Begriff der Softwarekrise geprägt. Bis dahin
waren die Probleme des Rechnereinsatzes vor allem in der Begrenzung der Hardware
begründet gewesen. Nun aber stellte man fest, daß die Kosten für System-
entwicklungen in wachsendem Maße von den Kosten für die Software-Entwicklung
und -Wartung bestimmt wurden. Seither ist der Prozeß der Software-Entwicklung
vielfach diskutiert und analysiert worden. Eine große Zahl von Konzepten,
Vorschlägen und Methoden wurde entwickelt. Ein wesentliches Element dabei ist
die Entwicklung eines Modells für die verschiedenen Phasen, in denen die Software-
Entwicklung verläuft. Diese Modelle werden auch als Software-Lebenszyklen
(software life cycles) bezeichnet. Im folgenden sollen nun die im Rahmen dieser
Modelle verwendeten Begriffe den Begriffen des zuvor vorgestellten Problemlöseschemas gegenüber gestellt werden (Abb. 2-1-6).

Analysephase

Die Ist/Soll-Analyse wird allgemein als Analysephase (requirements analysis) oder
Systemspezifikation bezeichnet. Bei großen Projekten beginnt diese Phase häufig
mit einer Vorstudie, um zu klären, ob das Projekt unter technischen und wirtschaft-
lichen Aspekten sinnvoll und machbar ist. Falls dies bejaht wird, beginnt die
eigentliche Analyse- und Spezifikationsphase. Ergebnis dieser Phase ist eine
schriftliche Spezifikation, beispielsweise in Form eines Lastenheftes. In diesem
Dokument wird detailliert und präzise beschrieben, welche funktionalen Anforderungen das zu entwickelnde System erfüllen soll. Diese Spezifikation wird dann einer
Prüfung (review) durch Entwickler und Kunden unterworfen und gegebenenfalls
überarbeitet. Dies entspricht der Bewertung innerhalb des Orientierungsteils.

Entwurfsphase

Im Anschluß daran folgt die Phase des Entwurfs, auch als Systemkonstruktion oder
Design bezeichnet. In dieser Phase geht es darum, für das in der Spezifikation
definierte Problem einen Lösungsweg zu erarbeiten, ohne daß dieser schon in
Einzelschritten vollzogen wird. Dies entspricht dem Schritt "Klärung der Vorgehensweise und Zielbildung" des Problemlöseschemas. Von besonderer Bedeutung
ist dabei die Zerlegung in Teilprobleme, die sogenannte Modularisierung. Dies
entspricht der Abbildung von Zwischenzielen. Ergebnis dieser Phase ist die Modulstruktur des Programms. Auch diese wird einer Prüfung und Bewertung unterzogen.

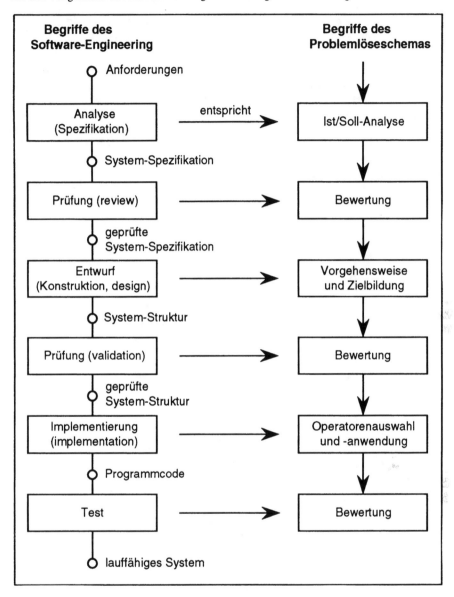

Abb. 2-1-6: Problemlöseschema und Software-Entwicklungsphasen

Implementierungsphase

Die Modulstruktur muß nun in ein konkretes, lauffähiges Programm umgesetzt werden. Dies geschieht in der Implementierungsphase, die der Operatorenauswahl und -anwendung entspricht. Operatoren sind dabei Methoden wie z.B. die Technik des strukturierten Programmierens oder die eingesetzte Programmiersprache. Der Programmcode wird schließlich in Form von Modul- und Systemtests einer

Erfolgskontrolle unterworfen. Die abschließende Bewertung erfolgt in Form der Abnahme durch den Kunden und durch eine Projektbewertung beim Entwickler.

Rückwirkungen sind sinnvoll und notwendig

Das Problemlöseschema enthält die Rückkehr zu vorangegangenen Phasen als wesentliches und unverzichtbares Element. In Darstellungen des Phasenmodells wird dagegen häufig eine strikte Trennung der Phasen propagiert. Rückwirkungen auf vermeintlich bereits abgeschlossene Phasen werden höchstens als notwendiges Übel akzeptiert. Eine solche Position ist jedoch weder realistisch noch sinnvoll. Sie entspricht nicht dem iterativen Charakter der Systementwicklung und widerspricht einer ingenieurmäßigen Arbeitsweise.

Statt dessen ist eine gewisse Überlappung und Parallelität der Phasen durchaus sinnvoll und notwendig. In Anlehnung an Denert (1991) zeigt Abb. 2-1-7 ein realistisches Abbild der Projektphasen über der Zeit.

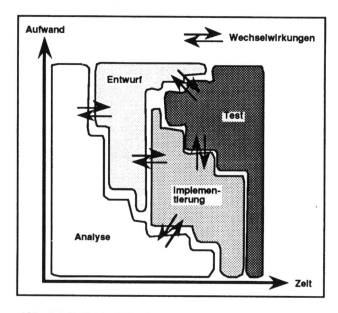

Abb. 2-1-7: Verlauf der Projektphasen (nach Denert, 1991)

2.1.5 Kommunikation mit dem Anwender

Bei der Software-Entwicklung kommt der Kommunikation zwischen dem Software-Entwickler und dem späteren Anwender eine besondere Bedeutung zu. Der Anwender ist in der Orientierungsphase oft nicht in der Lage nachzuvollziehen, was in den Köpfen (und Rechnern) der Software-Entwickler vor sich geht. Deshalb empfiehlt es sich, den Anwender in allen Phasen des Entwicklungsprozesses mit einzubeziehen. Die drei Phasen des Problemlöseprozesses (vgl. Abb. 2-1-4) werden dabei in der Regel mehrmals mit steigendem Grad der Verfeinerung, d.h. iterativ (grob/fein), durchlaufen (Abb. 2-1-8) (Verein Deutscher Ingenieure, 1989).

Lastenheft

Den Anfang bildet die Orientierungsphase, deren Ergebnisse die Anforderungen an das Software-Entwicklungsvorhaben aus Anwendersicht einschließlich aller Randbedingungen enthält und diese in einem *Lastenheft* festhält. Das Lastenheft beschreibt das WAS und WOFÜR des Vorhabens (VDI/VDE-Richtlinie 3694, 1991) und entspricht der Spezifikation.

Pflichtenheft

Diese Anforderungen werden anschließend in der Konzept- und Umsetzungsphase ausgeführt (Ausführungsteil) und bei mehrmaligem Durchlauf schrittweise konkretisiert. Dabei sollten alle Konzept- und Umsetzungsprodukte in einem Pflichtenheft festgehalten werden, das wiedergibt, WIE und WOMIT die im Lastenheft gestellten Anforderungen realisierbar sind.

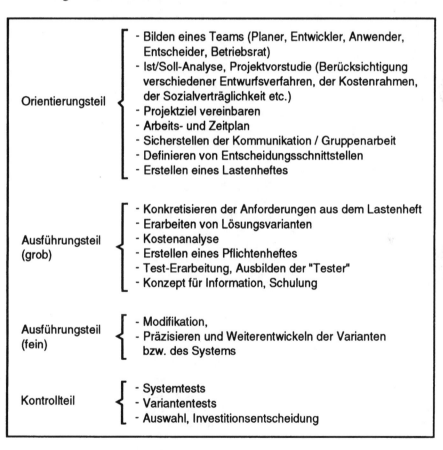

Abb. 2-1-8: Elemente des Problemlöseschemas in einem iterativen Software-Entwicklungsprozeß (nach Verein Deutscher Ingenieure, 1989)

Die einzelnen Konzept- und Umsetzungsschritte müssen möglichst frühzeitig getestet werden, um Fehlentwicklungen zu vermeiden, die meist hohe Kosten nach sich ziehen.

Schnittstellentest beim Anwender

Der Test eines Konkretisierungsschrittes (Kontrollteil) sollte möglichst am zukünftigen Einsatzort durch die späteren Anwender durchgeführt werden. Dabei zeigen sich Unzulänglichkeiten i.d.R. am deutlichsten. Dieser unmittelbare Test ist jedoch häufig technisch nicht durchführbar oder/und zu kostenaufwendig. In den ersten Schritten genügt es deshalb für einen Test, die Schnittstellen sowie die Grobstruktur einer Variante nachzubilden, um den Arbeitsprozeß in Echtzeit mit den zukünftigen Nutzern zu demonstrieren. Die Testphase setzt in der Konzeptphase den Entwurf eines Tests voraus und erfordert die Ausbildung des Personals, das diesen Test durchführen soll. Zu diesem Zweck ist es notwendig, frühzeitig Anwenderhandbücher zu entwickeln, aus denen ersichtlich ist, wie das Software-Produkt an seiner "Oberfläche" mit den Nutzern kommuniziert (Mensch-Rechner-Schnittstelle).

System-Einführung

Die anschließende Einführung des Software-Produktes kann bei großen Projekten erneut eine Anwendung des gesamten Problemlöseschemas erfordern.

Natürlich wird das Zusammenspiel zwischen Anwendern und Entwicklern je nach Aufgabenstellung und Projektstruktur unterschiedlich erfolgen. Ein Beispiel dieses Zusammenspiels mit einem dreistufigen Test ist im Abb. 2-1-9 dargestellt.

Die zunächst getrennt erarbeiteten Ergebnisse der Planungsphase des Entwicklers und des Anwenders werden bei der Erstellung des Grobkonzepts zusammengeführt. Im Kontrollteil I wird ein Test der Lösungsvarianten vom Anwender am späteren Einsatzort durchgeführt, um Probleme frühzeitig erkennen zu können.

Ein Testergebnis, das wesentliche Mängel aufzeigt, führt zu einem erneuten iterativen Schritt und damit zu einem verbesserten Grobkonzept. Ein erfolgreicher Test, der erkennen läßt, daß die Inhalte des gemeinsamen Pflichtenheftes des Anwenders und Entwicklers aus dem Grobkonzept erfüllt sind, führt zur Erarbeitung eines Feinkonzeptes und seiner Realisierung.

Der Test, der beim Entwickler nach Abschluß der Entwurfstätigkeit im Kontrollteil II durchgeführt wird, dient dem Entwickler zur eingehenden Prüfung des Ergebnisses. Nach Möglichkeit nimmt der Anwender auch an diesem Test teil. Nach Abschluß des Kontrollteils II schließt sich ein erneuter Test beim Anwender an. Dieser Test in Kontrollteil III sollte idealerweise in einem Betriebsversuch bestehen, denn so können vom Anwender die Eigenschaften des neuen Software-Systems und seine Einbindung in bestehende Strukturen des Unternehmens weitgehend beurteilt und daraus möglicherweise Konsequenzen gezogen werden. Erfolgreich abgeschlossene Betriebsversuche münden dann in die Einführung des Systems.

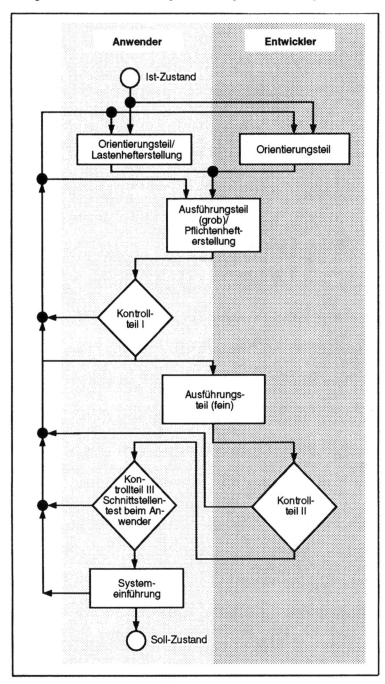

Abb. 2-1-9: Beispiel für die Zusammenarbeit von Anwender und Entwickler in einem dreistufigen Test (nach Verein Deutscher Ingenieure, 1989)

2.2 Problemanalyse und -spezifikation

2.2.1 Aufgabe

Ausgangspunkt jeder Systementwicklung sind die Anforderungen des Kunden. Zu Beginn eines Projekts sind diese Anforderungen häufig noch sehr verschwommen formuliert. Einige Beispiele:
- "Kann uns Ihr Computer bei unserem Lagerverwaltungsproblem helfen?"
- "Ich würde gerne unser Gehaltsabrechnungssystem automatisieren. Wir haben fünf Schreibkräfte bei uns im Büro, die den ganzen Tag nichts anderes tun, als Auszahlungsbelege zu tippen und Steuerformulare auszufüllen."
- "Ist es möglich, in allen unseren Geschäftsstellen Computerterminals zu installieren, um die Auftragsabwicklung zu automatisieren?"
- "Können Sie mit Ihrem Computer diesen Berg von experimentellen Daten in etwas halbwegs Handhabbares verwandeln?"
- "Können Sie uns nicht ein Programm entwickeln, das Röntgenbilder analysiert und automatisch Tumore entdeckt?"
- "Ich hätte gerne ein Simulationsmodell des Ökosystems im Rursee."

Reichen solche Fragestellungen als Basis für eine Programmentwicklung aus? Erinnern wir uns an den Kernsatz: *Diejenigen Aspekte eines Vorganges, die sich durch feste und präzise Regeln beschreiben lassen, können auf einem Computer abgebildet werden.* Keine der oben aufgestellten Problemstellungen ist jedoch so formuliert, daß sich die Aspekte der betrachteten Vorgänge, die sich durch feste und präzise Regeln beschreiben lassen, unmittelbar ablesen lassen. Sie sind also in der vorliegenden Form nicht mit Hilfe eines Rechners bearbeitbar. In der Analysephase besteht daher die Aufgabenstellung darin, Anforderungen und Wünsche der Kunden so zu präzisieren, daß sie überhaupt mit Computersystemen bearbeitet werden können.

Ergebnis dieses Prozesses ist die Systemspezifikation, die die "Außenansicht" des zu entwickelnden Systems beschreibt. Sie ist die Basis der weiteren Arbeiten.

Es kann allerdings durchaus ein Ergebnis der Analysephase sein, daß zumindest Teile der vom Kunden formulierten Anforderungen gar nicht mit Hilfe von Rechnersystemen zu lösen sind. Liegt die Ursache des Problems beispielsweise im organisatorischen oder sozialen Bereich, so hilft ein teures Rechnersystem auch nicht weiter. Leider wird diese eigentlich recht triviale Erkenntnis allzu häufig mißachtet.

Wie bereits erwähnt, entspricht die Analysephase in der Software-Entwicklung der Ist/Soll-Analyse des Problemlöseschemas. Im folgenden werden daher einige hilfreiche Methoden aus letzterem vorgestellt.

2.2.2 Ist/Soll-Analyse

Bei der Ist/Soll-Analyse werden die Eigenschaften des Sachverhaltes untersucht und zergliedert. Bei den Eigenschaften des Sachverhaltes sind folgende Aspekte von besonderer Bedeutung:
- Wie unüberschaubar ist das Problem (Komplexität)?
- Welche offensichtlichen Zusammenhänge gibt es (Plausibilität)?
- Welche Zusammenhänge sind besonders undurchsichtig (Intransparenz)?
- Welche Rolle spielt die zeitliche Veränderlichkeit (Dynamik)?
- Wie hoch ist die Abhängigkeit einzelner Variablen untereinander (Vernetztheit)?

Um die mit den Eigenschaften des Sachverhaltes zusammenhängenden Schwierigkeiten zu überwinden, sind in Abb. 2-2-1 ausgewählte Überwindungsstrategien wiedergegeben.

Eigenschaften von Sachverhalten	Methode	Taktik
Unüberschaubarkeit (Komplexität)	Auszug und Zusammenstellung aller gegebenen und gesuchten Daten Anwendung struktureller und visueller Darstellungsformen	Reduktion Abstraktion
Offensichtlichkeit (Plausibilität)	Fragetechnik	Selbstreflexion Bewertung Lösen von Fixierungen
Undurchsichtigkeit (Intransparenz)	Anwendung von Intuition und Kreativitätstechniken Umschreibung des Problems, Analogiebildung, Assoziation	Erkennen funktionaler Gebundenheiten Suchraumerweiterung
zeitliche Veränderlichkeit (Dynamik)	Annahmen explizieren Auswahl geeigneter Arbeitsmittel und Arbeitsformen	Entwicklungsabschätzung Beschränkung
Abhängigkeit der Variablen (Vernetztheit)	Zusammenhänge und Brüche festhalten	Nebenwirkungsanalyse Aufhebung oder Verlagerung von Abhängigkeiten

Abb. 2-2-1:   Eigenschaften von Sachverhalten und Methoden bzw. Taktiken zu deren Überwindung (Sell, 1988)

Eine weitere wichtige Aufgabe im Rahmen der Ist/Soll-Analyse ist die Definition
der *Problemtypen* (Abb. 2-2-2).

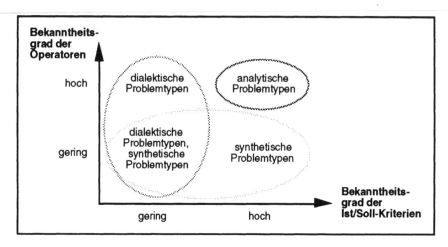

Abb. 2-2-2:   Problemtypen als Funktion der Ist/Soll-Definition und
Bekanntheit der Operatoren

Der Klassifizierung der Probleme in die drei Kategorien analytisch, synthetisch
und dialektisch liegen folgende Merkmale zugrunde:
- *Analytische Probleme* sind dadurch definiert, daß die Ist/Soll-Kriterien eindeutig
  bekannt sind und die Problemlösung durch bekannte Operatoren (bzw. Operationen) vollziehbar ist.
- Erfordert die Lösung erst das Auffinden nicht bekannter Operatoren, so handelt
  es sich um ein *synthetisches Problem*. Die Ist/Soll-Kriterien können dabei gut
  oder schlecht definiert sein.
- Ist die Problemdefinition offen, sind also entweder die Ist- oder die Soll-
  Kriterien schlecht oder unvollständig definiert und ist die Lösung durch bekannte oder unbekannte Operatoren erreichbar, so liegt ein *dialektisches Problem* vor.

Aus dieser Unterscheidung folgt, daß beim Problemlöseprozeß je nach Pro-
blemtyp unterschiedliche Gewichtungen erforderlich sind (Abb. 2-2-3).

Bei analytischen Problemen liegt der Schwerpunkt auf dem Problemlösen im
engeren Sinne. Sie erfordern daher konvergentes Denken und Handeln ("Sherlock-
Holmes-Methode "). Bei dialektischen Problemen dagegen muß zunächst einmal erheblicher Aufwand in das Finden des Problems gesteckt werden. Dies erfordert eher
divergierendes Denken und Handeln ("Querdenker", "Columbo-Methode"). Synthetische Probleme erfordern ein ausgeglichenes Maß an Aufwand für das Finden und
das Lösen des Problems.

Anhand dieser Unterscheidung wird nun deutlich, daß mit Hilfe von Computern
ausschließlich analytische Probleme bearbeitet werden können (vgl. den Kernsatz).
Die Anforderungen der Kunden dagegen sind häufig dialektischer oder synthetischer
Art. Aufgabe der Analysephase ist es also, diejenigen Aspekte der Kundenanforderungen herauszuarbeiten, die ein analytisches Problem darstellen.

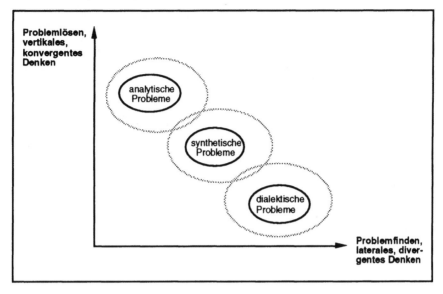

Abb. 2-2-3: Problemlösen und Problemfinden

2.3 Programm-Entwurf

2.3.1 Was ist ein Programm-Entwurf?

Bezug zum Problemlöseschema

Wie bereits in Kap. 2.1.4 erwähnt, entspricht die Phase des Programmentwurfs dem Block "Vorgehensweise, Zielbildung" des Problemlöseschemas (Abb. 2-1-6). *Allgemein besteht der Inhalt dieser Phase darin, ausgehend von den Ergebnissen der Ist/Soll-Analyse den Weg zum Ziel aufzuzeigen.* Der Weg wird dabei noch nicht in seinen Einzelschritten vollzogen.

Definition

Übertragen auf die Erarbeitung einer rechnergestützten Lösung eines Ingenieurproblems bedeutet dies, *auf der Basis der Spezifikation ein System zu entwerfen, das das gewünschte Verhalten realisiert.* Auch hier werden die dafür entwickelten Teilschritte und Mechanismen noch nicht detailliert ausformuliert. Dies ist der Inhalt der anschließenden Implementierungsphase.

  Die für die Lösung benötigte Hardware - das sogenannte Zielsystem - wird heute nur noch in wenigen Fällen eigens entwickelt. Häufig ist sie vorgegeben, kann also nicht mehr beeinflußt werden, sondern muß im Gegenteil als gegebene Randbedingung berücksichtigt werden. Wir werden uns daher im folgenden auf den Software-Entwurf konzentrieren.

Wechselwirkungen zwischen Analyse und Entwurf

Notwendige Voraussetzung eines Entwurfes ist also eine präzise Formulierung des Problems (Spezifikation). Dies ist jedoch nicht so zu verstehen, daß Analyse- und Entwurfsphase zeitlich vollständig voneinander getrennt und nacheinander verlaufen. Die Erfahrung zeigt vielmehr, daß häufig in der Entwurfsphase Erkenntnisse gewonnen werden, die zu einem vertieften Verständnis des Problems führen und eine Überarbeitung der Spezifikation erforderlich machen. Eine strikte Trennung zwischen Analyse und Entwurf würde solche Rückwirkungen unmöglich machen und damit dem iterativen Charakter der System-Entwicklung nicht gerecht werden. Andererseits besteht bei einer zu starken zeitlichen Überlappung zwischen Analyse und Entwurf die Gefahr, daß zu dem Zeitpunkt, wo Schwächen der Analyse erkennbar werden, der Entwurf bereits zu weit fortgeschritten ist. Änderungen der Spezifikation sind dann kaum noch möglich.

Die richtige Gestaltung der Wechselwirkung zwischen Analyse und Entwurf gehört daher zu den wichtigsten Aufgaben bei der Organisation des Software-Entwicklungsprozesses.

Ergebnis des Entwurfsprozesses

Das Ergebnis des Entwurfsprozesses ist eine detaillierte, schriftlich fixierte Beschreibung der Lösung. Dieses Dokument ist die Grundlage der Implementierungsphase. Entsprechend dem Problemlöseschema beschreibt die Lösung die Transformation eines Ist-Zustands in einen Soll-Zustand. Die Beschreibung einer solchen Transformation besteht immer aus der Beschreibung von
- Operanden oder Daten, deren Zustand durch die Transformation verändert wird, und
- Operationen oder Funktionen, die die gewünschte Zustandsänderung der Daten bewirken.

Beispiele für solche Operanden bzw. Daten und die jeweils zugehörigen Operationen bzw. Funktionen sind in Abb. 2-3-1 gegeben.

Operand / Datum	Operation / Funktion
Matrix	invertieren
ganze Zahl	Primfaktoren berechnen
Girokonto	Geld abheben
Fahrzeug	beschleunigen
Telefon	Hörer abheben
Kartoffel	schälen
Radio	Lautstärke einstellen
Skatspiel	geben

Abb. 2-3-1: Operanden und zugehörige Operationen

Operanden bzw. Daten werden in der Softwarelösung durch *Datenstrukturen* abgebildet, die Operationen und Funktionen durch *Algorithmen*.

Datenstruktur

Unter einer Datenstruktur versteht man eine Menge aus Datenelementen und ihre Beziehungen zueinander. Ein Telefonbuch stellt ein Beispiel für eine solche Datenstruktur dar: Die einzelnen Einträge, bestehend aus Name und Telefonnummer und evtl. weiteren Angaben, bilden die Datenelemente; die Struktur ist durch die alphabetische Reihenfolge gegeben.

Algorithmus

Unter einem Algorithmus versteht man ein Schema oder Muster für bestimmte Operationen. Ein möglicher Algorithmus für die Lösung des Problems "Welche Telefonnummer hat Alfons Müller?" wäre z.B. die folgende:

Wiederhole die folgende Operation bis die gesuchte Telefonnummer gefunden oder das Ende des Telefonbuches erreicht ist:
Vergleiche den nächsten Eintrag und prüfe, ob es der von Alfons Müller ist.

Selbstverständlich ist dies kein sehr effizienter Algorithmus. Der Grund dafür liegt darin, daß die Struktur der Daten - nämlich die alphabetische Reihenfolge - nicht voll genutzt wurde. Es zeigt sich also, daß zwischen dem Entwurf von Algorithmus und Datenstruktur eine enge Wechselwirkung besteht. Bevor nun im einzelnen auf die Methoden zur Programmentwicklung eingegangen wird, sollen im folgenden zunächst die Bedeutung des Entwurfs im gesamten Entwicklungsprozeß von Software geklärt und Kriterien für eine gute Entwicklung herausgearbeitet werden.

2.3.2 Bedeutung des Entwurfs

Die Wichtigkeit des Entwurfs hängt in hohem Maße von Art und Umfang der Problemstellung ab. Bei Aufgabenstellungen von geringem Umfang sind die Auswirkungen von Entwurfsfehlern im allgemeinen gering; sie lassen sich meist ohne großen Aufwand korrigieren. Bei großen Projekten dagegen können die Folgen eines mangelhaften Entwurfes erheblich sein; im Einzelfall können schwere Fehler im Entwurf sogar den Erfolg des gesamten Projektes gefährden. Der Grund dafür liegt darin, daß die Zahl der Folgeentscheidungen, die von einer einzigen Entwurfsentscheidung abhängen, mit dem Umfang der Problemstellung überproportional wächst. Dies gilt sowohl für die Implementierungsphase, als auch für Test, Qualitätsüberwachung und Wartung. Auswertungen von Software-Entwicklungsprojekten zeigen beispielsweise, daß die Beseitigung eines Fehlers in der Testphase um den Faktor 100 bis 10.000 teurer ist als in der Entwurfsphase. In Abb. 2-3-2 wird diese "Strahlungswirkung" von Entwurfsentscheidungen durch die Fläche der jeweiligen Kreissegmente symbolisiert (vgl. Kosy, 1974).

Dies macht deutlich, wie wichtig es ist, gerade in den frühen Phasen der Systementwicklung immer wieder bewußte Überprüfungs- und Bewertungsschritte einzubauen. Aus diesem Grund enthält das Problemlöseschema (vgl. Abb. 2-1-5) als wesentliches und unverzichtbares Element am Ende des Orientierungsteils einen Bewertungsblock.

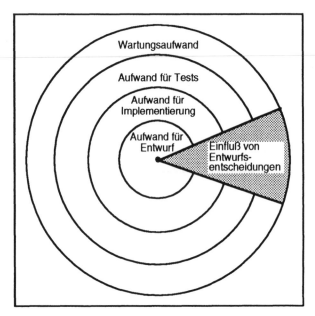

Abb. 2-3-2: "Strahlungswirkung" von Entwurfsentscheidungen

Hier zeigt sich eine besondere Eigenschaft des Software-Entwurfs. Die Arbeit mit dem Digitalrechner erfordert eine *präzise* Formulierung des Lösungsweges; exakt nach diesem Lösungsweg arbeitet der Rechner - und damit bilden sich auch sämtliche Entwurfsfehler, Ungenauigkeiten und Ungereimtheiten exakt und präzise im Ergebnis ab.

Zur Unterscheidung der verschiedenen Typen von Aufgabenstellungen und der dazugehörigen Software-Lösungen führt Brooks die folgenden Unterscheidungen ein (Brooks, 1987):

- Ein "**Programm**" wird von einer einzelnen Person oder einer sehr kleinen Gruppe entwickelt und benutzt. Von diesem Typ sind beispielsweise Programme, die im Rahmen von Programmierkursen oder Studienarbeiten entwickelt werden.
- Im Gegensatz dazu läßt sich ein "**Programm-Produkt**" auch von anderen Personen als dem/der Autor/in selbst benutzen, testen, korrigieren oder erweitern. Als Faustregel läßt sich schätzen, daß ein solches Produkt etwa den dreifachen Aufwand bei der Erstellung verlangt wie ein einfaches Programm.
- Eine zweite mögliche Erweiterung eines einfachen Programmes ist die Einbindung in ein "**Programmsystem**". Darunter ist eine Menge von Programmen zu verstehen, die über genau definierte Schnittstellen miteinander in Beziehung stehen und bestimmte, genau definierte Teile einer Gesamtaufgabe lösen. Auch hierfür ergibt sich im Vergleich zum einfachen Programm ein etwa dreimal so hoher Aufwand.
- Der vierte Typ schließlich ist das "**Programmsystem-Produkt**", das in sich die Eigenschaften des Programm-Produkts und des Programmsystems vereint. Es erfordert einen mindestens neunmal so hohen Aufwand wie das einfache Programm, aber erst Lösungen dieses Typs erfüllen industrielle Anforderungen.

Aus diesen Unterscheidungen wird nun deutlich, warum der Programmentwurf für ein Programmsystem-Produkt unvergleichlich wichtiger ist als für einfache Programme: Aufgrund des Systemcharakters hat jede Entwurfsentscheidung Konsequenzen auf die anderen Teile des Systems, aufgrund des Produktcharakters ergeben sich Konsequenzen für die bevorstehenden Phasen der Produktentwicklung. All dies spielt beim einfachen Programm keine Rolle.

Die Konsequenzen eines unzureichenden Programmentwurfs sind in Anlehnung an Odgin (1972) noch einmal in Abb. 2-3-3 dargestellt. Überträgt man die von einfachen Programmen gewohnte Arbeitsweise auf ein größeres Projekt, so wird sehr bald ohne lange Entwurfsphase mit der Implementierung begonnen. Nach einem zunächst sehr guten Projektfortschritt, der sich in einem raschen Wachstum des produzierten Codes niederschlägt, folgt jedoch in der Testphase ein Einbruch. Aufgrund von Entwurfsfehlern müssen Teile des bereits geschriebenen Programms verworfen und neu implementiert werden.

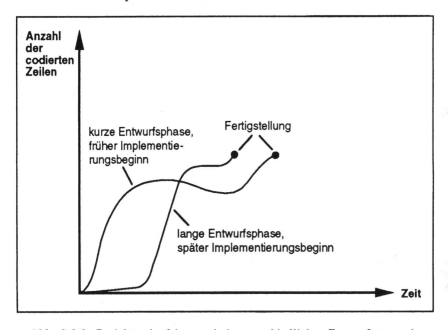

Abb. 2-3-3: Projektverlaufskurven bei unterschiedlichen Entwurfsstrategien

Dies führt zu einer erheblichen Verzögerung der Fertigstellung. Im Gegensatz dazu zeigt die zweite Kurve zunächst nur einen sehr geringen Anstieg, d.h., während der Entwurfsphase wird nur wenig Code (evtl. Prototypen und Probeimplementierungen) produziert. Diese Verzögerung gegenüber der ersten Kurve wird jedoch in der Testphase mehr als wettgemacht, so daß das sauber entworfene Produkt früher fertiggestellt ist als das schnell implementierte.

"Murphys Gesetz der Programmentwicklung" gibt diesen Zusammenhang einprägsam wieder: "Je früher man mit dem Codieren beginnt, desto länger dauert das Projekt".

Auch auf die nachfolgenden Phasen der Wartung und Weiterentwicklung des Programmsystems hat die Qualität des Entwurfs entscheidende Auswirkungen. Schlecht entworfene Programme sind häufig starr und änderungsfeindlich. Dies kann zu deutlichen Einschränkungen der Flexibilität und Innovationsfähigkeit des betroffenen Unternehmens führen. Für viele Unternehmen ist dies in der Tat heute ein großes Problem.

2.3.3 Qualitätskriterien

Was ist ein "guter Entwurf"?

Es zeigt sich also, daß bei Software-Systemen, an die industrielle Qualitätsanforderungen gestellt werden, die Güte des Entwurfs von entscheidender Bedeutung für Qualität, Entwicklungskosten, Entwicklungszeit und Wartbarkeit ist.

Woran aber erkennt man nun einen "guten Entwurf"? Hierfür lassen sich nur in begrenztem Maße allgemeingültige Kriterien angeben. Diese hängen vielmehr stark vom jeweiligen Verwendungszweck und den vorliegenden Randbedingungen ab. Außerdem stehen einzelne der Merkmale im Widerspruch zueinander, so daß Zielkonflikte entstehen, die je nach den vorliegenden Anforderungen durch geeignete Kompromisse gelöst werden müssen. Die Entwicklung solcher Kompromißlösungen ist ein wesentliches Merkmal von Ingenieurarbeit im allgemeinen und von "Software-Engineering" im besonderen und unterscheidet die Ingenieurwissenschaften von grundlagenorientierten Wissenschaftsdisziplinen wie Physik, theoretischer Informatik oder Mathematik.

Ein nicht funktionstüchtiges Programm ist unbrauchbar

Bevor wir im folgenden einen Überblick über die wesentlichen Qualitätsmerkmale geben, ist jedoch noch eine prinzipielle Bemerkung geboten. Die Erfüllung der geforderten Funktionen durch ein Programm ist **kein** Qualitätsmerkmal, sondern die unabdingbare Voraussetzung, die Frage nach der Qualität überhaupt stellen zu können.

Ein nicht funktionstüchtiges Programm ist kein schlechtes Produkt, sondern schlicht unbrauchbar.

Dies ist in anderen Bereichen der Ingenieurwissenschaften trivial. Daß die Funktionstüchtigkeit bei Software-Produkten häufig dennoch als Qualitätsmerkmal genannt wird, zeigt nur, daß die Erfüllung dieser Voraussetzung offensichtlich nicht selbstverständlich ist.

Zuverlässigkeit ist eine Eigenschaft des ganzen Systems

Im folgenden sollen nun die wesentlichen Qualitätsmerkmale dargestellt werden. Ein in sehr vielen Fällen gültiges Merkmal ist die *Zuverlässigkeit* eines Software-Produkts. In allen Bereichen, in denen Rechnersysteme bedeutsame oder gar lebenswichtige Funktionen erfüllen, ist dieses Merkmal völlig unabdingbar. Im schlimmsten Fall, beispielsweise im medizinischen Bereich oder im Verkehrswesen oder auch bei militärischen Anwendungen können unzuverlässige Rechnersysteme Leben und Gesundheit von Menschen bedrohen. Selbst wenn dies nicht der Fall ist, kann die Existenz ganzer Unternehmen durch den Ausfall von Rechnersystemen oder die hohen Folgekosten gefährdet sein. Studien zeigen z.b., daß Banken bei Ausfall ihres Computersystems bereits nach wenigen Tagen vom Ruin bedroht sind.

Zuverlässigkeit ist eine Eigenschaft des ganzen Produkts, d.h., sie läßt sich im allgemeinen nicht einem bestimmten Teil zuordnen.

Sie wird wesentlich durch das Zusammenspiel der einzelnen Komponenten bestimmt. Die Gesamtzuverlässigkeit eines Systems ergibt sich daher nicht aus der Summe der Zuverlässigkeiten seiner Komponenten. Dies macht es - im Gegensatz z.B. zur Ineffizienz - nahezu unmöglich, Unzuverlässigkeit im Nachhinein zu beheben. Der Schlüssel zur Zuverlässigkeit liegt daher beim Entwurf.

Effizienz heißt, die Betriebsmittel möglichst gut auszunutzen

Unter der *Effizienz* versteht man die Eigenschaft eines Software-Produkts, die zur Verfügung stehenden Betriebsmittel möglichst gut auszunutzen. Die Effizienz von Programmen läßt sich anhand der Meßgrößen Speicherplatzbedarf und Ausführungszeit vergleichen. Die Effizienz eines Software-Produkts wird sowohl durch den Entwurf, als auch durch die Implementierung beeinflußt.

Auf der Entwurfsseite betrifft dies vor allem die Wahl bzw. die Entwicklung aufeinander abgestimmter effizienter Algorithmen und gut organisierter Datenstrukturen. Im Rahmen eines solchen Entwurfs besteht meist noch erheblicher Spielraum für die Implementierung, der für eine Steigerung der Effizienz genutzt werden kann. Allerdings lassen sich Mängel im Algorithmus oder der Datenstruktur nicht immer durch eine geschickte Implementierung ausgleichen.

Effiziente Programme können unwirtschaftlich teuer sein

Die Bedeutung der Effizienz ist in wesentlich stärkerem Maße von der konkreten Problemstellung und den damit verbundenen Anforderungen abhängig als die zuvor genannte Zuverlässigkeit. Zwar ist eine gute Ausnutzung der vorhandenen Ressourcen ein allgemeines Gebot wirtschaftlicher Rationalität, in einer Gesamtbilanz müssen jedoch auch die durch eine Effizienzsteigerung verursachten zusätzlichen Entwicklungs- und Wartungskosten berücksichtigt werden. Wie auch in anderen Bereichen der Technik gibt es einen Schwellenwert, oberhalb dessen der Aufwand für eine weitere Effizienzsteigerung explosionsartig ansteigt (vgl. Gewald, Haake und Pfadler, 1985, S. 37). Schematisch ist dieser Zusammenhang in Abb. 2-3-4 dargestellt.

Effizienz durch maschinennahes Programmieren

Darüber hinaus ist eine sehr hohe Effizienz manchmal nur durch Programmiertricks oder maschinennahe Programme zu erreichen. Dies hat wiederum negative Auswirkungen auf die Verständlichkeit und die Änderbarkeit, insbesondere die Portabilität des Produkts. Diese Auswirkungen müssen im Einzelfall gegeneinander abgewogen werden.

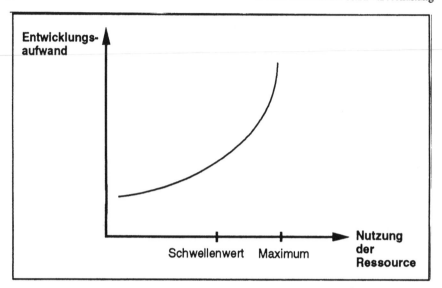

Abb. 2-3-4: Aufwand für Steigerungen der Effizienz

Effizienz ist keine globale Systemeigenschaft

Im Gegensatz zur Zuverlässigkeit ist die Effizienz keine globale Systemeigenschaft. Die Gesamteffizienz läßt sich in die Effizienz der Teile des Programms aufspalten. Dies bietet gute Möglichkeiten, auch bei einem bereits weitgehend fertigen Produkt noch Effizienzsteigerung durch Nachoptimieren ("Tuning") an kritischen Stellen zu erzielen. Häufig bleibt gar kein anderer Weg als dieser, da eine Voraussage der *"Flaschenhälse"* eines Programms im allgemeinen nicht möglich ist.

Änderbarkeit von Software-Produkten

Die *Änderbarkeit* eines Software-Produkts wird bestimmt durch den Aufwand für Änderungen am System, die durch
  - geänderte Anforderungen,
  - aufgetretene Fehler oder
  - andere Hardware oder Systemsoftware
erforderlich werden. Der Änderungsaufwand umfaßt nicht nur den Entwurf und die Neuimplementierung der betroffenen Teile, sondern vor allem auch einen erneuten Test des *gesamten* Systems.

Teilaspekt Entwicklungsfähigkeit

Geänderte Anforderungen können durch Änderung der Kundenanforderungen, der Unternehmensorganisation, der Gesetzgebung, durch neue technische Verfahren oder ähnliches verursacht sein. Aufgrund des hohen Innovationstempos und der starken Turbulenz der Märkte, die allgemeine Kennzeichen der heutigen industriellen Zivilisation darstellen, gibt es nur wenige Unternehmen, die nicht mit solchen Änderungsanforderungen konfrontiert werden. Ein Software-Produkt muß daher an solche Änderungen angepaßt werden können. Dieser Aspekt der Änderbarkeit wird als *Entwicklungsfähigkeit* bezeichnet.

Teilaspekt Wartbarkeit

Daß jedes nichttriviale System Fehler enthält, ist mittlerweile wohl eine Binsenweisheit. Die Notwendigkeit, diese Fehler mit begrenztem Aufwand beheben zu können, ist somit offensichtlich. Diese Eigenschaft wird als *Wartbarkeit* bezeichnet.

Teilaspekt Portabilität

Schließlich braucht man nur einen Blick auf Tempo und Vielfalt der Entwicklung von Hardware und Systemsoftware zu werfen, um einzusehen, daß ein Programm, das an diese Entwicklung nicht angepaßt werden kann, in wenigen Jahren nicht mehr aktuell sein kann. Änderbarkeit aufgrund veränderter Hardware oder Systemsoftware wird als *Portabilität* bezeichnet.

Es ist somit offensichtlich, daß das Merkmal der Änderbarkeit sehr breite Gültigkeit beanspruchen kann. Unabhängig davon, welche der drei genannten Ursachen für eine Änderung vorliegen, wird die Änderbarkeit wesentlich durch die Art und Weise der Vernetzung der Teile des Systems bestimmt, d.h., es handelt sich dabei um eine System- oder Struktureigenschaft. Auch sie hängt, wie die Zuverlässigkeit, in hohem Maße vom Entwurf ab. Allerdings spielen hier auch Faktoren wie Programmiersprache und Programmierstil eine Rolle.

Einflüsse auf die Änderbarkeit

Je nachdem, welche der drei Ursachen vorliegt, existieren gewisse Unterschiede in Bezug auf die Änderbarkeit. So läßt sich beispielsweise bereits beim Entwurf in gewissem Maße prüfen, welche Teile der Anforderungen vermutlich von Änderungen betroffen wären und welche nicht. Durch eine verallgemeinerte Formulierung der Lösung, die solche möglichen Änderungen bereits mitberücksichtigt, läßt sich die Änderbarkeit erheblich verbessern, auch wenn sicher nicht alle möglichen neuen Anforderungen vorhersehbar sind. Das gleiche gilt für die Anpaßbarkeit an veränderte Hardware und Systemsoftware. Hier kommt es darauf an, Systemabhängigkeiten wenn möglich zu vermeiden oder aber in speziellen Programmteilen zu konzentrieren. Für die Änderbarkeit von Fehlern lassen sich solche Regeln nicht angeben, da von vornherein nicht gesagt werden kann, wo Fehler auftreten. Hier helfen nur eine gute Systemstruktur (vgl. hierzu das folgende Kapitel) und ein guter Programmierstil.

Qualität der Schnittstelle zum Anwender

Als letztes Qualitätsmerkmal sei hier die Qualität der *Schnittstelle zum Anwender* - auch als Bedienungs- und Benutzungskomfort bezeichnet - genannt. Soweit die Schnittstellengestaltung bereits durch den Anforderungskatalog festgelegt ist, stellt sie kein Qualitätsmerkmal dar. Dennoch gibt es fast immer innerhalb des durch die Anforderungen abgesteckten Rahmens einen Gestaltungsspielraum, der auf unterschiedliche Art und Weise genutzt werden kann.

Die Qualität der Schnittstelle umfaßt die folgenden Aspekte:
- Angepaßheit an die Denk-, Wahrnehmungs- und Arbeitsweisen der Zielgruppen,
- Nachvollziehbarkeit und Verständlichkeit der Reaktionen des Systems,
- Unempfindlichkeit gegen Fehlbedienungen.

Mängel in der Ausgestaltung dieser Merkmale führen zur ineffizienten Nutzung des Systems oder gar zur Ablehnung durch die Benutzer/innen und können in der Konsequenz den ökonomischen Nutzen des gesamten Projekts gefährden.

Die Schnittstellengestaltung betrifft vor allem den Entwurf der für die Oberfläche zuständigen Teile eines Software-Produkts. Es können jedoch auch Wechselwir-kungen zu den übrigen, nicht direkt mit der Oberfläche zusammenhängenden Teilen auftreten. Beispielsweise läßt sich zu einem geradlinigen und klaren Algorithmus wesentlich leichter eine nachvollziehbare und verständliche Oberfläche entwerfen als zu einer Lösung, die nur unter Verletzung der Regeln einer sauberen Strukturierung und unter Zuhilfenahme von "Tricks" realisiert werden konnte.

Wechselwirkungen

Wie bereits erwähnt, lassen sich nicht alle der genannten Qualitätsmerkmale im gleichen Maße erfüllen, da zwischen ihnen Wechselbeziehungen bestehen.

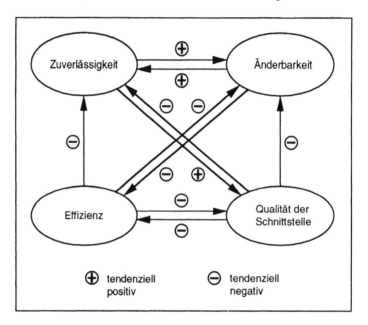

Abb. 2-3-5: Wechselwirkungen zwischen den Qualitätsmerkmalen

In Abbildung 2-3-5 sind diese Wechselbeziehungen schematisch dargestellt.Zu beachten ist dabei, daß das Bild lediglich Tendenzen darstellt, die im Einzelfall durchaus anders aussehen können. Z.B. wird durch eine steigende Qualität der Schnittstelle das Programm zwangsläufig umfangreicher. Daraus resultiert eine negative Tendenz für Effizienz, Zuverlässigkeit und Änderbarkeit.

2.3.4 Entwurfsprinzipien

Probleme beim Entwurf: Funktionsumfang, Qualität, Kosten, Zeit

Daß der Entwurf eines einfachen Programmes kaum Schwierigkeiten bereitet, wurde bereits erwähnt (vgl. Kap. 2.3.2). Bei größeren Programmsystemen und Programmsystem-Produkten dagegen treten oft erhebliche Probleme auf. Die Erfahrung zeigt, daß in vielen Projekten
- der geforderte Funktionsumfang nicht gewährleistet werden kann,
- die Qualität erhebliche Mängel aufweist und
- der Zeit- und Kostenrahmen weit überschritten wird.

Komplexität als Grundproblem

Worin liegt nun die Ursache dieser Probleme? Das Grundproblem ist sicher die Beherrschung der Komplexität großer Software-Entwicklungsprojekte. Was ist mit dem Begriff Komplexität gemeint? Ein Beobachter bezeichnet ein System dann als komplex, wenn es für ihn oder sie unüberschaubar ist, oder wenn das Systemverhalten für ihn oder sie nicht vorhersagbar oder erklärlich ist. Diese Verwendung des Begriffs Komplexität ist also beobachter- oder subjektbezogen. Komplexität hängt somit vom Wissen oder Erfahrungsschatz des Beobachters ab. Ein Fahrkartenautomat ist beispielsweise für ungeübte Benutzer zweifellos komplex; ein regelmäßiger Benutzer dagegen würde dies sicher bestreiten, da er die Bedienungsregeln beherrscht und das System für ihn daher durchschaubar ist.

Wesentliche Komplexität

Es gibt jedoch auch viele Fälle, in denen sich die Komplexität nicht durch Lernen beseitigen läßt - zumindest nicht vollständig. Das Verhalten einer Fußballmannschaft in einem Spiel ist sicher auch für den erfahrensten Trainer nicht vorhersagbar. Auch große technische Systeme - Kraftwerke, Flugzeuge, Verkehrssysteme - sind von einem Beobachter nicht vollständig durchschaubar und können in unvorhergesehene Zustände geraten. Der Anteil der Komplexität, der nicht durch Lernen oder Üben zu beseitigen ist, ist also dem System eigen und wird "wesentliche Komplexität" (essential complexity) genannt. Nach Brooks (1987) ist auch bei großen Software-Systemen die Komplexität eine wesentliche Eigenschaft. Dies ist der tiefere Grund für die sog. Softwarekrise.

Einflüsse auf die Komplexität

Die Komplexität eines Systems hängt von
- der Art und Zahl der Elemente und
- der Stärke und Zahl der Wechselwirkungen zwischen den Elementen
ab. Elemente und Wechselwirkungen zusammen bilden die Struktur des Systems. Eine zusätzliche Erhöhung der Komplexität ergibt sich dann, wenn die Struktur zeitlich veränderlich ist (zeitvariante Dynamik). Insbesondere bei lebenden Systemen ist dies der Fall. Bei Software-Systemen dagegen spielt dies keine Rolle, da Software kein "Eigenleben" besitzt - auch wenn dies manchem Programmierer so erscheinen mag.

Abhilfe bei Komplexität

Zerlegung

Die zentrale Aufgabe jeder Systementwicklung besteht darin, die Struktur des Systems so zu gestalten, daß die Komplexität so gering wie möglich ist. Wie kann dies geschehen? Das allgemeine Problemlöseschema bietet für diese Phase als wichtiges Organisationsprinzip die Zwischenzielbildung an: Ein kompliziertes Problem wird in mehrere weniger komplizierte Teilprobleme zerlegt, deren Lösung jeweils ein Zwischenziel bildet. Dieses Prinzip der *Zerlegung* ist eine der wichtigsten Hilfen bei der Bearbeitung komplexer Probleme. Grundgedanke dabei ist, die Zahl der jeweils relevanten Elemente zu reduzieren, da die Fähigkeit des Menschen, mehrere Dinge oder Vorgänge gleichzeitig im Blick zu behalten, sehr begrenzt ist. Psychologischen Untersuchungen zufolge liegt diese Grenze bei etwa 7 ± 2 Dingen bzw. Vorgängen (Miller, 1956).

Natürlich ist nicht jede Zerlegung gleich gut, denn die Komplexität eines Systems hängt nicht nur von der Zahl der Elemente, sondern auch von der Art ihrer Wechselwirkung ab. Aus diesem Grund kann eine schlechte Zerlegung sogar zu einer noch größeren Unübersichtlichkeit führen. Der Schlüssel zu einer guten Struktur liegt daher darin, das System derart zu zerlegen, daß die einzelnen Komponenten möglichst unabhängig voneinander sind. Dies ist dann der Fall, wenn die Teile einen starken inneren Zusammenhang besitzen und so locker wie möglich miteinander gekoppelt sind.

> *Als Regel läßt sich formulieren, daß eine Komponente immer dann sinnvoll gewählt worden ist, wenn sich ihre Funktion in einem einzelnen Begriff oder Satz beschreiben läßt.*

Reduktion und Abstraktion

Hier mag nun der Eindruck entstehen, daß obiges Kriterium sich nur für sehr elementare und simple Elemente erfüllen läßt. Dies ist jedoch keineswegs der Fall. Auch komplizierte Sachverhalte lassen sich durch einzelne Begriffe beschreiben, wenn man die Details vernachlässigt. Eine solche Vernachlässigung (zunächst) unwichtiger Details wird als *Reduktion* bezeichnet. Dient eine solche Vernachlässigung der Verallgemeinerung, wird sie als *Abstraktion* bezeichnet.

Nehmen wir ein Beispiel: "Herstellen einer Telefonverbindung" könnte eine sinnvoll gewählte Komponente für den Vorgang "Telefonieren" sein. Allerdings werden bei dieser Beschreibung eine Reihe von Einzelheiten nicht betrachtet, die zum Herstellen einer Telefonverbindung gehören. Dies ermöglicht es, den ganzen Vorgang durch einen Begriff zu beschreiben. Man könnte nun diesen Vorgang wiederholen und das "Herstellen einer Telefonverbindung" weiter zerlegen, wobei dann ein Teil des bisher Vernachlässigten berücksichtigt wird.

Auf diese Art und Weise kann es gelingen, das vorliegende System durch Kombination von Zerlegung und Abstraktion auf verschiedenen Stufen so aufzuspalten, daß die Elemente verständlich und überschaubar sind. Zerlegung und Abstraktion stellen daher die wichtigsten Prinzipien zur Strukturierung von Systemen, insbesondere Software-Systemen dar.

Baumstruktur

Im Idealfall erreicht man durch die Anwendung dieser beiden Prinzipien ein System mit Baumstruktur. In einer solchen Struktur ist jedes Subsystem genau einem "Supersystem" zugeordnet - mit Ausnahme des obersten Elements, das "Wurzel" (root) genannt wird. Abb. 2-3-6 zeigt eine solche Baumstruktur für das Beispiel Telefonieren.

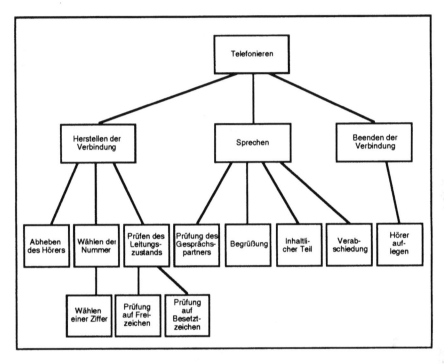

Abb. 2-3-6:   Zerlegung des Vorgangs "Telefonieren" auf verschiedenen Abstraktionsniveaus

Die Prinzipien der Zerlegung, der Reduktion, der Abstraktion und der Hierarchie sind beim Entwurf komplexer Systeme hilfreich. Insbesondere in den Naturwissenschaften lassen sich viele Beispiele hierfür finden. Auch in der klassischen Ingenieurwissenschaft finden sie breite Anwendung. Allerdings wird hier die Art der Zerlegung eines Systems häufig durch die Anschauung, den Zweck oder durch bestimmte physikalische Eigenschaften nahegelegt. Dies ist bei Software-Systemen nicht der Fall, da diese nicht materieller Natur sind. Software ist daher wesentlich freier gestaltbar als andere Produkte der Technik. Diese große Gestaltungsfreiheit macht einerseits für viele Software-Entwickler den Reiz ihrer Arbeit aus. Andererseits birgt sie in sich die Gefahr einer schlechten Systemstruktur und erfordert daher ein besonderes Maß an Disziplin und Verantwortlichkeit.

2.3.5 Transformationsmethoden des Problemlöseschemas

Wie lassen sich nun diese Prinzipien konkret umsetzen? Folgende methodische Hilfsmittel - auch als Transformationsmethoden bezeichnet - stehen zur Verfügung:

Versuch und Irrtum

Damit ist nicht etwa ein planloses Herumprobieren gemeint, sondern die systematische Prüfung von Hypothesen und Vermutungen durch gezielte Versuche. Dadurch können erfolglose Wege ausgesondert und Fehlentwicklungen früh vermieden werden. In der Software-Entwicklung wird die Methode des Versuch und Irrtums durch die Entwicklung von Prototypen realisiert. Solche Prototypen stellen ein wichtiges Hilfsmittel dar, um die Benutzerschnittstelle zu testen und mit dem Kunden abzustimmen. Eine weitere Variante dieser Methode ist der sogenannte *Durchstich*. Darunter versteht man ein Subsystem, das Module von der Benutzerschnittstelle bis hinab zur Basis-Software umfaßt. Ein solcher Durchstich dient vor allem dazu, den Entwurf zu testen und Erfahrungen für das Gesamtsystem zu gewinnen.

Induktion

Das induktive Vorgehen verläuft vom Detail zum Ganzen, vom Besonderen zum Allgemeinen, vom Konkreten zum Abstrakten. Man greift sich also einen Teilaspekt heraus, untersucht diesen sehr genau und erweitert ihn anschließend in Richtung auf eine Lösung des gesamten Problems. Für die Software-Entwicklung bedeutet dies, beim Entwurf von der untersten funktionalen Ebene auszugehen. Für ein Anwenderprogramm sind dies z.B. die Programmiersprache, das Datenbanksystem oder anwendungsbezogene Bibliotheksfunktionen. Aus diesen Basisbausteinen wird dann schrittweise das Gesamtsystem zusammengebaut. Dies wird auch als *Bottom-Up-Vorgehen* bezeichnet. Die Gefahr bei einer solchen Vorgehensweise besteht darin, sich zu intensiv mit Details zu beschäftigen und das Gesamtsystem aus den Augen zu verlieren. Die Bottom-Up-Strategie ist daher nur als Teilelement in Kombination mit anderen Methoden empfehlenswert.

Deduktion

Die Deduktion verläuft in umgekehrter Richtung wie die Induktion: vom Allgemeinen zum Besonderen, vom Ganzen zum Detail. Den Ausgangspunkt bilden also die allgemeinen Eigenschaften des vorliegenden Problems. Von Details wird dabei bewußt so weit wie möglich abstrahiert. Dies ermöglicht es, das Problem in seiner Gesamtheit im Blick zu behalten und nicht in Einzelheiten zu versinken. Die allgemeine Beschreibung wird dann unter Berücksichtigung der konkreten Randbedingungen spezialisiert und verfeinert. Im Bezug auf die Software-Entwicklung wird dies als *Top-Down-Vorgehen* bezeichnet.

Klassifikation

Ziel der Klassifikation ist es, ein gegebenes Problem als Spezialfall eines allgemeinen Problems zu erkennen. Gelingt dies, so kann man bereits existierende allgemeine Lösungsschemata nutzen. Voraussetzung dafür ist - ähnlich wie bei der Deduktion - eine Abstraktion, d.h. die Konzentration auf die wesentlichen Merkmale und die Vernachlässigung unwichtiger Details. Die Verwendung von Basisbausteinen, die Wiederverwendung von Software, die Nutzung von Bibliotheksfunktionen und Algorithmensammlungen sind Beispiele aus der Software-Entwicklung, die auf einer Klassifikation beruhen.

Analogiebildung

Dabei wird ein gegebenes Problem in eine andere Darstellungsform übersetzt, die überschaubarer und handhabbarer ist. So lassen sich z.b. elektrische Netzwerke häufig durch analoge mechanische oder magnetische Systeme darstellen (z.B. Schwingkreise). Diese Methode ist in den Ingenieurwissenschaften weit verbreitet, hat jedoch für die Software-Entwicklung geringere Bedeutung.

Die genannten fünf Methoden schließen sich keineswegs aus, sondern ergänzen sich und können daher durchaus sinnvoll miteinander kombiniert werden. Im folgenden Kapitel soll nun gezeigt werden, wie diese Transformationsmethoden in Beziehung zu den Methoden der Software-Entwicklung stehen.

2.3.6 Entwurfsmethoden

Bisher wurden die Entwurfsprinzipien anhand einer abstrakten *Operation* - des Telefonierens - erläutert. Sie gelten jedoch auch für die Strukturierung der zugehörigen *Daten*. Je nachdem, welcher Ausgangspunkt genommen wird, ergeben sich verschiedene Entwurfsmethoden. Diese sollen nun im Überblick vorgestellt werden.

Funktionsorientierter Entwurf

Konzentriert man sich beim Entwurf auf die Operationen, so ist das Ergebnis der Zerlegung eine Hierarchie von Suboperationen, die jeweils bestimmte Teilfunktionen der Gesamtfunktion des Systems realisieren. Vom Entwurf her betrachtet bedeutet dies, daß zunächst ein abstrakter Algorithmus zu entwerfen ist, der dann schrittweise verfeinert wird. Diese Entwurfsstrategie wird auch als Top-Down-strukturierter Entwurf (kurz: Strukturierter Entwurf, englisch "structured design") bezeichnet. Top-Down bedeutet dabei, daß der Ausgangspunkt die Spitze (Top) der Hierarchie ist, also die abstrakte Beschreibung der Gesamtfunktion. Dieser wird nach unten hin (down) verfeinert. Verwandte Methoden sind unter den Bezeichnungen schrittweise Verfeinerung, algorithmische Dekomposition oder composite design bekannt. Das Konzept des Strukturierten Entwurfs wurde Mitte der 70er Jahre vor allem von de Marco, Yourdon und Constantine (1971) und Myers (1978) formuliert. Die zugrundeliegenden theoretischen Arbeiten gehen auf Wirth (1983, 1986) und Dahl, Dijkstra und Hoare (1972) zurück.

Diese Methode des Entwurfs von Software-Systemen läßt sich durch die folgenden Merkmale beschreiben:

Schichten- oder stufenweises Vorgehen

Die oberste Schicht beschreibt die Gesamtfunktion des Systems, hat also den höchsten Abstraktionsgrad. Dieser wird nun in sogenannte Module aufgespalten, die einzelne Teilfunktionen der Gesamtfunktion übernehmen. Jedes dieser Module wird seinerseits in der nächstniedrigeren Schicht aufgespalten und verfeinert. Dabei ist die oben genannte Regel zu beachten, daß Module möglichst lose miteinander gekoppelt sein sollten und einen möglichst starken inneren Zusammenhang haben sollten. Abb. 2-3-7 stellt diesen Zerlegungsprozeß als Flußdiagramm dar.

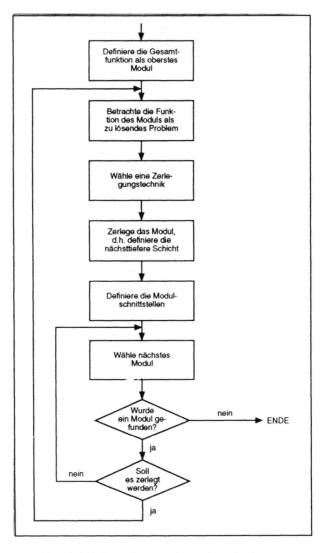

Abb. 2-3-7: Prozeß der schrittweisen Zerlegung

Orientierung an der Problemstruktur

Die Formulierung der Lösung auf jeder Stufe sollte sich so weit wie möglich an der Struktur des Problems orientieren und in einer entsprechenden problemorientierten Sprache formuliert werden, auch wenn diese nicht direkt in eine Programmiersprache umsetzbar ist. Implementierungsdetails, insbesondere Einzelheiten der Realisierung auf dem Digitalrechner, werden auf die untersten Module verschoben.

Für einen Teil des Telefonbeispiels könnte das etwa so aussehen:

> *Solange nicht besetzt und Nummer nicht vollständig*
> > *wähle nächste Ziffer;*
> > *prüfe, ob besetzt ist;*
> > *Falls besetzt,*
> > > *lege auf.*

Beschreibung und Prüfung der Schnittstellen
Bevor zur nächstniedrigeren Ebene übergegangen wird, müssen die Modulschnittstellen in Form einer Beschreibung der Ein- und Ausgabedaten beschrieben werden. Auch dies geschieht problemorientiert, also z.B. in der Form:

> *MODUL*
> *wähle_Telefon_Nr (in: Telefon_Nr, out: ist_besetzt)*

Mit Hilfe einer solchen Beschreibung läßt sich dann bereits prüfen, ob die Schnittstellen einer Schicht konsistent sind.

Diese Entwurfsmethodik ist sicher die heute am weitesten angewandte. Eine Vielzahl von Hilfsmitteln und Werkzeugen zu ihrer Realisierung wurde mittlerweile entwickelt, einige davon auch rechnergestützt.

Problematisch am funktionsorientierten Entwurf ist, daß nur geringes Gewicht auf die Beschreibung der für das Problem charakteristischen Operanden und den Entwurf geeigneter Datenstrukturen gelegt wird. Das Prinzip der Abstraktion findet nur bei der Definition abstrakter Operationen Anwendung, nicht aber bei der Definition entsprechender abstrakter Operanden. Die resultierende Datenstruktur hat deshalb keine oder nur eine sehr flache Hierarchie. Auch Probleme, die ihrem Charakter nach parallele Vorgänge betreffen, lassen sich mit dem Strukturierten Entwurf nur unzureichend beschreiben.

Datenorienter Entwurf

Wie bereits erwähnt, muß man jedoch beim Entwurf keineswegs von den Funktionen bzw. Operationen des Systems ausgehen. Stattdessen können auch die Operanden den Ausgangspunkt bilden. Die erste Form eines solchen Entwurfs ist der datenorientierte Entwurf, eine Methode, die auf Arbeiten von Jackson (1975) zurückgeht. Ziel dieser Methode ist es, eine Programmstruktur zu finden, die sich möglichst weitgehend an den Datenstrukturen orientiert. Dies geschieht durch eine Abbildung der Eingangs-Datenstruktur auf die Ausgangs-Datenstruktur in vier Schritten:

1. Definiere Eingangs- und Ausgangsdatenstrukturen.
2. Suche direkte Beziehungen zwischen den Elementen dieser Struktur. Falls dies nicht möglich ist, definiere geeignete Zwischenstrukturen.
3. Entwickle die logische Struktur des Programms auf der Grundlage dieser Beziehungen.
4. Beschreibe die erforderlichen Grundoperationen und ordne sie den Elementen der Datenstruktur zu.

Die Datenstrukturen werden dabei mit Hilfe einer standardisierten Notation beschrieben, die im folgenden Kapitel beschrieben wird.

Problematisch an dieser Methode ist, daß sich für viele Probleme keine einfache und eindeutige Abbildung der Eingangs- in die Ausgangs-Datenstrukturen finden läßt. Dies gilt insbesondere für große Programme aus den Bereichen Simulation, Steuerung oder numerische Berechnung. Gut geeignet ist die Methode dagegen für Anwendungen wie Informationsmanagementsysteme. In diesen Bereichen wurde sie bereits erfolgreich eingesetzt.

Objektorientierter Entwurf

Die dritte wichtige Entwurfsmethode ist der objektorientierte Entwurf. Auch bei dieser Methode ist es das Ziel, die Programmstruktur möglichst gut an die Struktur des Problems bzw. des entsprechenden Modells anzupassen. Das zentrale Element dabei sind die sogenannten "Objekte", mittels derer die Operanden und Operationen des gewählten Modells auf hohem Abstraktionsniveau abgebildet werden. Das Verhalten des Gesamtsystems entsteht durch das Zusammenwirken dieser Objekte. Ein Objekt besitzt dabei bestimmte *Merkmale*, die seinen Zustand beschreiben, und bestimmte *Operationen*, die sein Verhalten widerspiegeln. Haben bestimmte Objekte dieselben Merkmale und Operationen, so kann man sie zu einer *Klasse* zusammenfassen. Die individuellen Objekte einer Klasse unterscheiden sich in der Ausprägung dieser Merkmale. Sowohl ein elektronisches Mobiltelefon als auch ein einfacher Wählscheibenapparat besitzen z.B. die Merkmale Farbe und Wähleinrichtung. Beide gehören daher zur Klasse Telefon. Allerdings sind die Merkmale konkreter Vertreter (bzw. Objekte) dieser Klasse unterschiedlich ausgeprägt:

Mobiltelefon: *Farbe eifelgrün,*
                        Wähleinrichtung Tastatur
Wählscheibenapparat: *Farbe rabenschwarz,*
                        Wähleinrichtung Scheibe

Auf diese Weise lassen sich sowohl die Gemeinsamkeiten als auch die Unterschiede von Objekten beschreiben.

Ein wichtiges Element der objektorientierten Entwurfsmethode ist die Verknüpfung von Operanden und Operationen zu Objekten. Die Operation "eine Nummer wählen" existiert in dieser Sichtweise nicht als unabhängiges Modul, sondern nur als Operation des Objekts "Wähleinrichtung eines Telefons". Abb. 2-3-8 zeigt eine objektorientierte Zerlegung am Beispiel des Telefonierens.

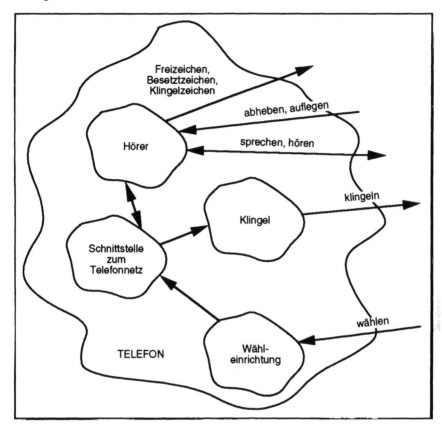

Abb. 2-3-8: Objektorientierte Zerlegung am Beispiel des Telefonierens

"Hat-ein-Beziehung "

In Abb. 2-3-8 wird bereits eine Möglichkeit der hierarchischen Zerlegung aus
objektorientierter Sicht deutlich, die sogenannte "Hat-ein-Beziehung" (part-of-
relationship). Das Gesamtsystem wird dabei in Subsysteme aufgespalten, die ebenfalls durch Objekte dargestellt werden. Abb. 2-3-9 zeigt diese Struktur als
Baumdiagramm. Dies ist jedoch nur eine mögliche Hierarchie.

"Ist-ein-Beziehung"

Die zweite Möglichkeit ist die sogenannte "Ist-ein-Beziehung". Sie beschreibt,
welche Gemeinsamkeiten mit anderen Objekten ein Objekt besitzt.

Beispiel

Ein Telefon ist eine besondere Art der Kommunikationseinrichtung und hat daher
gewisse Gemeinsamkeiten mit Telefaxgeräten und Fernschreibern. Umgekehrt ist
ein Komforttelefon eine besondere Art von Telefon, das sich durch zusätzliche
Merkmale wie Wahlwiederholung etc. von einem normalen Telefon unterscheidet
(Abb. 2-3-10).

Es gibt also bestimmte Strukturmerkmale, die allen Telefonen gemeinsam sind. Auch jedes spezielle Telefon besitzt diese Merkmale, kann jedoch darüber hinaus auch weitere besitzen. In der objektorientierten Sprechweise sagt man, daß die Spezialfälle die Merkmale der allgemeinen Klasse "erben".

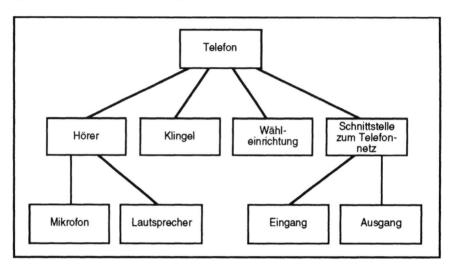

Abb. 2-3-9: Baumdiagramm ("Hat-ein-Beziehung") des Telefons

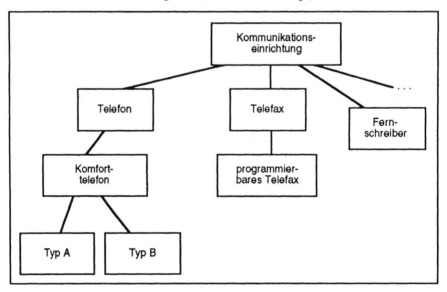

Abb. 2-3-10: "Ist-ein-Beziehung"

Objektorientierung fördert Abstraktion und klare Modelle

Der objektorientierte Entwurf erscheint insbesondere für komplexe Systeme gut geeignet. Er zwingt dazu, die zentralen Abstraktionen und Konzepte des Modells explizit zu formulieren. Verwendet man außerdem eine objektorientierte Programmiersprache, so lassen sich diese zentralen Konzepte auch im Programm umsetzen. Durch die "Ist-ein-Beziehung" wird die Wiederverwendung bereits entwickelter Lösungsbausteine erleichtert. Da die Objekte und Klassen relativ autonome Elemente mit klar definierten Schnittstellen bilden, verbessert sich die Änderbarkeit von Programmen. Eine schrittweise Programmentwicklung und engere Kopplung zwischen Analyse und Entwurf wird dadurch ebenfalls begünstigt.

2.3.7 Hilfsmittel und Werkzeuge

Zur Unterstützung des Software-Entwurfs existieren eine Reihe von Hilfsmitteln und Werkzeugen, von denen im folgenden einige kurz vorgestellt werden sollen. Diese Werkzeuge stehen jeweils in mehr oder weniger starkem Zusammenhang zu einer der im vorangegangen Kapitel beschriebenen Methoden.

Structured Analysis and Design Technique (SADT)

Die Strukturanalyse mit graphischen Symbolen (SADT) ist besonders geeignet zur Darstellung komplexer Datenstrukturen. Die einzelnen Datenelemente werden dabei hierarchisch nach der Top-Down-Vorgehensweise gegliedert (Abb. 2-3-11), wobei pro Ebene maximal sechs Elemente erlaubt sind.

SADT sieht die getrennte Darstellung des ablauftechnischen und des datenorientierten Teils im Aktivitäten- bzw. Datenmodell vor. Als Symbole werden Rechtecke und Pfeile verwendet. Im Aktivitätenmodell werden die Aktivitäten als Rechtecke dargestellt und die Pfeile beziehen sich auf die Daten (Abb. 2-3-12). Im Datenmodell befinden sich die Daten in den Rechtecken und die Pfeile bezeichnen Aktivitäten. Auf diese Weise können sowohl Aktivitäten als auch Daten vollständig beschrieben werden.

Von Vorteil ist die leicht nachvollziehbare graphische Darstellung nach der Top-Down-Vorgehensweise. Die gute Übersichtlichkeit (nur sechs Rechtecke pro Diagramm) und die einheitliche Beschreibung von Aktivitäten und Daten machen SADT zu einem guten Kommunikationsmittel zwischen Entwickler und Anwender. Es besitzt eine weite Verbreitung, da es durch sogenannte CASE-Tools unterstützt wird (vgl. auch Abschnitt 3.5.3). Die Anwendbarkeit beschränkt sich allerdings auf datenorientierte Probleme. Die Umsetzung in eine Programmstruktur erweist sich daher häufig als schwierig.

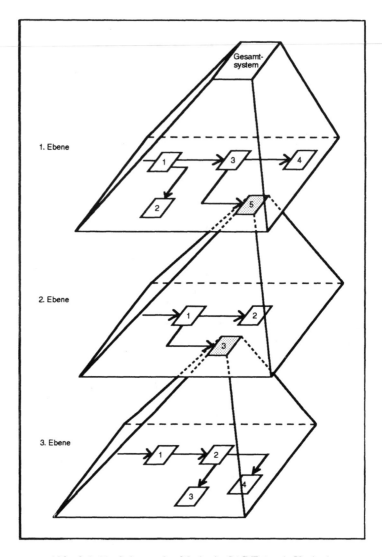

Abb. 2-3-11: Schema der Methode SADT (nach Hering)

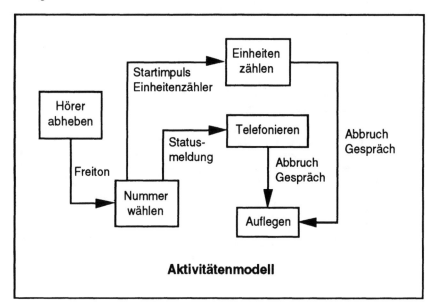

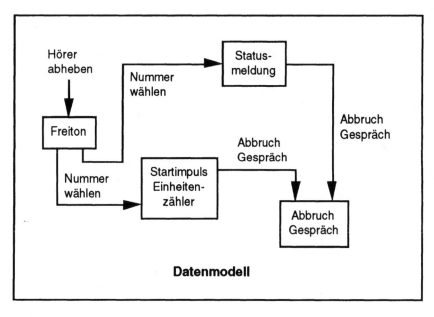

Abb. 2-3-12: Aktivitäten- und Datenmodell

Entitäts-Beziehungs-Diagramme

Die Entitäts-Beziehungs-Methode (entity relationship method, ERM) ist ein Hilfsmittel zur Beschreibung von Beziehungen zwischen den wesentlichen Elementen
oder Operanden des Problembereichs. Hierfür wird der Begriff der Entität eingeführt.

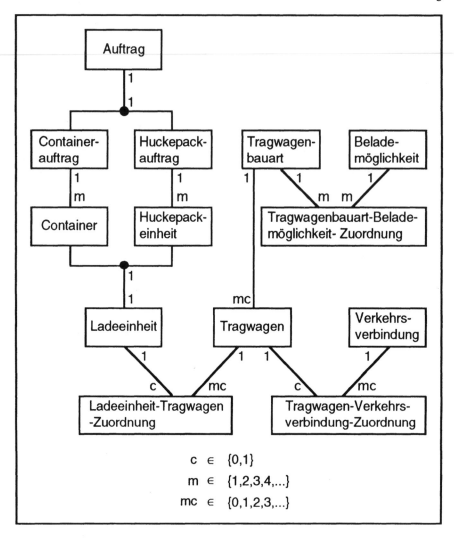

Abb. 2-3-13: Darstellung von Datenstrukturen im Entitäts-Beziehungs-
Diagramm (Institut für Regelungstechnik, RWTH Aachen)

Dieser Begriff ist dabei praktisch identisch mit dem oben eingeführten Begriff des
Objekts. Man spricht daher auch von Objekt-Beziehungs-Diagrammen. Abb. 2-3-13
zeigt ein Beispiel für ein Entitäts-Beziehungs-Diagramm.

Als eine Entität wird ein Gegenstand der realen oder der Vorstellungswelt bezeichnet. Die Beschreibung einer Entität erfolgt durch Merkmale. Jedes Exemplar
einer Entität besitzt eine bestimmte Ausprägung dieser Merkmale. Z.B. läßt sich
die Entität Lkw beschreiben durch die Merkmale Achszahl, Länge, Gewicht etc. Ein
konkretes Exemplar der Entität Lkw kann dann die Ausprägungen Achszahl, Länge,
usw. besitzen. Für die Beziehung zwischen Entitäten ist wichtig, wieviele Exem-
plare einer Entität einer anderen Entität zugeordnet sind. Ein Lkw besitzt z.B.
mehrere Räder (1 : m-Beziehung), aber nur ein Getriebe (1 : 1 -Beziehung). Ein

Anhänger kann an mehrere Lkws gehängt werden, umgekehrt kann ein Lkw mehrere verschiedene Anhänger ziehen (m : n-Beziehung). Diese Beziehungsarten heißen Kardinalitäten.

Die Entitäten werden als Rechtecke dargestellt, die Beziehungen durch Linien, versehen mit den Kardinalitäten. So besteht z.b. ein Containerauftrag aus m Containern (1 : m), ein Auftrag ist entweder ein Containerauftrag oder ein Huckepackauftrag (1 : 1).

Datenflußpläne und Programmablaufpläne

Diese beiden graphischen Hilfsmittel zur Darstellung von Daten und Kontrollfluß sind in DIN 6601 genormt. Das Datenflußdiagramm orientiert sich in der Darstellungsweise stark an der technischen Umsetzung und ist daher für eine am Problem orientierte Entwurfsmethode wenig geeignet. Auch der Programmablaufplan bietet nur geringe Möglichkeiten zur Umsetzung der Entwurfsprinzipien der Abstraktion, Zerlegung und Hierarchie. Von der Darstellungsart her ermöglicht der Programmablaufplan den Entwurf stark vernetzter und wenig modularer Programme ("Spaghetti-Code"), weil prinzipiell jedes Element mit jedem anderen verknüpft werden kann. Beide Darstellungsarten sind daher für den Entwurf komplexer Problemlösungen weniger geeignet.

Nassi-Shneiderman-Diagramme (Struktogramme)

Die Nassi-Shneiderman-Diagramme stellen ein Hilfsmittel zum Entwerfen und Entwickeln von Algorithmen dar, die unabhängig von der gewählten Programmiersprache sind. Sie sind auf verschiedenen Abstraktionsebenen anwendbar und ermöglichen so eine schrittweise Verfeinerung des Entwurfs entsprechend der Methodik des Strukturierten Entwurfs. Sie erzwingen durch die Art der Darstellungsregeln Algorithmen, die den Regeln der strukturierten Programmierung entsprechen (vgl. hierzu Kap. 2.4). Insbesondere begünstigen sie eine hierarchische Zerlegung, da die Blöcke, die die Grundelemente der Diagramme bilden, ineinander verschachtelt werden können. Nassi-Shneiderman-Diagramme sind daher ein sinnvolles und nützliches Hilfsmittel für den Entwurf hierarchisch strukturierter Algorithmen und aus diesem Grund im allgemeinen den Programmablaufplänen vorzuziehen.

Nassi-Shneiderman-Diagramme sind in DIN 66261 genormt. In Abb. 2-3-14 sind die Elemente der Nassi-Shneiderman-Diagramme aufgeführt. Die Verwendung der Diagramme wird wiederum am Telefonbeispiel in Abb. 2-3-15 erläutert.

Objekt- und Klassendiagramme

Zur Unterstützung einer objektorientierten Entwurfsmethode existieren bisher nur wenige Hilfsmittel. Nützlich sind hier sicher die Entitäts-Beziehungs-Diagramme, allerdings fehlt ihnen die Möglichkeit zur Darstellung von Besitz- und Vererbungsbeziehungen. Booch (1991) schlägt daher für Klassen eine andere Darstellungsform vor, deren Elemente in Abb. 2-3-16 dargestellt sind. Ähnlich wie beim Entitäts-Beziehungs-Diagramm können die Beziehungen auch hier mit Kardinalitäten versehen werden.

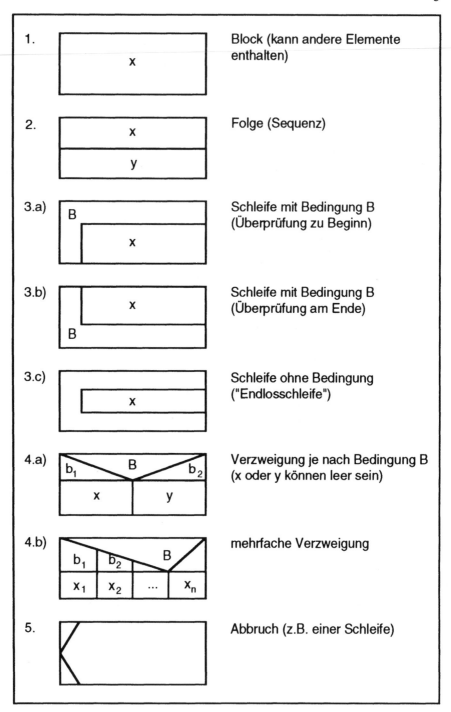

Abb. 2-3-14: Symbole der Nassi-Shneiderman-Diagramme

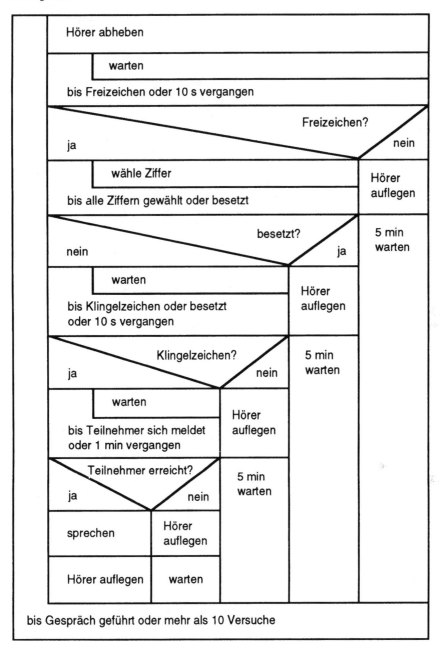

Abb. 2-3-15: Nassi-Shneiderman-Diagramm "Telefonieren"

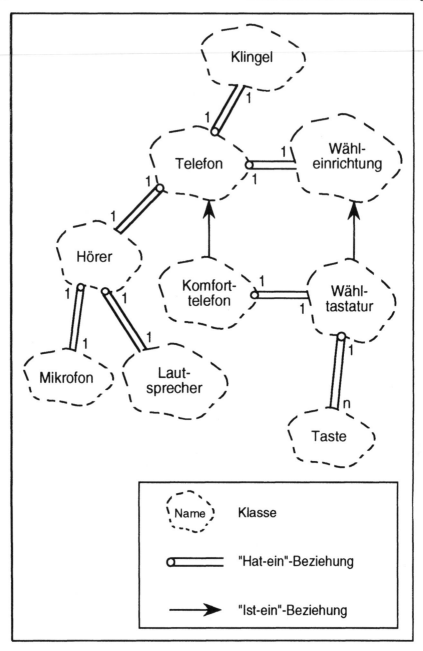

Abb. 2-3-16: Klassendiagramm nach Booch

Petri-Netze

Petri-Netze sind vor allem geeignet zur Darstellung von parallel (nebenläufig) ablaufenden Prozessen. In ihrer einfachsten Form bestehen sie aus drei Elementen:
- kreisförmige Elemente zur Darstellung von Zuständen,
- rechteckige Elemente zur Darstellung von Ereignissen und
- Pfeile, die diese Elemente verbinden (vgl. Abb. 2-3-17).

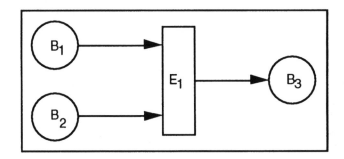

Abb. 2-3-17: Elemente eines Petrinetzes

Dabei werden nie gleichartige Elemente verbunden, sondern nur Zustände mit Ereignissen und umgekehrt. Die Ereignisse können auch durch einen einfachen Querstrich dargestellt werden. In Pfeilrichtung betrachtet werden die Zustände vor einem Ereignis als dessen Vorbereich, die dahinter als der Nachbereich bezeichnet; in Abb. 2-3-17 sind also z.B. B_1 und B_2 der Vorbereich von E_1, B_3 ist sein Nachbereich. Vor- und Nachbereich können auch leer sein. Ob Zustände vorliegen, wird dadurch dargestellt, daß Marken auf die entsprechende Plätze gelegt werden. In der einfachsten Form des Petrinetzes sind die Marken nicht unterscheidbar, und pro Zustand ist nur eine Marke zugelassen.

Ein Ereignis kann stattfinden, wenn es aktiviert ist; dies ist der Fall, wenn alle Zustände im Vorbereich vorliegen und alle Zustände im Nachbereich frei sind. Das Eintreten eines Ereignisses wird dann dadurch dargestellt, daß die Marken des Vorbereichs fortgenommen und alle Zustände des Nachbereichs mit einer Marke besetzt werden (Abb. 2-3-18). Liegt ein Zustand im Vorbereich mehrerer Ereignisse, so kann immer nur eines dieser Ereignisse stattfinden. Auf diese Weise können Prozeßabläufe durch wandernde Marken dargestellt werden.

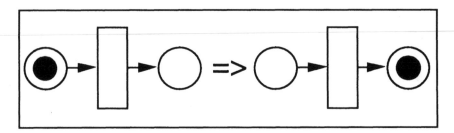

Abb. 2-3-18: Eintritt eines Ereignisses

Petri-Netze stellen kausale Strukturen dar. Sie machen deutlich, unter welchen Bedingungen Ereignisse stattfinden können, jedoch nicht, zu welchem Zeitpunkt sie eintreten. Die bisher dargestellte sehr einfache Form der Petri-Netze läßt sich auf verschiedene Art und Weise erweitern, beispielsweise dadurch, daß man zuläßt, daß eine Bedingung mit mehreren Marken besetzt ist, oder daß die Marken individuell unterscheidbar sind. Dies ist für viele praktische Probleme eine sinnvolle Erweiterung.

Petri-Netze wurden ursprünglich nicht als Entwurfshilfsmittel entwickelt, sondern um Netzeigenschaften analytisch untersuchen zu können. Gerade für den Entwurf paralleler Prozesse stellen sie ein sinnvolles Entwurfshilfsmittel dar. Problematisch ist allerdings, daß große Netze sehr schnell unübersichtlich werden, da es nur wenige Möglichkeiten zur hierarchischen Aufspaltung von Netzen in Einzelkomponenten gibt.

Abb. 2-3-19 zeigt den Vorgang des Telefonierens als Petri-Netz dargestellt. Im Unterschied zur Darstellung im Nassi-Shneiderman-Diagramm ist hier beachtenswert, daß das Telefongespräch jederzeit durch einen entsprechenden Wunsch des Telefonierenden unterbrochen werden kann. Dies ist in der sequentiellen Darstellungsform der Nassi-Shneiderman-Diagramme nicht abbildbar.

Überblick über die beschriebenen Entwurfsmethoden

Abb. 2-3-1 zeigt die Beschreibung von Transformationen mittels Operanden und Operationen. Die drei vorgestellten Entwurfsmethoden (funktions-, daten- und objektorientierter Entwurf) lassen sich nun folgendermaßen in diese Darstellung einordnen (Abb. 2-3-20). Der datenorientierte Entwurf legt den Schwerpunkt auf die Operanden bzw. Daten. Beim funktionsorientierten Entwurf stehen die Operationen bzw. Funktionen im Vordergrund. Der objektorientierte Entwurf ist durch die Verknüpfung von Datum und Funktion gekennzeichnet.

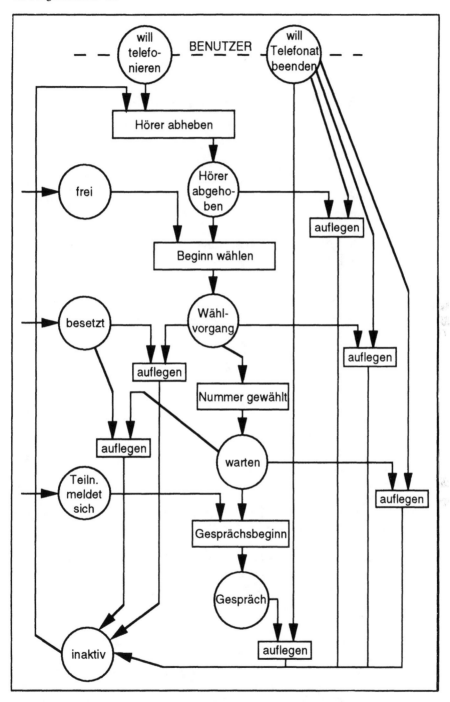

Abb. 2-3-19: Petri-Netz "Telefonieren"

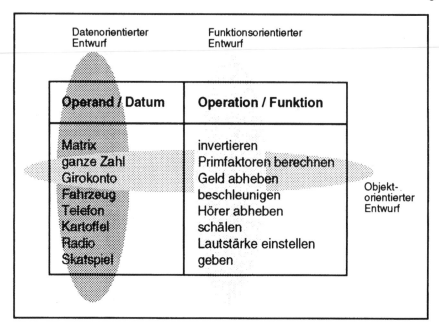

Abb. 2-3-20: Einordnung der drei Entwurfsmethoden

2.3.8 Organisation und Management des Entwurfsprozesses

Wie bei allen großen Projekten ist auch in der Software-Entwicklung die technische Seite nur ein Aspekt des Gesamtproblems. Der Prozeß der Software-Entwicklung ist jedoch notwendigerweise immer ein soziotechnischer Prozeß. Dies bedeutet, daß neben den technischen und ökonomischen Aspekten auch soziale Aspekte eine wesentliche Rolle spielen und vor allem, daß die Wechselwirkungen zwischen technischen und sozialen Prozessen von entscheidender Bedeutung sind.

Dementsprechend besteht die Aufgabe des Managements von Software-Entwicklung darin, soziale und technische Prozesse und deren Wechselwirkungen so zu beeinflussen, daß die Wünsche der Kunden erfüllt werden.

Kleine Teams im Entwurf

Ein wesentliches Element dabei ist die Organisation der Arbeitsteilung bei der Software-Erstellung. Für die Phasen der Analyse und des Entwurfs einerseits und der Implementierung andererseits sind dabei grundsätzliche Unterschiede zu beachten. Die Erfahrung großer Projekte zeigt, daß das Team, das für Analyse und Entwicklung verantwortlich ist, klein sein muß. Nur auf diese Weise läßt sich erreichen, daß die Grundkonzepte des Systems ausreichend geprüft und aufeinander abgestimmt sind und durchgängig und konsistent angewendet werden. Dies wird als *konzeptionelle Integrität* bezeichnet.

Beispiel UNIX

Ein positives Beispiel hierfür ist die Entwicklung des Betriebssystems UNIX zu Beginn der 70er Jahre. Das Entwurfsteam bestand aus einem Kreis von ca. 5-10 Personen. Innerhalb dieser Gruppe wurden die Grundkonzepte ausgiebig und lange diskutiert - teilweise erzwungenermaßen aufgrund fehlender Hardware. Als Ergebnis entstand ein Betriebssystem, das von der Grundstruktur her bis heute im wesentlichen stabil geblieben ist. Interessant dabei ist, daß einige der Grundideen von UNIX bereits in dem Vorläuferprojekt MULTICS entwickelt worden waren. Weil aber am Entwurf dieses Projektes mehrere, noch dazu geographisch getrennte Gruppen beteiligt waren, konnten sich diese Ideen nicht durchsetzen, es entstand kein durchgängiges und breit akzeptiertes Grundkonzept, und in der Folge wurde das Projekt MULTICS schließlich ohne greifbares Ergebnis abgebrochen. Das Betriebssystem UNIX konnte sich dagegen durchsetzen.

Großes Team in der Implementierung

Die UNIX-Entwicklung lehrt aber auch, daß dieser Grundsatz eines kleinen Entwicklungsteams nur für die Entwurfsphase gilt. Nachdem das UNIX-Konzept mit der Version 7 von 1978 feststand, fand eine Vielzahl von Weiterentwicklungen an den verschiedensten Stellen und von den verschiedensten Gruppen statt. Dies hat jedoch die konzeptionelle Integrität nie gefährden können, sondern vielmehr zur Vielfalt des Systems und zu einer großen Zahl von Verbesserungen innerhalb des gesteckten konzeptionellen Rahmens geführt. Auf den normalen Software-Entwicklungsprozeß übertragen bedeutet das, daß in der Implementierungsphase durchaus mit einer großen Zahl von Personen gearbeitet werden kann, wenn die Grundkonzepte erst einmal feststehen.

Kontakt zum Anwender

Der zweite wichtige Aspekt des Managements von Software-Entwicklungs-Prozessen ist der Kontakt zum Auftraggeber und Anwender - was keineswegs immer dasselbe ist. Auf diesen Aspekt wurde bereits in Kap. 2.1.5 hingewiesen. Hier bestehen häufig erhebliche Mängel, die zu falschen Gewichtungen auf Seiten des Entwicklers, Akzeptanzproblemen beim Anwender und Verärgerung beim Auftraggeber führen können. Daß große Teile der in den letzten Jahrzehnten entwickelten Software nicht genutzt werden - entsprechende Studien nennen Zahlen von 50% und mehr - ist ein Indiz für die Bedeutung dieses Problems. Im wesentlichen handelt es sich dabei immer um Kommunikationsprobleme, deren Ursachen beispielsweise in
- fehlenden Kenntnissen der Entwickler über den Problembereich,
- mangelndem Verständnis der Entwickler von den Arbeitsstrukturen der Anwender,
- falschen Vorstellungen der Auftraggeber über die Möglichkeiten von Software und
- falschen Vorstellungen der Auftraggeber über die Wünsche oder Bedürfnisse der Anwender

liegen können. Die einzige Lösungsmöglichkeit besteht daher in einem möglichst
intensiven Kontakt zwischen Entwickler, Anwender und Auftraggeber und zwar von
Beginn des Projektes an. Dies gilt in besonderem Maße für die Analyse- und Entwurfsphase. Häufig werden gerade in diesen Phasen die künftigen Anwender nicht
einbezogen. Dies ist jedoch nicht sinnvoll, da gerade diese Gruppe mit ihren
Erfahrungen über die konkreten betrieblichen Abläufe, Bedingungen und Erforder-
nisse wichtige Anstöße für die Gestaltung eines effizienten Systems geben kann.
Die für eine solche Zusammenarbeit zweifellos existierenden sprachlichen und kulturellen Barrieren sollten ernstgenommen werden, sind jedoch selten unüberwind-
lich.

2.3.9 Zusammenfassung

Die Qualität des Entwurfs ist für den Erfolg einer Software-Entwicklung ein entscheidender Faktor. Erfolgskriterien sind die Merkmale Zuverlässigkeit, Effizienz,
Änderbarkeit und Qualität der Mensch-Rechner-Schnittstelle. Komplexe Aufgabenstellungen lassen sich nur dann lösen, wenn der Lösungsweg sehr sorgfältig
strukturiert wird. Die wichtigsten Hilfsmittel - und gleichzeitig die Kennzeichen
funktionstüchtiger komplexer Systeme in Natur, Gesellschaft und Technik - sind
dabei Abstraktion, Zerlegung und Hierarchie. Diese Strukturprinzipien gelten
sowohl für die Ist-Soll-Transformation als auch für die Datenstrukturen, mit Hilfe
derer die ausgewählten Einflußgrößen beschrieben werden.

Auch Organisation und Management des Software-Entwicklungsprozesses stellen
eine komplexe Aufgabe dar. Für die Einheitlichkeit und Konsistenz der erarbeiteten
Lösung ist dabei im allgemeinen ein kleines Entwurfsteam empfehlenswert. Wie
bereits in der Analysephase ist auch beim Entwurf der Kontakt zum Anwender sehr
wichtig, um Wünsche und Bedürfnisse der Kunden so gut wie möglich erfüllen zu
können.

2.4 Implementierung

2.4.1 Aufgabenstellung

Wie im vorangegangenen Kapitel ausführlich behandelt wurde, ist das Ergebnis des Entwurfsprozesses eine präzise Beschreibung des Lösungsweges. Folgende Elemente sind darin enthalten:
- eine eindeutige Beschreibung der relevanten Bestimmungsgrößen des Problems,
- die Definition von Datenstrukturen, mit deren Hilfe sich diese Bestimmungsgrößen beschreiben lassen,
- die Formulierung von Ist- und Soll-Zustand anhand dieser Bestimmungsgrößen bzw. der entsprechenden Datenstrukturen und
- eine präzise Beschreibung der Teilschritte der Ist-Soll-Transformation in Form von Modulen und Teilfunktionen.

In der Implementierungsphase besteht nun die Aufgabe darin, diese Beschreibung so umzusetzen, daß sie vom Rechner verarbeitet werden kann. Das definierte funktionale Gerüst muß also durch konkrete und detaillierte Algorithmen ausgefüllt werden. Wie diese Feinarbeit im konkreten Fall ausgeführt wird, hat erheblichen Einfluß auf die Qualität des Produktes - ein guter Entwurf ist für ein gutes Produkt zwar absolut notwendig, aber keineswegs hinreichend. Die Implementierung erfordert ein erhebliches Maß an Geschick, Kreativität und Disziplin.

Für die zeitliche Abstimmung von Entwurfs- und Implementierungsprozeß gilt ähnliches wie für Analyse und Entwurf: Eine vollständige Trennung ist weder sinnvoll noch möglich. Häufig werden bei der Implementierung noch einmal wichtige Erkenntnisse über die Struktur des Problems gewonnen, die in den Entwurf einfließen sollten. Die zeitliche Überlappung sollte allerdings wohl dosiert und gezielt - im Sinne von Probeimplementierungen und Prototypenentwicklung - erfolgen, um zu verhindern, daß wesentliche strukturelle Änderungen zu einem Zeitpunkt notwendig werden, an dem bereits erhebliche Teile implementiert sind (vgl. Kapitel 2.3.2).

Die vollständig ausgearbeitete Lösung muß in eine vom Rechner verarbeitbare Form gebracht werden. Allerdings werden in der Praxis Algorithmen und Datenstrukturen häufig direkt in einer solchen Form erstellt. Da die Funktionsweise des Digitalrechners darauf beruht, daß sich logische Verknüpfungen mit Hilfe elektrischer Schaltungen nachbilden lassen, ist eine Zerlegung bis hinab zur Ebene einfachster logischer Verknüpfungen notwendig. Natürlich muß diese Zerlegung in kleinste Bausteine heutzutage nicht mehr vom Entwickler vorgenommen werden. Diese Aufgabe wird von Übersetzungsprogrammen, den sogenannten Compilern, übernommen. Ein solches Programm übersetzt Algorithmen und Datenstrukturen, die in einer Programmiersprache formuliert worden sind, in eine direkt vom Rechner verarbeitbare Form. Die Frage, wie man Programmiersprachen sinnvoll einsetzt und was es dabei zu beachten gilt, ist daher ein wesentliches Element der Implementierungsphase.

2.4.2 Vom Algorithmus zur Programmiersprache

Betrachten wir als Beispiel ein Problem aus der Mechanik oder Mathematik, bei dem die Vektorrechnung eine Rolle spielt. Als Teil der Lösung dieses Problems soll nun die physikalische Arbeit, also das Skalarprodukt aus Kraft- und Wegvektor, bestimmt werden. Abb. 2-4-1 zeigt exemplarisch einen Ausschnitt aus einer Modulbeschreibung, die als Ergebnis der Entwurfsphase für ein solches Problem vorliegt.

Zweifellos ist dies schon eine recht präzise Beschreibung der auszuführenden Berechnung, die sicher keinem, der mit der Vektorrechnung vertraut ist, Probleme bereitet. Für einen Rechner jedoch ist sie noch nicht verarbeitbar. Was sind also die nächstfeineren Elemente, in die man das Skalarprodukt zerlegen kann?

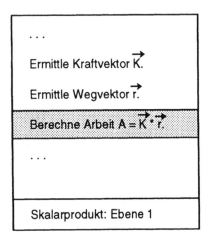

Abb. 2-4-1: Ausformulierter Programmentwurf

Bei der Lösung dieses Problems ist es hilfreich, sich die folgende Frage zu stellen: Wie kann man jemandem, der die Vektorrechnung nicht beherrscht, erklären, was er im einzelnen zur Berechung eines Skalarproduktes tun soll? Es soll dabei vorausgesetzt werden, daß derjenige, an den sich die Beschreibung richtet, die Grundrechenarten beherrscht, aber keine weitergehenden Kenntnisse der Vektorrechnung besitzt. Eine Rechenvorschrift für eine solche Person ist in Abb. 2-4-2 wiedergegeben.

Durch diese ausführliche Beschreibung haben wir nun das Skalarprodukt auf eine mehrfache Wiederholung der einfachen Operationen Addition und Multiplikation zurückgeführt. Die Wiederholung wird dabei in Abhängigkeit von einer Bedingung ausgeführt.

```
1. Multipliziere das erste Element
   des Vektors K⃗ mit dem ersten
   Element des Vektors r⃗. Notiere
   das Ergebnis als Zwischen-
   summe.
2. Multipliziere die nächsten beiden
   Elemente.
3. Addiere das Ergebnis zur
   Zwischensumme.
4. Wiederhole die Schritte 2 und 3,
   bis alle Elemente bearbeitet sind.

Skalarprodukt: Ebene 2
```

Abb. 2-4-2: Rechenschritte für das Skalarprodukt

Zwar erfordert diese Beschreibung nun keinerlei Kenntnisse der Vektorrechung mehr, sondern nur noch die Beherrschung der Grundrechenarten, sie enthält jedoch noch Elemente der Alltagssprache, die für den Rechner nicht präzise genug sind. Woran erkennt er beispielsweise, wann "alle Elemente bearbeitet" sind? Oder wie findet er "das nächste Element"?

Für eine präzisere Fassung der Beschreibung ist die mathematische Definition des Skalarproduktes sehr nützlich:

$$\vec{K} \cdot \vec{r} = \sum_{i=1}^{3} K_i \cdot r_i.$$

Neu ist dabei die Indizierung der Komponenten des Vektors durch den Index i. Damit lassen sich die o.g. Zweideutigkeiten nun beseitigen: "alle Elemente" sind bearbeitet, wenn der Index alle Werte von 1 bis 3 durchlaufen hat. Das "nächste Element" erhält man durch Erhöhung des Index um 1. Damit läßt sich nun der Algorithmus wie in Abb. 2-4-3 dargestellt verfeinern.

```
1. Setze Index i auf 1.
2. Setze Summe auf 0.
3. Multipliziere Kᵢ mit rᵢ.
4. Addiere das Produkt zur
   Summe.
5. Addiere 1 zu i.
6. Wiederhole die Schritte 3 bis 5,
   bis i größer als 3 ist.


Skalarprodukt: Ebene 3
```

Abb. 2-4-3: Verfeinerung des Skalarprodukt-Algorithmus

Die in dieser Beschreibung fett geschriebenen Operanden dienen der Kennzeichnung und Aufbewahrung von Zahlenwerten. Sie stellen eine Art von "Behälter" dar. Der Inhalt dieser Behälter läßt sich durch Addition und Multiplikation beeinflussen oder explizit durch die "setze auf"-Operation auf einen bestimmten Wert setzen. Außerdem kann der Inhalt eines solchen Behälters in einer Bedingung abgeprüft werden.

Wir haben also nun den Lösungsweg zur Berechnung des Skalarproduktes in eine genau festgelegte Reihenfolge einzelner Operationen zerlegt. Es handelt sich dabei um die Operationen *setze auf, addiere, multipliziere* und *vergleiche*. Die Ergebnisse dieser Operationen werden in den oben angesprochenen Behältern aufbewahrt, die durch Namen identifiziert werden. Eine solche Beschreibung ist nun prinzipiell für eine Darstellung auf dem Rechner geeignet. Dazu dienen Programmiersprachen. In Abb. 2-4-4 wird das Skalarprodukt als Funktion in der Programmiersprache Pascal formuliert.

Die Formulierung des erarbeiteten Lösungsweges in einer Programmiersprache stellt ein zentrales Element des Implementierungsprozesses dar. In den folgenden Kapiteln wird auf dieses wichtige Hilfsmittel genauer eingegangen.

```
program skalarprodukt (output);
const
      dimension = 3;
type
      vektor   : array [1..dimension] of real;
var

      i        : integer;  (* Index *)
      summe : real;
      schritt  : integer;
      produkt : real;
      k        : vektor;   (* Kraft *)
      r        : vektor;   (* Weg *)
      arbeit   : real;
begin
      k[1] := 5.0
      k[2] := 10.0
      k[3] := 20.0
      r[1] := 1.0
      r[2] := 2.0
      r[3] := 3.0

      i:= 1;
      schritt := 1;
      summe := 0.0;

      repeat
          produkt := k[i] * r[i];
          summe := summe + produkt;
          i := i + schritt
      until i > dimension;  (* Abbruchbedingung *)

      arbeit := summe;
      writeln ( output, arbeit )
end.
```

Skalarprodukt: Ebene 4

Abb. 2-4-4: Pascal-Programm Skalarprodukt

2.4.3 Programmierstil

Für die Bewertung des Programmierstils gelten dabei dieselben Qualitätskriterien, die in Kapitel 2.3.3 im Zusammenhang mit dem Programmentwurf aufgeführt wurden: Zuverlässigkeit, Effizienz, Änderbarkeit und Qualität der Mensch-Rechner-Schnittstelle. Auch die Prinzipien eines guten Entwurfs - Strukturierung durch Zerlegung, Abstraktion und Hierarchie - gelten analog für den Programmierstil.

Strukturierte Programmierung

Den wichtigsten Leitfaden zu einer guten Programmstruktur bietet die sog. *strukturierte Programmierung*, die im folgenden kurz vorgestellt werden soll. Die Grundregel des strukturierten Programmierens besagt, daß jedes Programm hierarchisch aus den folgenden drei Elementen aufgebaut ist,
- der *Sequenz* , d.h. der linearen Aneinanderreihung einzelner Elemente,
- der *Schleife*, d.h. einer durch eine Bedingung gesteuerten Wiederholung bestimmter Elemente, und
- der *Verzweigung*, d.h. der alternativen Bearbeitung verschiedener Elemente in Abhängigkeit von einer Bedingung.

Schleifen können entweder kopf- oder fußgesteuert sein, d.h. die Bedingung wird jeweils vor oder nach der Wiederholung geprüft. Verzweigungen lassen sich in Einfach- und Mehrfachverzweigungen unterscheiden, je nachdem, wie viele Alternativen zur Auswahl stehen. Im Rahmen von Untersuchungen der theoretischen Informatik läßt sich zeigen, daß sich jeder beliebige Algorithmus aus den genannten drei Elementen aufbauen läßt.

Ein solches Element wird auch "Block" genannt. Ein Block besitzt immer genau einen Eingang und einen Ausgang. Diese Eigenschaft ist wichtig, um die Schnittstellen eines Blockes erkennen und prüfen zu können. Die Blöcke können ineinander verschachtelt werden, so daß eine hierarchische Struktur aufgebaut werden kann.

Aus diesen Gründen fordert das strukturierte Programmieren auch einen weitgehenden Verzicht auf Sprünge im Programm, häufig unter dem Namen "goto"-Anweisung bekannt. Die Verwendung von goto-Anweisungen verschlechtert die Lesbarkeit, erschwert eine hierarchische Strukturierung und macht darüber hinaus Korrektheitsbeweise von Programmen unmöglich. Allerdings ist der Verzicht auf die goto-Anweisung in manchen Programmiersprachen nicht möglich, weil keine geeigneten Sprachkonstruktionen zur Verfügung stehen, um die Grundelemente zu realisieren.

Es sei noch darauf hingewiesen, daß die in Kapitel 2.3.7 erwähnten Nassi-Shneiderman-Diagramme die Einhaltung der obigen Regeln des strukturierten Programmierens garantieren. Die dort aufgeführten Beispiele sind daher gleichzeitig Beispiele für Programme, die nach den Regeln des strukturierten Programmierens entwickelt wurden.

Über diese - auch durch theoretische Untersuchungen untermauerten - Regeln hinaus existiert mittlerweile ein gewisses Erfahrungswissen darüber, was ein gutes Programm ausmacht. Diese "Faustregeln" behandeln zwar z.T. Kleinigkeiten, gerade diese aber können erheblich dazu beitragen, die Qualität eines Programms zu

sichern. Einige dieser Faustregeln werden daher im folgenden in loser Folge vorgestellt.[1]

Erst denken, dann programmieren

Nach Henry Ledgard et al. (1975) lautet Murphys Gesetz des Programmierens :
"The sooner you start coding your program, the longer it is going to take." Je
früher man mit dem Programmieren beginnt, desto länger wird es dauern. Wenn
jemand einfach drauflos programmiert, so gleicht das dem Versuch, ohne Bauplan
ein Haus bauen zu wollen. Das dadurch entstehende Chaos ist unvermeidlich.
Deshalb:
    Erst nachdenken, dann noch einmal nachdenken und noch einmal nachdenken, und
frühestens dann sollte man mit dem eigentlichen Programmieren beginnen.

Das Rad nicht noch einmal erfinden

Programmierer neigen dazu, alle Algorithmen neu zu erfinden. Das ist völlig
unsinnig. Ebensowenig wird man die Backsteine für den Hausbau selbst brennen
wollen. In den meisten Fällen können die benötigten Algorithmen zumindest
teilweise in der Literatur nachgelesen werden. Die meisten von ihnen sind bestens
dokumentiert. Für alle klassischen Probleme wie z.B. sortieren, suchen, Matrix-
operationen, statistische Probleme aber auch Speicherplatzverwaltung findet man in
der Regel zahlreiche Methoden, unter denen man auswählen kann. Deshalb:
    Bevor man die eigentliche Aufgabe beginnt, sollte man zuerst prüfen, ob jemand
anderes das Problem bereits gelöst hat. Man spart dadurch eine Menge Zeit.

Was ist effizient?

Normalerweise verstehen Programmierer - und Bücher mit denen man das Programmieren lernen soll - unter Effizienz den Versuch, die einzelnen Abschnitte
eines Programms bezüglich der benötigten Mikrosekunden im Hauptspeicher zu
optimieren. Das führt dann z.B. zu solch aufwendigen Überlegungen, welche der
beiden Anweisungen

$$A := B + B + B + B + B;$$

oder

$$A := B * 5;$$

schneller ist. Bevor man jedoch die benötigte Rechenzeit betrachtet, sollte man Zeit
in die Auswahl des bestmöglichen Algorithmus investieren. Es ist sinnvoll, unter
den möglichen Algorithmen den klarsten, geradlinigsten und am leichtesten zu
verstehenden Algorithmus herauszusuchen. Eine ausführliche Modifikation des
Algorithmus lohnt sich im nachhinein im allgemeinen nicht, zumindest dann
nicht, wenn man die dafür aufzuwendenden Personalkosten in Relation zu den gewonnenen Mikrosekunden an Rechnerzeit setzt. Und wenn man dann noch einige
Tricks anwendet, um Mikrosekunden zu sparen, kann es einem passieren, daß man

---

[1] Die folgenden Empfehlungen sind angelehnt an Schneider, Weingart und
Perlmann (1982).

schon wenige Monate danach nicht mehr weiß, was man eigentlich gemacht hat. Deshalb:

Effizienz erreicht man in erster Linie durch die richtige Wahl des Algorithmus und nicht durch Tricks beim Programmieren.

Die richtigen Algorithmen und Datenstrukturen sind von größter Wichtigkeit

In Programmierkursen geht der Kursteilnehmer meistens direkt von der Problemspezifikation zum Programmieren über und vermeidet den Entwicklungsprozeß von der Problemanalyse zum Algorithmus. Meist entsteht der Eindruck, daß das wichtigste bei der Software-Entwicklung die Programmierung und die Syntax der Programmiersprache seien. Dies ist ein Irrtum. Der wirklich wichtige Teil bei der Programmierung ist die Entwicklung eines korrekten, eleganten und effektiven Algorithmus und einer guten Datenstruktur. Dies geschieht am besten in einer sprachunabhängigen Form, also z.B. in einer algorithmischen Sprache oder in Struktogrammen, deshalb:

Software-Entwicklung ist im Kern eigentlich nichts anderes als das Studium von Algorithmen und Datenstrukturen und deren Umsetzung auf Computern.

Gebrochene Zahlen werden nicht exakt dargestellt

Meist werden gebrochene Zahlen in einem Computer nicht genau wiedergegeben. Dies verdeutlicht schon das einfache Problem

$$1/3 = 0{,}3333333333....$$

In vielen Fällen wird also ein Abbruchfehler entstehen. Daran ändert auch die Tatsache nichts, daß Rechner nicht mit dem Zehnerzahlen-System, sondern mit dem Zweierzahlen-System arbeiten (vgl. Kapitel 2.5). Zwei Folgen ergeben sich aus diesem prinzipiell unvermeidlichen Abbruchfehler:

1. Die Abbruchfehler in den letzten Dezimalstellen erfordern eine sorgfältige Analyse und Methoden zur Abschätzung ihrer Größe bei umfangreicheren mathematischen Operationen. Probleme dieser Art werden in der Lehrveranstaltung "Numerische Mathematik" behandelt.
2. Man darf nie erwarten, daß gebrochene Zahlen genau den zu erwartenden Wert annehmen, deshalb dürfen gebrochene Zahlen auch nicht auf Gleichheit geprüft werden. So kann z.B. im obigen Beispiel die Beziehung

$$1/3+1/3+1/3=1$$

nicht erfüllt werden. Deshalb kann der Vergleich der Ergebnisse von Rechneroperationen mit gebrochenen Zahlen mit dem zu erwartenden "echten" Wert nur nach folgendem Schema

```
falls  abs(x-y) < delta
write ("x ist gleich y")
```

überprüft werden.

Portables Programmieren

Es ist ausgesprochen unangenehm, wenn ein Programm auf einem bestimmten Computer einwandfrei läuft, und die Übertragung auf den unvermeidbaren neuen Computer scheitert. Eine Abhilfe besteht nur darin, daß man Programme so schreibt, daß sie zwischen Computern unterschiedlicher Hersteller leicht übertragen werden können. Solche Programme nennt man portabel. Wie bereits erwähnt, ist Portabilität ein Teilaspekt der Änderbarkeit von Software.

Um Portabilität zu erreichen, müssen Programme sich auf die jeweiligen Standardversionen von Programmiersprachen beschränken. Solche Standardversionen sind in der Regel auf allen im Handel befindlichen Rechenanlagen gleich. Spezielle Sprachmodifikationen und Spracherweiterungen - seien sie noch so effektiv und hilfreich - garantieren, daß das betreffende Programm nur unter großen Mühen oder gar nicht auf einen anderen Rechner übertragen werden kann.

Portable Programme dürfen außerdem keine maschinenabhängigen Informationen enthalten. Wenn dies unvermeidlich ist, muß die betreffende Information leicht zu finden und zu ändern sein. Vor allem darf sie nicht in den Tiefen des Programms vergraben sein, sondern sollte isoliert werden. Ausführliche Kommentierungen solcher maschinenabhängigen Teile sind hilfreich.

Symbolische Konstanten verwenden

Jede skalare Konstante,
- die häufig innerhalb eines Programms verwendet wird und/oder
- bei der der Verdacht besteht, daß sie in späteren Versionen des Programms verändert werden könnte, und/oder
- die für das Verständnis der Logik eines Programms von Bedeutung ist,

sollte explizit durch eine entsprechende symbolische Konstante deklariert werden.
Beispiel:

```
while (i < 9999)
   { ... }          /* schlecht! */

#define   SIMULATIONS_DAUER  9999
while (i < SIMULATIONS_DAUER)
   { ... }              /* besser! */
```

Variablennamen müssen einen Sinn ergeben

Alle Variablen innerhalb eines Programms sollten mnemonische, d.h. verständliche Namen erhalten. Bereits aus der Bezeichnung der Variablen sollte jeder Leser des Programms erkennen können, worum es sich handelt. Die Verwendung von merkwürdigen Abkürzungen oder womöglich einzelnen Buchstaben für Variablennamen stellen eines der größten Hindernisse für das spätere Verständnis des Programms dar. Deshalb sollten nicht oder schwer interpretierbare Variablenbezeichnungen unter allen Umständen vermieden werden. Ist man nicht in der Lage, einen geeigneten Namen zu finden, so deutet dies meistens darauf hin, daß man das Problem oder den Algorithmus noch nicht ausreichend verstanden hat.

Klammern sind hilfreich, wenn es nicht zu viele sind

In vielen Fällen ist es hilfreich, zusätzliche Klammern anzubringen, auch wenn dies mathematisch nicht notwendig ist. So ist z.B. der Ausdruck

a/b+c/d+e/f

wesentlich schlechter lesbar als

(a/b)+(c/d)+(e/f).

Andererseits ist es unsinnig, so viele Klammern anzubringen, daß diese zum Verständnis nichts mehr beitragen, wie z.B.

(((a/b)+(c/d))+(e/f)).

Gegebenenfalls kann es günstiger sein, den Ausdruck in mehrere Teilgleichungen zu zergliedern.

Dateneingaben sofort mit Kontroll-Ausgaben überprüfen

Daten sollten sofort nach der Eingabe auf Richtigkeit und Plausibilität überprüft werden. Stimmen die Daten nicht, so muß auch das beste Programm falsche Ergebnisse liefern (Garbage in - Garbage out). Der einfachste Weg zur Datenüberprüfung besteht darin, die Daten unmittelbar nach der Dateneingabe wieder auszugeben (Echo-Drucken). Dadurch wird gleichzeitig besser erkennbar, auf Basis welcher Eingabedaten ein bestimmtes Ergebnis produziert worden ist. Kontroll-Ausgaben der Eingaben sollten daher Teil jedes Programms sein.

Eine interpretierbare Ausgabe der Ergebnisse ist Gold wert

Das wichtigste an einem Rechnerprogramm ist sein Rechenergebnis. Viele Programmierer besitzen ausgeprägte Fähigkeiten, ihre unklaren Ausgaben zu interpretieren. Daran sind die meisten Benutzer von Rechnerprogrammen dagegen nicht interessiert. Jeder Nutzer eines Programms erwartet Antworten in einer klaren, leicht verständlichen und leicht lesbaren Form. Wenn ein optimal arbeitendes Programm schlechte Ausgaben liefert, wird das Programm früher oder später links liegen gelassen. Die Ausgabe

	378245621		
.28735E03	.4725E2		32.030000
208.07			

ist z.B. so gut wie nicht interpretierbar.

Ordnet man dagegen den Ausdruck in eine sinnvolle Reihenfolge und ergänzt ihn durch Kommentare, so ist für jeden Außenstehenden erkennbar, worum es sich handelt:

Versicherungsnummer: 378-24-5621

Erstattungssumme   287.35 DM
Eigenbeteiligung   47.25 DM
Bearbeitungsgebühr   _32.03_ DM
Auszahlungsbetrag   208.07 DM

Ohne Kommentare ist ein Programm nicht lesbar

Gute Kommentare sind eine unersetzliche Hilfe für das Verständnis eines
Programms. Unglücklicherweise findet man gute Programmkommentierungen sehr
selten. Die typische Antwort eines Programmierers lautet: "Natürlich habe ich noch
keine Kommentare geschrieben, das Programm ist ja noch nicht fertig!" Dies ist
ein sicherer Weg zum Programmchaos. Deshalb:
Alle Kommentierungen sollten sofort und während des Programmierens erfolgen.
Natürlich gibt es dabei Übertreibungen. Es hat keinen Sinn, wenn ein Programm
aus 10 % Programmzeilen und 90 % Kommentaren besteht. Programme sollten
vielmehr eine ausführliche Kommentierung im Programmkopf enthalten und kurze
Kommentare zu einzelnen Programmzeilen.

Absätze und Einrückungen verwenden

Genauso wie bei normalen sprachlichen Texten ist es auch in Programmen eine
Unsitte, alles so dicht wie möglich hintereinander zu ketten, ohne das Programm
durch Einrückungen, Absätze und Leerzeilen zu strukturieren. Deshalb:
Wie ein gutes Schriftstück soll auch ein Programm klar gegliedert sein.
Programme sind keine Geheimsprachen, sondern sollen ohne große Mühe gelesen
werden können.

2.4.4 Programmiersprachen

Programmiersprachen sind ein Hilfsmittel, um einen erarbeiteten Lösungsweg in
einer Form auszudrücken, die vom Rechner verarbeitet werden kann. Sie zeichnen
sich durch folgende Merkmale aus:
- Es gibt eine begrenzte Anzahl an Basiselementen zur Beschreibung von Daten,
  Funktionen und deren Reihenfolge. Funktionen werden in einer Programmiersprache durch Anweisungen (statements, instructions), deren Reihenfolge
  durch den Kontrollfluß (flow of control) und die Daten durch Variablen dargestellt.
- Die Verwendung dieser Basiselemente ist durch einen Satz von Regeln - die sogenannte Syntax - eindeutig festgelegt.
- Auch die Bedeutung der Basiselemente - die Semantik - ist eindeutig geregelt,
  wobei sich allerdings Doppeldeutigkeiten nicht immer vollständig vermeiden
  lassen.
Syntax und Semantik orientieren sich dabei im Prinzip an der Schreibweise, die
im jeweiligen Anwendungsbereich üblich ist. Man spricht daher auch von problemorientierten Sprachen - im Gegensatz zu maschinenorientierten Sprachen.

Die verschiedenen Programmiersprachen unterscheiden sich hinsichtlich ihrer Effizienz, ihrer Lesbarkeit, ihrer Portabilität, ihrer Fehleranfälligkeit und anderer Merkmale. Die wichtigsten Sprachen werden im folgenden kurz beschrieben.

Fortran

Die Sprache Fortran wurde 1951 unter der Leitung von J. W. Backus bei IBM entwickelt. Fortran ist eine Abkürzung für **Formula-Tran**slation, und dementsprechend orientiert sich die Schreibweise stark an der mathematischen Formelsprache. Die Sprache ist im Laufe der Jahre erheblich verändert und erweitert worden. Obwohl Fortran die älteste Programmiersprache überhaupt ist, ist sie auch heute noch recht weit verbreitet, insbesondere im Bereich technisch-naturwissenschaftlicher Anwendungen. Aufgrund der großen Anzahl vorhandener Fortran-Programme werden Kenntnisse dieser Sprache auch in Zukunft wichtig sein.

Die Sprache verfügt über gute Ausdrucksmöglichkeiten für mathematische Operationen. Komplizierte Operationen lassen sich durch Definition von Unterprogrammen (Functions, Subroutines) zusammenfassen. Die Möglichkeiten zur Bildung von Datenstrukturen sind dagegen sehr begrenzt. Das gleiche gilt für die Strukturierung des Kontrollflusses. Sprungbefehle (goto) stellen hier immer noch ein wesentliches Element dar. Problematisch ist bei Fortran-Programmen die breite Verwendungsmöglichkeit globaler, d.h. von allen Teilen des Programms aus zugänglicher Daten. Dies führt häufig zu einer übermäßig großen Vernetzung und damit zu wachsender Unübersichtlichkeit.

Cobol

Cobol ist die Abkürzung für **C**ommon **B**usiness **O**riented **L**anguage. Diese Sprache wurde 1961 erstmals vorgestellt und ist damit die zweitälteste gebräuchliche Programmiersprache nach Fortran. Das Hauptanwendungsgebiet von Cobol ist der kaufmännisch-betriebswirtschaftliche Bereich.

Die Sprache verfügt nur über begrenzte Möglichkeiten zur Abstraktion von Daten und Operationen. Sie erzwingt keine strukturierte Programmierung. Die Gefahr einer unübersichtlichen Programmstruktur ist daher bei Cobol-Programmen hoch. Aus diesem Grund entspricht diese Sprache nicht mehr dem heutigen Stand der technischen Entwicklung. Es existiert jedoch noch eine große Zahl alter Cobol-Programme. Die Sprache besitzt daher vor allem im kaufmännisch-betriebswirtschaftlichen Bereich immer noch große Bedeutung und wird auf absehbare Zeit dort vorherrschend bleiben.

Pascal

Diese Programmiersprache ist nach dem Mathematiker und Philosophen Blaise Pascal benannt. Sie wurde von Niklaus Wirth 1971 an der ETH Zürich entwickelt. Das Hauptziel dabei war die Schulung algorithmischen Denkens. Pascal verfügt über eine gut lesbare Syntax, fördert die Entwicklung gut strukturierter Programme und einen Top-Down-Entwurf. Die Möglichkeiten zur Datenabstraktion sind allerdings begrenzt. Weitere Nachteile sind ein etwas unhandliches Konzept für die Ein- und Ausgabe und Effizienzprobleme.

Ada

Diese Sprache ist nach der englischen Mathematikerin Countesse Ada Augusta Lovelace (1815 - 1852) benannt, die bereits im 19. Jahrhundert die Möglichkeiten einer automatisierten Datenverarbeitung erkannte und heute als erste Programmiererin gilt. Die Sprache Ada wurde vom US-amerikanischen Verteidigungsministerium als Universalsprache in Auftrag gegeben, um die ständig wachsende Zahl von Programmiersprachen zu reduzieren.

Die Sprache basiert auf der objektorientierten Methodik und bietet gute Möglichkeiten zur Strukturierung und Abstraktion von Daten und Operationen. Darüber hinaus unterstützt sie Parallelverarbeitung und Echtzeitanwendungen. Ada realisiert viele Prinzipien moderner Software-Entwicklung und ist für die Lösung großer und komplexer Systeme gut geeignet.

C

C ist eine Mehrzwecksprache, die in der zweiten Hälfte der 70er Jahre bei den Bell Laboratories der Firma AT&T entwickelt wurde. Die erste große Anwendung von C war das Betriebssystem UNIX, das zu 95% in dieser Sprache geschrieben ist.

Die Vorteile von C sind vor allen Dingen die gute Portabilität und eine hohe Effizienz. C ermöglicht einen sehr kompakten und knappen Programmierstil, der zumindest für Ungeübte schwer lesbar ist. Darüber hinaus gestattet C viele Konstruktionen, die mit einem guten Programmierstil unvereinbar sind. Bei der Verwendung von C muß diesem Punkt besondere Beachtung geschenkt werden, beispielsweise durch die Vereinbarung von Programmierrichtlinien.

C++

C++ ist eine objektorientierte Erweiterung der Sprache C. Sie wurde zu Beginn der 80er Jahre ebenfalls bei AT&T von Bjarne Stroustrup entwickelt. C++ realisiert die Prinzipien des objektorientierten Programmierens sehr weitgehend. Die von C bekannte Effizienz bleibt dabei erhalten. Diese Vereinigung der positiven Eigenschaften von C mit den prinzipiellen Vorteilen des objektorientierten Programmierens ist ein wichtiger Vorteil von C++.

2.4.5 Programmierfehler

Die Suche, Beseitigung und Korrektur von Fehlern stellt einen wesentlichen Teil der Programmentwicklung dar. Als Grundsatz läßt sich formulieren:

Jedes nicht triviale Programm enthält Fehler.

Auch wenn es im Einzelfall Ausnahmen von dieser Regel geben mag, sollte man dennoch an jedes Programm so herangehen, als sei dieser Grundsatz allgemeingültig. Beim Umgang mit Programmen sollte man sich immer von der Hypothese leiten lassen, daß ein Programm niemals genau das tut, was es soll. Insbesondere bei Anwendungen in kritischen Bereichen - Medizin, Verkehrswesen, gefährliche technische oder chemische Prozesse, Waffensysteme - ist daher beim Einsatz von rechnergestützten Lösungen größte Vorsicht geboten. Rückfallebenen, die die

Funktionsfähigkeit des Systems auch beim Auftreten von Fehlern sicherstellen, sind unabdingbar.

Ein Beispiel: In der Programmiersprache Fortran werden Programmschleifen durch den sogenannten Do-Loop realisiert:

DO 999 I = 1,100

...

999   CONTINUE

I ist dabei der Schleifenzähler, der in dem vorliegenden Fall alle Werte zwischen 1 und 100 durchläuft. Die Zahl 999 kennzeichnet die letzte Anweisung der Schleife und gibt somit das Ende der Schleife an. In der Software für das Apollo-Projekt der amerikanischen Raumfahrtbehörde NASA für den Flug zum Mond trat nun folgende Programmzeile auf:

DO 999 I = 1.100

...

999   CONTINUE

Sehen Sie den Fehler?

Ein einfacher Tippfehler hat dazu geführt, daß statt des Kommas ein Punkt getippt wurde. Das Problem lag nun darin, daß auch die fehlerhafte Anweisung syntaktisch korrekt ist. Statt eine Schleife zu definieren, bewirkt sie jedoch, daß der Wert 1.100 an die Variable DO999I zugewiesen wird! Obwohl die Apollo-Software zur damaligen Zeit zu der am besten getesteten Software überhaupt zählte, wurde dieser Fehler im Vorhinein nicht entdeckt und führte dann während einer der Mondflüge zu erheblichen Problemen.

Testen von Programmen

Die wichtigste Methode, um Fehler im Programm aufzufinden, ist das systematische Testen. Allerdings können niemals alle möglichen Programmzustände ausprobiert werden. Durch Testen kann daher die Korrektheit eines Programms nicht endgültig bewiesen werden. Dies ist nur mit Methoden der sogenannten *analytischen Programmverifikation* möglich. Darunter versteht man den mathematischen Beweis der Korrektheit von Programmen. Allerdings sind die dafür entwickelten Verfahren für praktische Anwendungsfälle kaum nutzbar. Der Test ist daher die allgemein angewandte Methode zur Prüfung von Programmen.

Testhilfsmittel

Die folgenden Hilfsmittel sind für einen Programmtest und die Fehlersuche von Nutzen:
  - der Programmcode,
  - die Spezifikation des Programms,
  - Entwurfsdokumente, wie z.B. Nassi-Shneiderman-Diagramme,
  - Ausdrucke der Programmergebnisse,

- ein sogenannter *Program-Trace,* der eine Liste der ausgeführten Programmanweisungen und der Werte der interessierenden Variablen nach jedem Schritt aus-
  gibt,
- ein Debugger, mit dessen Hilfe die Ausführung des zu testenden Programms
  gezielt unterbrochen und fortgesetzt werden kann sowie die Werte interes-
  sierender Variablen untersucht werden können.

Faustregeln

Ähnlich wie für den Programmierstil gibt es auch für Test und Fehlersuche keine
systematische und fundierte Theorie. Auch hier gibt es jedoch eine Reihe von
Faustregeln, die für die Fehlersuche sehr nützlich sind. Einige davon sollen im folgenden wiedergegeben werden:
1. Gehen Sie systematisch und planmäßig vor. Beginnen Sie damit, unwahr-
   scheinliche Fehlerquellen auszuschließen. Gehen Sie beim Eliminieren von
   Fehlerquellen von den einfachen zu den komplizierteren Fällen.
2. Konzentrieren Sie sich jeweils auf einen Fehler.
3. Setzen Sie Methoden der defensiven Programmierung ein. Fügen Sie spezielle
   Programmanweisungen zur Fehlersuche in den Programmcode ein, beispielsweise Ausgabeanweisungen für die wesentlichen Variablen oder Meldungen
   darüber, an welcher Stelle sich das Programm gerade befindet. Nachdem der
   Fehler gefunden wurde, sollten diese Zeilen nicht wieder gelöscht werden, sondern durch Kommentarzeilen oder spezielle Anweisungen an den Compiler
   herauskommentiert werden. Auf diese Weise sind sie für künftige Testfälle
   wieder aktivierbar.
4. Untersuchen Sie die Ausgabe des Programms besonders sorgfältig. Vergleichen Sie sie mit der erwarteten Ausgabe. Sie sollten dabei vorher
   überlegen und schriftlich festhalten, welche Ergebnisse Sie erwarten. Benutzen
   Sie nicht nur eine, sondern mehrere Methoden der Fehlersuche, insbesondere
   sowohl rechnergestützte als auch "papiergestütze" Methoden. Dies verhindert
   die frühzeitige Fixierung auf eine einzige mögliche Fehlerquelle.
5. Führen Sie eine Liste der entdeckten und korrigierten Fehler, in der aufgezeich-
   net ist, wo die Fehler im Programm auftraten und von welchem Typ sie
   waren. Dies kann als Grundlage für die Suche künftiger Fehler sehr wertvoll
   sein.
6. Ziehen Sie andere Personen bei der Fehlersuche zu Rate. Die Erfahrung zeigt,
   daß Programmierer häufig kaum in der Lage sind, die eigenen Fehler zu ent-
   decken. Andere Personen dagegen finden diese Fehler häufig wesentlich schneller.
Abschließend sei noch darauf hingewiesen, daß die für die Fehlersuche benötigte
Zeit häufig stark unterschätzt wird. Obwohl man es aus Erfahrung besser wissen
müßte, ist man immer davon überzeugt, daß der Fehler, den man im Moment gerade sucht, mit Sicherheit der letzte ist ("Nur noch einmal compilieren ...!").
*Auch hier kann als Faustregel gelten, daß die Zeit für die Fehlersuche meistens
um einen Faktor von 2 bis 4 größer ist als die ursprünglich angenommene Zeit.*

2.5 Von der Programiersprache zur logischen Verknüpfung

2.5.1 Aufgabenstellung

Wie bereits mehrfach erwähnt, beruht die Funktionsweise des Digitalrechners darauf, alle Operationen auf logische Verknüpfungen zu reduzieren und diese dann durch elektrische Schaltungen zu realisieren. Auf dem Weg von der allgemeinen Problemstellung zu solchen Schaltungen sind wir bisher bis zu den Programmiersprachen gekommen. Die Umsetzung der Anweisungen einer solchen Sprache in logische Verknüpfungen übernimmt üblicherweise ein Übersetzungsprogramm, der sog. Compiler. Für ein grundlegendes Verständnis der Funktionsweise des Digitalrechners ist es dennoch sinnvoll, sich zu vergegenwärtigen, wie diese Zerlegung in immer kleinere logische Einheiten bis auf die Ebene logischer Verknüpfungen prinzipiell vor sich geht.

Wir werden diese Zerlegung daher schrittweise anhand eines Beispiels erläutern. In jedem Schritt werden wir die Grundelemente der jeweiligen Beschreibungsebene des Lösungsweges in noch kleinere Bausteine zerlegen. Die Richtung beim Aufsuchen dieser Bausteine ist dabei durch das Endziel "Zerlegung in logische Verknüpfungen" gegeben. Den ersten Schritt auf diesem Weg bildet der Assembler .

2.5.2 Von der Programmiersprache zum Assembler

Unter einem Assemblerprogramm versteht man eine Formulierung der Lösung in Form von Arbeitsschritten, die direkt vom sogenannten Rechenwerk eines Rechners verarbeitet werden können. Diese Basisschritte der Assemblersprache sind von Rechner zu Rechner verschieden.

Wir werden uns daher nicht an einer speziellen Assemblersprache orientieren, sondern das Grundprinzip einer solchen Sprache deutlich machen und dies am Beispiel des in Abschnitt 2.4.2 behandelten Skalarproduktes erläutern (vgl. Abb. 2-4-4). Zu diesem Zweck werden wir die einzelnen Elemente der Programmiersprache logisch noch weiter aufspalten:

1. Bisher waren Operationen mit mehreren Operanden zugelassen. Wir können dies vereinfachen, indem wir pro Operation nur noch zwei Operanden zulassen und das Zwischenergebnis in einer Variablen X ablegen. Diese Variable stellt einen "Zwischenbehälter" dar, analog zu den fett gedruckten Variablen in Abb. 2-4-3. Mehrstellige Operationen müssen dann in Teilschritte zerlegt werden. Beispiel:

$$X := A + B + C; \qquad\qquad (* \text{ bisher } *)$$

$$X := A + B; \qquad\qquad (* \text{ jetzt } *)$$
$$X := X + C;$$

2. Bisher waren beliebige Vergleichsoperationen zugelassen. Wir können diese jedoch immer auf einen Vergleich mit 0 zurückführen. Gegebenenfalls müssen die zu vergleichenden Größen vorher voneinander subtrahiert werden. Beispiel:

if (i >= dimension)...   (* bisher *)

j := i-dimension;   (* jetzt *)
if (j >= 0)...

3. Rechen- und Speicheroperationen (setze auf) wurden bisher in einem Schritt ausgeführt. Nun soll für jede dieser beiden Operationen ein gesonderter Schritt vorgesehen werden. Dies geschieht dadurch, daß die arithmetischen und Vergleichsoperationen nicht mehr für beliebige, sondern für zwei ganz bestimmte Operanden - genannt OP1 und OP2 - durchgeführt werden können. Für alle anderen Objekte gilt nur noch die Zuweisungsoperation. Das Ergebnis der arithmetischen Operation wird in einem dritten Operanden mit dem Namen ERGEBNIS abgelegt (Zwischenbehälter). Damit läßt sich der Ausdruck

X=A+B;

in die Folge

setze OP1 auf den Wert von A
setze OP2 auf den Wert von B
addiere
kopiere den Wert von ERGEBNIS nach X

zerlegen.

4. Auch die Wiederholung einer Gruppe von Anweisungen läßt sich noch vereinfachen. Eine solche Wiederholung stellt im Prinzip nichts anderes dar, als eine gezielte Unterbrechung der ansonsten vereinbarten sequentiellen Abarbeitung. Dementsprechend läßt sie sich ersetzen, indem zum ersten Schritt der zu wiederholenden Folge von Anweisungen gesprungen und die sequentielle Abarbeitung von dieser Stelle an fortgesetzt wird. Die bedingte Wiederholung läßt sich durch einen bedingten Sprung in Abhängigkeit vom Ergebnis der davor ausgeführten Operation ausdrücken. Statt der in Abb. 2-4-4 verwendeten Formulierung

repeat
  produkt := k[i]*r[i];
  ...
until i > dimension;

läßt sich dann schreiben

    1. produkt := k[i]*r[i];
    ...
    2. ziehe i von dimension ab
    3. falls ergebnis >= 0, fahre bei schritt 1 fort

Der Vergleich ergebnis >= 0 ist dabei im Gegensatz zu der Pascal-Anweisung in Abb. 2-4-4 eine Laufbedingung. Der einfache Assembler, der in Abb. 2-5-1 benutzt wird, besitzt den folgenden Befehlsumfang:

    1. ADDIERE
    2. SUBTRAHIERE
    3. MULTIPLIZIERE
    4. DIVIDIERE
    5. SETZE _OP1   VARIABLE
    6. SETZE _OP2.   VARIABLE
    7. KOPIERE_ERGEBNIS   VARIABLE
    8. FALLS_>=0_NACH   MARKE

Dabei wird bei der Subtraktion OP1-OP2, bei der Division OP1/OP2 ausgeführt. Damit ergibt sich eine Formulierung wie in Abb. 2-5-1.

Im Prinzip entspricht dies der Form von Assemblerprogrammen. Reale Assembler orientieren sich dabei in der Formulierung im wesentlichen an der englischen Sprache. Die Benennung von Variablen und Operationen wird häufig auf drei Buchstaben beschränkt.

Daß es sich bei diesem Programm um die Berechnung eines Skalarproduktes handelt, ist nun kaum noch erkennbar. Auch die Schleifenstruktur ist nicht mehr auf den ersten Blick sichtbar, und die Schleifenbedingung ist schwer zu durchschauen. Diese Form der Beschreibung ist also äußerlich schon sehr weit vom Problem der Berechnung des Skalarproduktes entfernt.

```
 1. VARIABLE          DIMENSION       3
 2. VARIABLE          I               1
 3. VARIABLE          SUMME           0.0
 4. VARIABLE          SCHRITT         1

 5. VARIABLE          K[1]            5.0
 6. VARIABLE          K[2]            10.0
 7. VARIABLE          K[3]            20.0
 8. VARIABLE          R[1]            1.0
 9. VARIABLE          R[2]            2.0
10. VARIABLE          R[3]            3.0

11. SETZE_OP 1        K[I]
12. SETZE_OP 2        R[I]
13. MULTIPLIZIERE

14. SETZE_OP 1        ERGEBNIS
15. SETZE_OP 2        SUMME
16. ADDIERE
17. KOPIERE_ERGEBNIS  SUMME

18. SETZE_OP 1        I
19. SETZE_OP 2        SCHRITT
20. ADDIERE
21. KOPIERE_ERGEBNIS  I

22. SETZE_OP 1        DIMENSION
23. SETZE_OP 2        I
24. SUBTRAHIERE
25. FALLS_≥ 0_NACH    11
```

Abb. 2-5-1: Skalarprodukt in Assemblersprache

2.5.3 Logische Verknüpfungen und Boolesche Algebra

Ziel dieser ganzen Prozedur ist letztlich die Zerlegung in logische Verknüpfungen; denn diese logischen Verknüpfungen können in elektrischen Schaltungen abgebildet werden. Es ist nun an der Zeit, diese logischen Verknüpfungen genauer zu untersuchen.

Logik und Aussagen

Die Logik ist die Theorie des korrekten Schließens oder Beweisens. Sie behandelt die Frage, wie man aus gegebenen verläßlichen Aussagen neue verläßliche Aussagen gewinnen kann. Was der Inhalt dieser Aussagen ist, ist dabei zunächst nicht relevant.

Eine Aussage ist ein Satz, bei dem man die Fragen nach der Wahrheit oder Verläßlichkeit stellen kann, beispielsweise der Satz "Es regnet". Bei Sätzen wie "Regnet es?" oder "Steh auf!" dagegen handelt es sich nicht um Aussagen, sondern um eine Frage bzw. eine Aufforderung. Unter bestimmten Voraussetzungen läßt sich jeder Aussage ein sogenannter Wahrheitswert zuordnen, der angibt, ob die Aussage im logischen Sinne "wahr" oder "falsch" ist.

Verknüpfung von Aussagen

Verknüpfungen erzeugen aus gegebenen Aussagen neue Aussagen. Für zwei Aussagen, die im folgenden als A und B bezeichnet werden, sind folgende grundlegende Verknüpfungen möglich:

$A \wedge B$	A und B	Konjunktion	(UND)
$A \vee B$	A oder B	Disjunktion	(ODER)
$\neg A$	nicht A	Negation	(NICHT)

Je nachdem, ob die Aussagen A, B oder beide wahr bzw. falsch sind, lassen sich auch für die zusammengesetzten Aussagen Wahrheitswerte angeben. Dies wird in sogenannten *Wahrheitstafeln* dargestellt (Abb. 2-5-2).

Wahrheitstafel:

A	B	$A \wedge B$	$A \vee B$		A	$\neg A$
w	w	w	w		w	f
w	f	f	w		f	w
f	w	f	w			
f	f	f	f			

Abb. 2-5-2: Wahrheitstafel

Beispiel

Als Beispiel soll hier die Frostschutzschaltung einer Klimaanlage dienen. Um Frostschäden zu verhindern, darf der Lüfter darf nur eingeschaltet werden, wenn die Lufttemperatur größer als 0 Grad ist oder aber die Wassertemperatur im Wärmetauscher größer als 40 Grad ist. Wählt man die Elementaraussagen

A: "die Wassertemperatur ist größer als 40° C",
B: "die Lufttemperatur ist kleiner oder gleich 0° C" und
C: "der Lüfter darf eingeschaltet werden",

so läßt sich die Frostschutzbedingung durch

$$\neg B \vee A \Rightarrow C$$

ausdrücken. Das Symbol => steht dabei für eine wenn-dann-Beziehung.

Boolesche Algebra

Die Aussagen A, B und C stellen hier Variablen dar, die je nach dem wirklichen Zustand der Anlage die Werte "wahr" oder "falsch" annehmen können. Die "Frostschutzformel" stellt nun in Form einer logischen Funktion eine Beziehung zwischen diesen Variablen her. Die Regeln, nach denen solche Gleichungen aufgebaut und manipuliert werden können, werden durch die sogenannte Boolesche Algebra beschrieben. Sie wurde im letzten Jahrhundert von dem englischen Mathematiker George Boole formuliert.

Logische Verknüpfungen und physikalische Schaltungen

Besonders interessant an der Booleschen Algebra ist, daß sich die Schaltfunktionen durch sehr einfache physikalische Schaltungen realisieren lassen. Die *Logik* läßt sich also auf die *Physik* abbilden und umgekehrt. Diese Tatsache ist die Grundlage jeder automatisierten Datenverarbeitung. Abb. 2-5-3a und Abb. 2-5-3b zeigen zwei Beispiele zur Realisierung der UND- und der ODER-Verknüpfung .

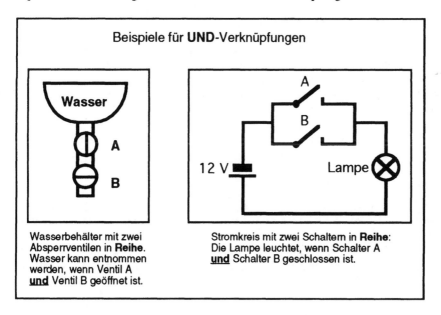

Abb. 2-5-3a: Physikalische Realisierung der UND-Verknüpfung

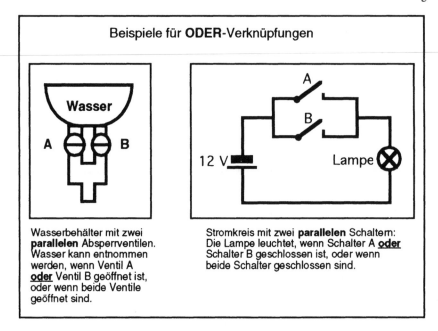

Abb. 2-5-3b: Physikalische Realisierung der ODER-Verknüpfung

Die elektrische Variante besitzt gegenüber dem Wassertank den Vorteil, daß sie schneller Ergebnisse der Verknüpfungen liefert. Dieser Geschwindigkeitsvorteil wird durch eine Realisierung der Schaltung mit Halbleitern anstatt mit mechanischen Schaltern noch weiter gesteigert.

Wir wissen also nun, wie man die Grundstrukturen der Logik auf physikalische, insbesondere elektrische Schaltungen abbilden kann. Wie aber kommt man von der Maschinensprache, die im wesentlichen Operationen mit Zahlen beschreibt, zu logischen Verknüpfungen der oben gezeigten Art?

Diese Zerlegungsaufgabe ist wiederum zweigeteilt: Die Operanden des Assemblers, also Zahlen in Form von Variablen und Konstanten, müssen auf Aussagen, also auf Operanden mit den Zuständen "wahr" und "falsch" zurückgeführt werden. Außerdem müssen die Operationen der Maschinensprache auf die logischen Verknüpfungen zurückgeführt werden. Beginnen wir zunächst mit den Operanden.

Zerlegung von Operanden

Die Aufgabe, Zahlen auf Aussagen zurückzuführen, erscheint zunächst etwas verwirrend. Die Aufgabe ist jedoch mit Ratespielen vergleichbar, in denen nur Fragen, die mit Ja oder Nein zu beantworten sind, zugelassen sind (z.B. "Das heitere Beruferaten"). Jede Antwort auf eine solche Frage ist eine Aussage. Nach diesem Prinzip ließe sich beispielsweise die Zahl 5 durch die Antworten auf die folgenden Fragen beschreiben:

Ist es die 0?	nein
Ist es die 1?	nein
Ist es die 2?	nein
Ist es die 3?	nein
Ist es die 4?	nein
Ist es die 5?	ja.

Einigt man sich auf die Reihenfolge der Fragen und hängt die Antworten immer links an, so wäre dann die Zahl 5 durch die Antwortfolge

J, N, N, N, N, N

beschrieben. Natürlich ist das ein recht aufwendiges Verfahren - man stelle sich die Darstellung der Zahl 1.000 vor: ein J und dahinter 1.000 Neins! Tatsächlich kann man erheblich geschickter fragen, in dem man den infrage kommenden Zahlenbereich schrittweise halbiert und so die verbleibenden Möglichkeiten bei jedem Schritt maximal reduziert. Weiß man beispielsweise, daß die Zahl im Bereich von 0 bis 15 liegt, so führen die Fragen aus Abb. 2-5-4 zum Ziel.

Danach bleibt die 5 als einzige Zahl übrig. Die Zahl wird nach diesem Schema durch die Wahrheitswerte der Aussage "die Zahl liegt in der oberen Hälfte des noch infrage kommenden Zahlenbereiches" beschrieben. Es stellt sich heraus, daß auf diese Weise in jedem Fall 4 Aussagen ausreichen, um die Zahl zu identifizieren.

Schritt	in Frage kommen-der Bereich	obere Hälfte davon	liegt X darin?
1	0 ... 15	8 ... 15	nein
2	0 ... 7	4 ... 7	ja
3	4 ... 7	6 ... 7	nein
4	4 ... 5	5	ja

Abb. 2-5-4: Frageschema zur Bestimmung einer Zahl

Bitte ein Bit

In der Informationstheorie läßt sich beweisen, daß dies die bestmögliche Art ist, eine von n gegebenen Möglichkeiten durch ja/nein- bzw. wahr/falsch-Aussagen zu identifizieren. Der Vorteil dieses Verfahrens gegenüber dem ersten Versuch beruht darauf, daß bei jeder Frage beide Alternativen gleich wahrscheinlich sind.

In der Informationstheorie wird die Informationsmenge, die ein Fragender durch die Antwort auf eine solche Frage mit zwei gleich wahrscheinlichen Alternativen gewinnt, als 1 bit definiert.

Um eine beliebige Zahl aus dem Bereich von 0 bis 15 zu identifizieren, braucht man nach dem obigen Schema immer nur 4 Fragen, der Informationsgehalt beträgt also 4 bit. Durch das Halbierungsprinzip benötigt man bei einer Verdoppelung der Anzahl der Möglichkeiten jeweils nur eine weitere Aussage bzw. Frage. Dieser Zusammenhang läßt sich durch die Formel

$$m = \log_2 n \qquad [\text{bit}]$$

für den Informationsgehalt beschreiben, wobei n die Anzahl der Möglichkeiten, m die theoretisch dafür benötigte Anzahl von Aussagen und $\log_2$ der Logarithmus zur Basis 2 sind. Letzterer läßt sich nach der Beziehung

$$\log_2 x = \frac{\ln x}{\ln 2} = \frac{\log x}{\log 2}$$

aus dem natürlichen ln oder dem Zehneralogrithmus log berechnen. Da jedoch nur "ganze" Aussagen möglich sind, ist die Anzahl der tatsächlich zu stellenden Fragen größer als $\log_2 n$.

Wieviele Aussagen benötigt man z.B. zur Darstellung einer beliebigen dreistelligen Zahl? Mit drei Stellen lassen sich 1.000 verschiedene Zahlen darstellen, also ergibt sich die erforderliche Aussagenzahl zu

$$m = \log_2 1000 = \frac{\log 1000}{\log 2} \leq \frac{3}{0,3} = 10$$

also insgesamt 10 Aussagen. Eine dreistellige Zahl besitzt also einen exakten Informationsgehalt von 9,97.

Auf diese Weise ist also die Zerlegung von Zahlen in Ja/Nein-Aussagen möglich. Die Zerlegung nach einem solchen Schema beschränkt sich jedoch nicht nur auf Zahlen. Nach dem gleichen Muster lassen sich beispielsweise auch die Buchstaben des Alphabets durch Ja/Nein-Aussagen beschreiben. Für 26 Buchstaben benötigt man 5 Aussagen, denn $\log_2 26 = 4,7$ (also 5 bit). Legt man die übliche Schreibmaschinentastatur mit Umlauten, Satzzeichen, Groß- und Kleinbuchstaben zugrunde, so ergeben sich ca. 100 Zeichen (7bit).

Dieses Schema läßt sich auf beliebige Mengen mit endlich vielen Elementen verallgemeinern. Jedes Element einer solchen Menge läßt sich durch eine endliche Anzahl von Ja/Nein-Aussagen eindeutig beschreiben. Benötigt wird dafür lediglich ein Kriterium, mit dem man feststellen kann, in welcher der beiden Hälften der noch verbleibenden Teilmengen sich das Element befindet.

2.5.4 Das Dualsystem

Durch das Frageschema ist es uns also gelungen, Zahlen durch Kombination von Ja/Nein-Aussagen darzustellen. Das Aussagensystem ist zum normalen Zahlensystem völlig äquivalent. Im Prinzip läßt sich das Aussagensystem auch als Zahlensystem auffassen, das allerdings nur zwei Ziffern besitzt. Dies wird deutlicher, wenn man statt der Wahrheitswerte Ja/Nein oder Wahr/Falsch die Ziffern 1 und 0 verwendet. Die Zahl 5 hat dann statt NJNJ die Darstellung 0101. Dieses System wird auch als *Dual- oder Binärsystem* bezeichnet.

Potenzdarstellung

Um die Zusammenhänge zwischen dem üblichen Dezimalsystem und dem Dualsystem kennenzulernen, ist es sinnvoll, sich zu vergegenwärtigen, was eigentlich die übliche Zahlenschreibweise bedeutet. Im Dezimalsystem stehen die Stellen einer Zahl für Einer, Zehner, Hunderter usw., also für die verschiedenen Zehnerpotenzen. Eine Dezimalzahl läßt sich also als eine Summe von Zehnerpotenzen schreiben:

$$7856 = 7 \cdot 10^3 + 8 \cdot 10^2 + 5 \cdot 10^1 + 6 \cdot 10^0.$$

Bezeichnet man die einzelnen Ziffern einer Zahl z mit a_i, wobei die Einerstelle den Index i = 0 besitzen soll, so gilt für die Zahlendarstellung im Dezimalsystem:

$$z_{10} = a_n \cdot 10^n + a_{n-1} \cdot 10^{n-1} + ... + a_1 \cdot 10^1 + a_0 \cdot 10^0$$
$$\text{mit } a_i \in \{0,...,9\}$$

Der Index 10 kennzeichnet dabei die Zahl z als Dezimalzahl. Diese Darstellung läßt sich auch auf Brüche erweitern. In diesem Fall nimmt der Index i auch negative Werte an.

Jede Dezimalzahl läßt sich also als Summe von Zehnerpotenzen darstellen, wobei die Faktoren jeder Potenz durch die an der entsprechenden Stelle stehende Ziffer gegeben sind.

Ganz analog kann man nun eine Dualzahl als Summe von Zweierpotenzen darstellen:

$$0101_2 = 0 \cdot 2^3 + 1 \cdot 2^2 + 0 \cdot 2^1 + 1 \cdot 2^0 = 5_{10}.$$

Allgemein gilt für die Darstellung einer Dezimalzahl z in einem Zahlensystem der Basis B:

$$z_{10} = \sum_{i=0}^{n} a_i \cdot B^i.$$

Nach diesem Muster lassen sich also Zahlensysteme mit beliebigen Basiszahlen konstruieren. Von Bedeutung für die Informationsverarbeitung sind beispielsweise noch das Oktalsystem mit der Basis 8 und das Hexadezimalsystem mit der Basis 16. Beim Oktalsystem finden nur die Ziffern 0 bis 7 Verwendung. Beim Hexadezimalsystem werden neben den Ziffern 0 bis 9 noch die Buchstaben A bis F als "Ersatzziffern" mit den Zahlenwerten 10 bis 15 benutzt.

Für die Umrechnung der verschiedenen Zahlensysteme ineinander lassen sich die folgenden Verfahrensweisen einsetzen.

Umwandlung von Dual/Oktal/Hexadezimal in Dezimal

Der Dezimalwert einer ganzen Zahl in einem Zahlensystem mit der Basis B läßt sich durch Aufschreiben in Potenzdarstellung und zahlenmäßiges Ausrechnen der entsprechenden Summe bestimmen:

dual:

$$101110_2 = 1 \cdot 2^5 + 0 \cdot 2^4 + 1 \cdot 2^3 + 1 \cdot 2^2 + 1 \cdot 2^1 + 0 \cdot 2^0$$
$$= 1 \cdot 32 + \qquad 1 \cdot 8 + 1 \cdot 4 + 1 \cdot 2$$
$$= 46_{10}$$

oktal: \

$$607_8 = 6 \cdot 8^2 + 0 \cdot 8^1 + 7 \cdot 8^0$$
$$= 6 \cdot 64 + 7 \cdot 1$$
$$= 391_{10}$$

hexadezimal:

$$2BE_{16} = 2 \cdot 16^2 + 11 \cdot 16^1 + 14 \cdot 16^0$$
$$= 2 \cdot 256 + 11 \cdot 16 + 14 \cdot 1$$
$$= 702_{10}$$

Umwandlung von Dezimal in Dual/Oktal/Hexadezimal

Die Dualdarstellung läßt sich nach obigem Muster durch die Halbierung des infrage kommenden Bereiches bestimmen. Etwas einfacher - und auch für andere Zahlensysteme geeignet - ist das folgende Verfahren.

Die Formel für die Potenzdarstellung läßt sich nach dem Horner-Schema durch Ausklammern der Potenzen von B in die Form (hier für n = Ziffer 3)

$$Z_{10} = a_0 + B \, (a_1 + B(a_2 + B \cdot a_3))$$

bringen. Man erhält also die Ziffern a_i als Restwerte (auch als modulo bezeichnet) der fortgesetzten Division durch die Basis B:

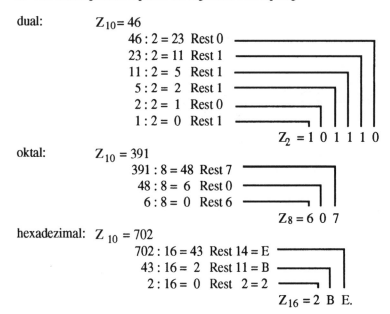

dual: $Z_{10} = 46$

$46 : 2 = 23$ Rest 0

$23 : 2 = 11$ Rest 1

$11 : 2 = 5$ Rest 1

$5 : 2 = 2$ Rest 1

$2 : 2 = 1$ Rest 0

$1 : 2 = 0$ Rest 1

$Z_2 = 1\ 0\ 1\ 1\ 1\ 0$

oktal: $Z_{10} = 391$

$391 : 8 = 48$ Rest 7

$48 : 8 = 6$ Rest 0

$6 : 8 = 0$ Rest 6

$Z_8 = 6\ 0\ 7$

hexadezimal: $Z_{10} = 702$

$702 : 16 = 43$ Rest $14 = E$

$43 : 16 = 2$ Rest $11 = B$

$2 : 16 = 0$ Rest $2 = 2$

$Z_{16} = 2\ B\ E.$

Umwandlung von Dual in Oktal/Hexadezimal

Diese Umwandlung ist besonders einfach, da die Basis des Oktal- und des Hexadezimalsystems Potenzen von 2, der Basis des Dualsystems, sind. Jeweils 3 bzw. 4 Ziffern einer Dualzahl entsprechen deshalb einer Oktal- bzw. Hexadezimalziffer. Die Umwandlung geschieht daher zweckmäßigerweise wie folgt: Die Dualzahl wird von rechts nach links in Dreier- bzw. Vierergruppen aufgeteilt. Jeder Gruppe wird die entsprechende Oktal- bzw. Hexadezimalziffer zugeordnet. Die gesuchte Oktal- bzw. Hexadezimalzahl ergibt sich dann aus der Gesamtheit der so umgewandelten Ziffern.

Beispiel:

$$Z_2 = \underline{101}\ \ \underline{110}$$

$$Z_8 = 5 \qquad 6$$

Gegenüber der Dualdarstellung haben Oktal- und Hexadezimalzahlen den Vorteil geringerer Länge und besserer Lesbarkeit.

Zusammenfassung

Fassen wir zusammen: Unser Ziel war es, die Operanden auf Assemblerebene, also die Zahlen auf Aussagen zurückzuführen. Aussagen sind Sätze, die wahr oder falsch sein können. Diese Zurückführung auf Aussagen ist gelungen, in dem wir als Aussage den Satz "Die Zahl liegt in der oberen Hälfte des noch verbliebenen Zahlenbereichs" gewählt haben. Im Prinzip ist dieses Schema auch auf andere Mengen, beispielsweise die Buchstaben des Alphabetes, übertragbar. Für die Zahlendarstellung ergibt sich bei diesem Schema das Dualsystem. Statt wie beim

Dezimalsystem durch eine Summe von Zehnerpotenzen werden Zahlen in diesem System als Summe von Zweierpotenzen dargestellt.

Rechnen mit Dualzahlen

Die Potenzdarstellung gibt uns die Möglichkeit, das Rechnen mit Dualzahlen zu untersuchen. Nehmen wir als Beispiel die Addition der beiden Dualzahlen $X_2 = 1101$ und $Y_2 = 1001$. In Potenzschreibweise lauten diese Zahlen:

$$X_2 = 1 \cdot 2^3 + 1 \cdot 2^2 + 0 \cdot 2^1 + 1 \cdot 2^0$$
$$Y_2 = 1 \cdot 2^3 + 0 \cdot 2^2 + 0 \cdot 2^1 + 1 \cdot 2^0.$$

Die Addition kann nun sortiert nach Zweierpotenzen durchgeführt werden:

$$Z_2 = X_2 + Y_2 = \underbrace{2 \cdot 2^3}_{2^4} + 1 \cdot 2^2 + \underbrace{2 \cdot 2^0}_{2^1}$$
$$= 1 \cdot 2^4 + 0 \cdot 2^3 + 1 \cdot 2^2 + 1 \cdot 2^1 + 0 \cdot 2^0.$$

Hieraus folgt:

$$Z_2 = 1101 + 1001 = 10110$$

In diesem Falle ist durch die Addition zweier Einsen an zwei Stellen ein Übertrag aufgetreten, der - ganz wie im Dezimalsystem - zu einer Erhöhung der nächsthöheren Stelle führt. Möglicherweise entsteht dadurch ein weiterer Übertrag. Es ist daher sinnvoll, die Addition immer beginnend mit der letzten Ziffer auszuführen:

```
                    1 0 1 1
                +   1 1 1 0
Übertrag            1 1 1
                    1 1 0 0 1.
```

Ähnlich können wir bei der Multiplikation vorgehen. Wir wählen als Beispiel die Zahlen $X_2 = 011$ und $Y_2 = 101$. Die Multiplikation dieser beiden Zahlen ergibt sich dann wie folgt:

$$X_2 \quad = \quad 011$$
$$Y_2 \quad = \quad 101$$

$$
\begin{aligned}
X_2 \cdot Y_2 \quad &= \quad (1 \cdot 2^1 + 1 \cdot 2^0) \cdot (1 \cdot 2^2 + 0 \cdot 2^1 + 1 \cdot 2^0) \\
&= \quad (1 \cdot 2^1 + 1 \cdot 2^0) \cdot 2^2 + \\
& \quad + (1 \cdot 2^1 + 1 \cdot 2^0) \cdot 2^0 \\
&= \quad 1 \cdot 2^3 + 1 \cdot 2^2 + 1 \cdot 2^1 + 1 \cdot 2^0 \\
\hline
&= \quad 1 \qquad 1 \qquad 1 \qquad 1
\end{aligned}
$$

Wie man sieht, wird das Ausmultiplizieren nun erheblich einfacher als im Dezimalsystem, da die Faktoren nur noch aus Zweierpotenzen bestehen. Eine Multiplikation mit einer Zweierpotenz bewirkt aber einfach nur eine Linksverschiebung der Zahl um so viele Stellen, wie der Exponent angibt. In Anlehnung an die übliche Schreibweise für die schriftliche Multiplikation kann man auch schreiben:

$$
\begin{array}{r}
\underline{1\,1 \cdot 1\,0\,1} \\
1\,1 \\
0\,0 \\
\underline{1\,1 \qquad\quad} \\
\underline{\underline{1\,1\,1\,1}}
\end{array}
$$

Da als Faktoren nur Nullen und Einsen auftreten, entfällt das eigentliche Ausrechnen der Multiplikation. Die gesamte Multiplikation läßt sich also auf Linksverschiebungen und Additionen zurückführen.

Auch Subtraktion und Division lassen sich prinzipiell auf die Addition zurückführen.

2.5.5 Rechnen mit logischen Verknüpfungen

Mit den im vorangegangenen Abschnitt vorgestellten Rechenregeln stehen nun die vier Grundrechenarten im Dualsystem zur Verfügung. Wie lassen sich diese nun auf die logischen Verknüpfungen zurückführen? Betrachten wir dazu die Wertetabellen der Addition zweier Dualziffern. Insgesamt existieren vier mögliche Kombinationen aus Werten der beiden Operanden:

+	0	1
0	0	1
1	1	0

Diese Wertetabelle enthält allerdings nur die Ergebnisse der Addition für die jeweils gleiche Stelle. Zusätzlich muß noch eine Wertetabelle für den Übertrag eingeführt werden:

Ü	0	1
0	0	0
1	0	1

Die Ähnlichkeit mit der Wahrheitstafel ist keineswegs zufällig. Sie wird noch deutlicher, wenn man in der Wahrheitstafel die Wahrheitswerte wahr und falsch durch 0 und 1 ersetzt. Es kann vermutet werden, daß die Addition auf eine Kombination der logischen Basisverknüpfungen zurückführbar ist. In der Tat gelingt dies beim Übertrag sofort. Er ergibt sich als UND-Verknüpfung der beiden Zahlen (vgl. Abb. 2-5-2):

$$
\begin{array}{c|cc}
\diagdown\!\!A & & \\
B & f & w \\
\hline
f & f & f \\
w & f & w
\end{array}
\qquad \ddot{U} = A \wedge B.
$$

Beim Additionsergebnis auf der gleichen Stelle läßt sich nicht sofort eine entsprechende Verknüpfung finden. Allerdings hat die Tabelle gewisse Ähnlichkeit mit der ODER-Verknüpfung:

$$
\begin{array}{c|cc}
\diagdown\!\!A & & \\
B & f & w \\
\hline
f & f & w \\
w & w & w
\end{array}
\qquad A \vee B.
$$

Der Unterschied besteht darin, daß bei der ODER-Verknüpfung das Ergebnis auch dann 1 ist, wenn beide Operanden zugleich 1 sind. In der obigen Additionstabelle ist in diesem Fall das Ergebnis 0. Diese Verknüpfung läßt sich mit den Worten "entweder A oder B, aber nicht beide zugleich" beschreiben und mit Hilfe der Formel

$$
S = (A \vee B) \wedge \neg (A \wedge B)
$$

auf die Basisverknüpfungen zurückführen. Sie heißt EXKLUSIV-ODER-Verknüpfung oder Antivalenz (engl. XOR). Damit läßt sich die Binäraddition wie folgt auf die logischen Verknüpfungen zurückführen: Sind A und B zwei Dualziffern, so wird die Addition durch die beiden Verknüpfungen

$$
\begin{aligned}
S &= (A \vee B) \wedge \neg (A \wedge B) &\qquad &\text{Summe} \\
\ddot{U} &= (A \wedge B) &\qquad &\text{Übertrag}
\end{aligned}
$$

beschrieben.

Symboldarstellung logischer Verknüpfungen

Diese sehr formale Schreibweise läßt sich mit Hilfe einer symbolischen Darstellung veranschaulichen. Abb. 2-5-5 gibt die Symbole der Basisverknüpfungen nach DIN 40900 wieder.

Durch Kombination dieser drei Grundelemente lassen sich weitere Verknüpfungen konstruieren. Abb. 2-5-6 zeigt dies am Beispiel der EXKLUSIV-ODER-Verknüpfung.

Da diese Verknüpfung recht häufig benötigt wird, existiert dafür ein eigenes Symbol, das im Bild ebenfalls dargestellt ist. Zwei weitere Verknüpfungen seien hier noch erwähnt (Abb. 2-5-7). Die negierte Konjunktion ("nicht und", NAND) und die negierte Disjunktion ("nicht oder", NOR). Sie sind deshalb von besonderer Bedeutung, weil jede beliebige Schaltfunktion mit jeder dieser beiden Verknüpfungen allein dargestellt werden kann.

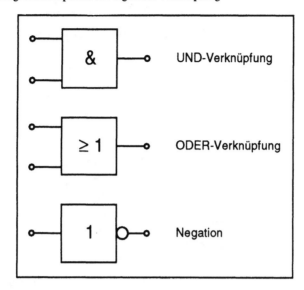

Abb. 2-5-5: Logische Verknüpfungen nach DIN 40900

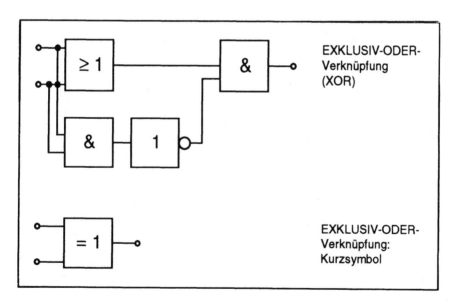

Abb. 2-5-6: "EXKLUSIV-ODER"-Verknüpfung

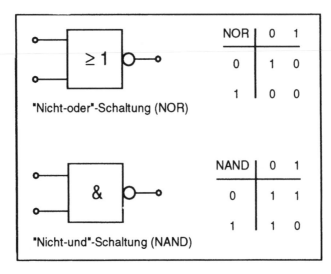

Abb. 2-5-7: Negierte Disjunktionen und Konjunktionen

Im folgenden sind die bisher vorgestellten Verknüpfungen noch einmal im Überblick dargestellt.

Konjunktion	"und"	AND
Disjunktion	"oder"	OR
Negation	"nicht"	NOT
Antivalenz	"entweder/oder"	XOR
neg. Disjunktion	"nicht oder"	NOR
neg. Konjunktion	"nicht und"	NAND

Addition mit logischen Verknüpfungen

Damit läßt sich nun aus den beiden obigen Gleichungen zur Beschreibung der Addition ein Schaltbild erstellen (Abb. 2-5-8).

Mit Hilfe dieser Schaltung lassen sich allerdings nur einstellige Zahlen addieren. Aufgrund dieser noch etwas unbefriedigenden Eigenschaft heißt diese Schaltung auch *Halbaddierer*.

Beim Addieren zweier mehrstelliger Zahlen A + B reicht es nicht aus, nur jeweils die beiden Dualziffern A_i und B_i der gerade zu addierenden Stelle i zu betrachten.

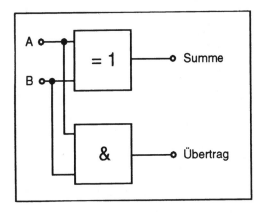

Abb. 2-5-8: Schaltbild zur Addition zweier Dualzahlen (Halbaddierer)

Zusätzlich muß auch noch der Übertrag $\ddot{U}_{i-1}$ der vorangegangenen Addition als Eingang mit berücksichtigt werden. Dieser Übertrag muß in einem zweiten Schritt zur Summe aus $A_i + B_i$ hinzuaddiert werden. Auch dabei kann natürlich wieder ein Übertrag entstehen. Damit läßt sich der sog. *Volladdierer* aus zwei Halbaddierern und einer ODER-Verknüpfung zusammenbauen (Abb. 2-5-9).

Aus solchen Volladdierern wiederum lassen sich nun Addierer für mehrstellige Dualzahlen zusammensetzen. In Abb. 2-5-10 ist ein 4-Bit-Addierer dargestellt.

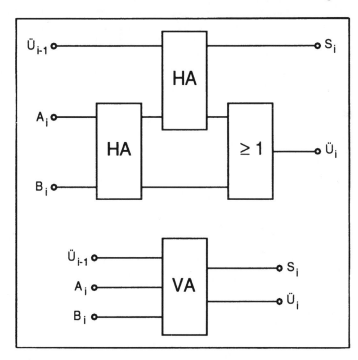

Abb. 2-5-9: Volladdierer

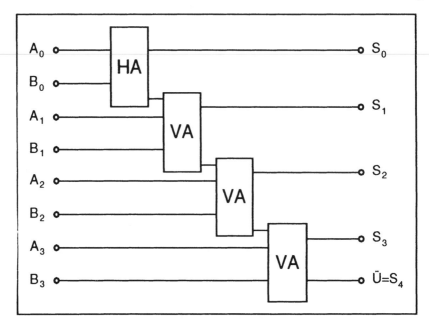

Abb. 2-5-10: 4-Bit-Addierer

Damit sind wir nun in der Lage, die Addition von Zahlen automatisch ausführen zu lassen. Eine solche "Addiermaschine" ist in Abb. 2-5-11 skizziert. Durch Drücken von Tasten können die beiden zu addierenden Zahlen in binärer Form eingegeben werden. Die Tasten sind dann mit den Eingängen eines Addierers wie in Abb. 2-5-10 verbunden. Als Ausgabe dienen beispielsweise Lämpchen, die das Ergebnis der Addition in binärer Form darstellen.

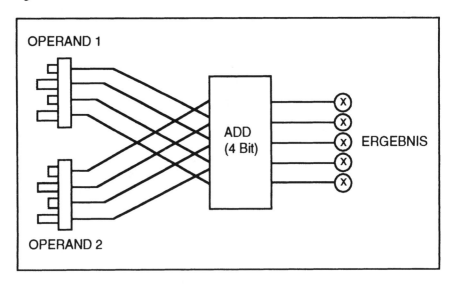

Abb. 2-5-11: Addiermaschine

2.5.6 Grundstruktur eines Digitalrechners

Mit den im letzten Abschnitt vorgestellten Elementen kann man nun Dualzahlen addieren. Natürlich ist eine "Rechenmaschine", die nur addieren kann, wenig interessant. Nach dem oben beschriebenen Prinzip lassen sich auch für die anderen arithmetischen Operationen entsprechende Schaltungen konstruieren. Wie wir bereits wissen, spielt auch bei Subtraktion, Multiplikation und Division die Addition als Basisoperation eine wichtige Rolle. Die bereits existierende Addiereinrichtung müßte also nur noch durch Komplementierer (für die Subtraktion) und Einrichtungen zur Verschiebung von Dualzahlen nach rechts oder links (für Multiplikation und Division) ergänzt werden. Auch diese Elemente lassen sich mit Hilfe der Basisschaltungen realisieren.

In Abb. 2-5-12 ist eine Rechenmaschine mit Schaltungen für die 4 Grundrechenarten dargestellt. Für jede einzelne Ziffer läuft eine Leitung von der Eingabe-Tastatur zum jeweiligen Eingang der Funktionseinheit. Zur Vereinfachung wurde dies durch eine einzelne Verbindungslinie und die Angabe der dadurch symbolisierten Leitungen dargestellt. Die 4 Schaltungen wurden der Einfachheit halber getrennt dargestellt, obwohl beispielsweise die Multiplikation die Addiereinrichtung mitbenutzt.

Nun tritt aber ein neues Problem auf: Bevor die eingegebenen Dualzahlen bearbeitet werden können, muß erst die Art der Operation gewählt werden. Dies geschieht mit Hilfe des eingezeichneten Schalters. Je nach Stellung dieses Schalters werden die beiden Operanden addiert, subtrahiert, multipliziert oder dividiert. Das Ergebnis wird wie bisher durch den Zustand der Lämpchen ausgegeben.

Auch der Schalter zur Wahl der gewünschten Operation läßt sich mittels der logischen Basisverknüpfungen realisieren. Abb. 2-5-13 zeigt ein Beispiel.

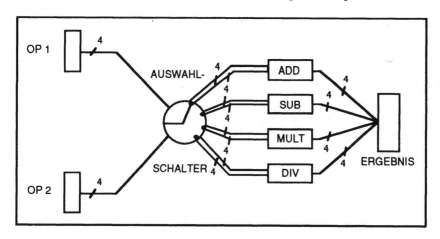

Abb. 2-5-12: Rechenmaschine für die 4 Grundrechenarten

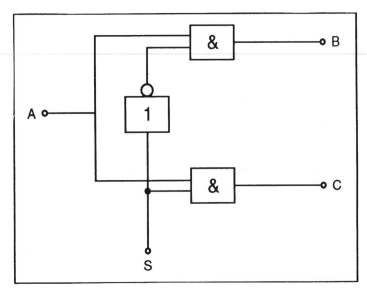

Abb. 2-5-13: Logischer Schalter

Je nachdem, ob der Schalter S auf 0 oder 1 steht, liegt der Wert von A am Ausgang von B oder C an. Durch eine Kaskadierung dieser Schalter ist auch eine Auswahl zwischen mehr als zwei Alternativen möglich. So können die mit der Tastatur eingegebenen Zahlen zur gewünschten Funktionseinheit umgelenkt werden (Abb. 2-5-14). Die gewünschte Operation wird also in Form einer Kombination von "Schaltbits" verschlüsselt. Dies geschieht mit Hilfe einer eigenen Eingabetastatur, die im Bild mit BEFEHL bezeichnet wurde. Bei vier möglichen Operationen benötigt man hierfür 2 Bit. Wir haben auf diese Weise also auch die Operationen - genau wie die Operanden - dual kodiert.

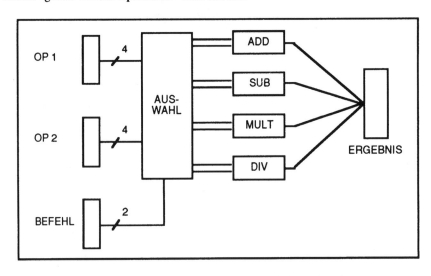

Abb. 2-5-14: Rechenmaschine mit Befehlseingabe

Mit dieser Schaltung sind wir nun bereits bei der Leistungsfähigkeit eines einfachen Taschenrechners angelangt. Unbefriedigend ist jedoch, daß man nach jedem Rechenschritt die Operanden neu eingeben muß, auch wenn es sich um das Ergebnis einer vorangegangenen Rechnung handelt. Hierfür wäre es nützlich, Zahlen speichern zu können. Auch dies läßt sich mit Hilfe der logischen Basisverknüpfungen realisieren.

Flip-Flop

Die Basisschaltung zum Speichern von Binärzahlen ist der sog. Flip-Flop, auch bistabile Kippschaltung oder Eccles-Jordan-Schaltung genannt (Abb. 2-5-15).

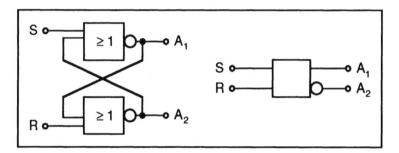

Abb. 2-5-15: Flip-Flop

Der Flip-Flop besteht aus zwei negierten ODER-Schaltungen (NOR-Schaltung). Der Ausgang jeder dieser beiden Schaltungen liegt jeweils an einem Eingang der anderen Schaltung an. Um die Funktionsweise dieser Schaltung zu verstehen, ist es hilfreich, den zeitlichen Verlauf der Ein- und Ausgangssignale zu betrachten (Abb. 2-5-16).

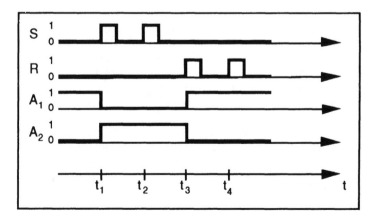

Abb. 2-5-16: Zeitlicher Verlauf der Signale am Flip-Flop

Zu Beginn sollen die Eingangssignale S und R beide auf 0 liegen. Nur das Ausgangssignal A_1 habe den Wert 1. Wird nun an S der Wert 1 angelegt, so liegt am Eingang der oberen Schaltung in Abb. 2-5-15 die Kombination 1-0 an. Dies ergibt als neuen Wert von A_1 eine 0. Nun sind aber beide Eingänge der unteren Schaltung 0, so daß A_2 den Wert 1 annimmt. An der oberen Schaltung stehen nun beide Eingänge auf 1. Auch wenn S auf 0 zurückfällt, bleibt deshalb der Zustand von A_1 und A_2 erhalten: Das Flip-Flop stabilisiert sich selbst. Dies ist der gewünschte Speichereffekt: Das Flip-Flop gibt den Zustand des Eingangssignals wieder, obwohl dieser bereits in der Vergangenheit liegt.

Allerdings läßt sich nun das Flip-Flop durch den Eingang S nicht mehr verändern. Dies ergibt sich als logische Konsequenz der Speichereigenschaft. Wenn das Speicherelement einen Zustand der Leitung S wiedergeben soll, der in der Vergangenheit liegt, so kann es nicht mehr vom gegenwärtigen Zustand von S abhängen. Deshalb wird der zweite Eingang R benötigt, um das Flip-Flop wieder in den Ausgangszustand zurückzuversetzen. Dies ist auch die Begründung für die Namensgebung: S steht für Set, R steht für Reset. Die Existenz zweier Eingangssignale ist notwendige Voraussetzung für ein Speicherelement. Am Ausgang dagegen sind nicht unbedingt zwei Leitungen erforderlich, da A_2 immer die Negation von A_1 darstellt. Da beide Signale jedoch ohnehin vorliegen, ist es aus praktischen Erwägungen sinnvoll, sie auch nach außen hin zur Verfügung zu stellen. Dies erspart eine zusätzliche Schaltung, falls statt A_1 dessen Negation benötigt wird.

Mit Hilfe eines Flip-Flops läßt sich eine einzelne Dualziffer speichern, d.h., ein Flip-Flop besitzt eine Speicherkapazität von 1 bit. Durch Kombination lassen sich daraus nun Speicherzellen für Dualziffern jeder gewünschten Länge zusammensetzen. Damit können wir nun unsere Rechenmaschine mit einem Speicher versehen. Nutzen wir wiederum einen Schalter als "Weiche", so können wir mehrere Ergebnisse abspeichern. Um die Speicherzellen unterscheiden zu können, werden sie zweckmäßigerweise durchnumeriert. Jede Speicherzelle ist dann durch ihre Nummer, die sog. *Adresse* eindeutig identifiziert - vergleichbar einer Schließfachnummer im Bahnhof oder einer Hausnummer. Abb. 2-5-17 zeigt den um einen Speicher von 4 Zellen erweiterten Rechner.

Über die Tastatureingabe BEFEHL kann nun zusätzlich zu den arithmetischen Operationen auch noch eine Umspeicheroperation gewählt werden. In diesem Fall muß dann zusätzlich angegeben werden, von wo und nach wo gespeichert werden soll. Damit die Ergebnisse der Berechnungen weiterverarbeitet werden können, besteht die Möglichkeit, auch in die Operanden OP1 und OP2 Werte einzuspeichern. Dies ist durch die beiden Verbindungen im oberen Teil von Abb. 2-5-17 dargestellt.

Zu beachten ist, daß nun sowohl die Adressen der Speicherzellen als auch deren Inhalt - die jeweils abgespeicherte Zahl - in Form von Dualzahlen dargestellt werden. Beide sehen also gleich aus. Eine Verwechslung kann jedoch katastrophale Folgen haben - stellen Sie sich vor, Sie verwechseln Ihre Kontonummer mit Ihrem Kontostand! Adresse und Inhalt einer Speicherzelle müssen daher sauber unterschieden werden.

Mit Hilfe unserer Rechenmaschine können wir nun bereits einen erheblichen Teil des in Abb. 2-5-1 dargestellten Assemblercodes, mit Hilfe dessen das Skalarprodukt berechnet werden sollte, ausführen. Wir müssen dafür statt der Anweisungen wie MULTIPLIZIERE etc. die entsprechenden binären Codes über die BEFEHL Tastatur eingeben. Außerdem müssen wir zu Beginn des Programmes festlegen,

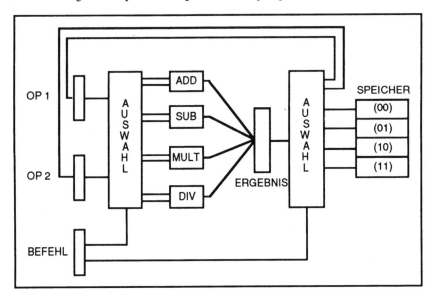

Abb. 2-5-17: Rechenmaschine mit Speicher

welche Speicherzelle wir für die Variablen des Programmes nutzen wollen. Die Speicherzellen bieten nämlich genau die Funktion, die wir oben mit "Behälter" umschrieben hatten: Sie sind in der Lage, Werte aufzunehmen, zu speichern und bei Bedarf für eine weitere Verarbeitung zur Verfügung zu stellen. Um die Speicherzellen für die Ablage von Variablen nutzen zu können, müssen wir also lediglich eine Zuordnung zwischen Variablen-Namen und Adressen vereinbaren. Abb. 2-5-18 zeigt eine Zuordnungsliste für die Variablen des Programmes aus Abb. 2-5-1 und die dual codierten Operationen dieses Programmes. Dabei ist zu beachten, daß die Zuordnung von Variablen zu Adressen für jedes Programm anders aussehen kann, während die Liste der Operationen fest vereinbart sein muß.

Befehls-Liste		Variablen-Liste	
Operation	Code	Name	Adresse
ADDIERE	000	I	000
SUBTRAHIERE	001	SUMME	001
MULTIPLIZIERE	010	DIMENSION	010
DIVIDIERE	011	SCHRITT	011
SETZE_OP1	100	ERGEBNIS	100
SETZE_OP2	101		
KOPIERE_ERGEBNIS	110		
FALLS_≥0_NACH	111		

Abb. 2-5-18: Befehls- und Variablenliste

PASCAL	ASSEMBLER		MASCHINENCODE
Summe := Summe + Produkt;	14. SETZE_OP1	ERGEBNIS	100 100
	15. SETZE_OP2	SUMME	101 001
	16. ADDIERE		000
	17. KOPIERE_ERGEBNIS	SUMME	110 001
i := i + Schrittweite	18. SETZE_OP1	I	100 000
	19. SETZE_OP2	SCHRITT	101 011
	20. ADDIERE		000
	21. KOPIERE_ERGEBNIS	I	110 000

Abb. 2-5-19: Maschinencode des Skalarproduktprogrammes

Mit Hilfe dieser Zuordnungsliste kann nun das gesamte Assembler-Programm dual codiert umformuliert werden. Das Ergebnis dieser Umformung heißt Maschinencode (Abb. 2-5-19).

Unbequem ist jetzt nur noch, daß in jedem Schritt der BEFEHL über die entsprechende Tastatur von Hand eingegeben werden muß. Aber auch dieses Problem läßt sich lösen: Mit dem Maschinencode liegt ja das Programm selbst in dualer Form vor; auch das Programm läßt sich daher - genau wie die Operanden - im Speicherbereich ablegen. Dies gibt uns die Möglichkeit, mittels einer geeigneten Schaltung den Maschinencode in jedem Schritt aus dem Speicher in die Zelle BEFEHL zu laden. Sinnvollerweise legt man den Maschinencode im Speicher in der Reihenfolge der geplanten Abarbeitung ab. Zum nächsten zu bearbeitenden Befehl gelangt man dann einfach durch Hochzählen der Speicher-Adresse. Abb. 2-5-20 zeigt die um den Programmspeicher erweiterte Rechnerstruktur.

Die gesamte Arithmetik wurde dabei zusammen mit den bisher nicht betrachteten logischen Operationen im sog. Rechenwerk, auch Arithmetik-Logik-Einheit oder englisch ALU genannt, zusammengefaßt. In dem Block BEFEHLSZÄHLER findet nach jedem abgearbeiteten Befehl das Hochzählen der Speicheradresse statt. Der Zugriff auf den Programmspeicher mit Hilfe des Befehlszählers bietet jedoch noch eine weitere, sehr interessante Möglichkeit. Durch gezieltes Setzen des Befehlszählers auf einen bestimmten Wert läßt sich die sequentielle Abarbeitung des Programms unterbrechen und an einer anderen Stelle fortsetzen. Dies aber ist genau der Mechanismus, den man zur Konstruktion von Schleifen und Verzweigungen benötigt.

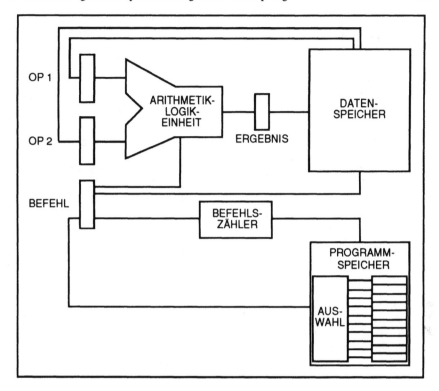

Abb. 2-5-20: Rechner mit Programmspeicher

In Abschnitt 2.5.2 wurde z.B. beim vierten Schritt der Zerlegung des Programms für das Skalarprodukt die Befehlsfolge

    1. produkt := k[i]*r[i];

    ...

    2. ziehe i von dimension ab
    3. falls ergebnis ≥ 0, fahre bei schritt 1 fort

verwendet. Der Rücksprung von Schritt 3 nach Schritt 1 läßt sich nun durch die Manipulation des Befehlszählers realisieren. Ist das Ergebnis der Subtraktion in Zeile 2 größer als Null, so wird der Befehlszähler auf 1 gesetzt. Dies bewirkt, daß der Schleifenkörper erneut ausgeführt wird. Ist das Ergebnis der Subtraktion dagegen kleiner oder gleich Null, so wird der Befehlszähler wie sonst auch um 1 erhöht, d.h. der nach der Schleife folgende Befehl wird abgearbeitet.

Mit Hilfe dieses schon recht komplizierten Netzwerkes - das jedoch lediglich aus den einfachen logischen Verknüpfungen besteht - läßt sich der Assembler-Code nun vollständig abarbeiten.

Fassen wir die einzelnen Schritte noch einmal zusammmen:

1. Durch eine geeignete Fragetechnik haben wir Zahlen auf ja/nein-Aussagen zurückgeführt. Das Zahlensystem, das dabei entstanden ist, ist das Dualsystem. Die Fragetechnik ermöglicht es darüber hinaus auch, andere geordnete Mengen, wie z.B. Buchstaben, auf ja/nein-Aussagen zurückzuführen.

2. Das Rechnen im Dualsystem läßt sich auf eine Kombination der logischen Grundverknüpfung UND, ODER und NICHT zurückführen.

3. Auch die Speicherung von Dualzahlen läßt sich mit Hilfe der logischen Grundverknüpfungen realisieren. Der Grundbaustein hierfür ist das sogenannte Flip-Flop.

4. Die logischen Grundverknüpfungen lassen sich mit Hilfe einfacher elektrischer Schaltungen physikalisch realisieren.

5. Ordnet man jeder Speicherzelle eine Nummer, die sogenannte Adresse zu, so lassen sich die Zellen eindeutig identifizieren. Dies ermöglicht die Realisierung individueller Variablen, die im Verlaufe eines Programmes wechselnde Werte annehmen können.

6. Auch die Operationen eines Programmes können - in Form des sogenannten Maschinencodes dual codiert - im Speicher abgelegt werden. Die Reihenfolge der Abarbeitung wird dann durch die Adresse des jeweils nächsten Befehls bestimmt. Durch Veränderung dieser Adresse lassen sich beliebige Folgen von Operationen erzeugen, z.B. die Grundformen des Kontrollflusses, die Sequenz, die Wiederholung und die Verzweigung.

Damit sind wir nun bei unserem Ziel angelangt. Wir haben die Problemstellung, soweit sie sich durch feste und präzise Regeln beschreiben ließ, auf die Grundbausteine der Aussagenlogik - nämlich ja/nein-Aussagen als Operanden und die Verknüpfungen UND, ODER und NICHT - zurückgeführt. Diese Grundbausteine der Aussagenlogik lassen sich durch einfache elektrische Schaltungen physikalisch realisieren. Damit ist das Grundprinzip der digitalen Datenverarbeitung vollständig beschrieben.

2.6 Reflexion: Jetzt sind wir ganz unten angekommen ...

2.6.1 Künstliche Wirklichkeiten

Wir sind nun über die Problemanalyse, den Programmentwurf und die Implementierung eines Programms zum Maschinencode und schließlich zur Hardware-Schaltung gekommen. Damit haben wir gesehen, in welcher Weise sich diejenigen Aspekte der beobachteten Wirklichkeit in ein Modell von Nullen und Einsen abbilden lassen, die sich durch feste und präzise Regeln beschreiben lassen. An dieser Stelle ist es sinnvoll, einen Augenblick "anzuhalten" und eine Reflexion über den bisherigen Weg durchzuführen (vgl. Abb. 1-6). Wir sind "ganz unten" angekommen.

Auf diesem Weg hat sich gezeigt, daß sich nur analytische Probleme so präzisieren lassen, daß sie auf Rechenanlagen abgebildet werden können (vgl. Abb. 2-2-3). Dialektische Probleme und synthetische Probleme bzw. Probleme mit hohen Anforderungen an laterales, divergentes Denken können auf Rechenanlagen nicht bearbeitet werden, es sei denn es gelingt, die Problemstellung oder Teile dessen in ein analytisches Problem zu überführen. Diese sind dann in ein Modell von Nullen und Einsen überführbar.

Um die Bedeutung der 0-1-Modelle zu verstehen, muß man sich klarmachen, daß unter dem Aspekt der darin enthaltenen Mengen und zeitlichen Abläufe auch Abbildungssequenzen gespeichert und - mit erheblichem Aufwand - digitalisiert werden können. Unter dem Stichwort "Medienintegration " ist zu erwarten, daß neben der digitalen elektromagnetischen Hardware zunehmend digitale optische Technik eingesetzt wird, und somit der gesamte klassische Medienbereich mit 0-1-Modellen arbeiten kann(Abb. 2-6-1).

Nicht nur Fotos, Graphiken und Filme werden sich auf diese Weise speichern und verarbeiten lassen, sondern auch Ton, Musikund Sprache. Damit ist der Weg frei für rechnererzeugte künstliche Wirklichkeiten, also z. B. für die Erzeugung von künstlichen Filmen.

Schon heute gibt es die Möglichkeit, mit entsprechend aufwendigen Programmen rechnerunterstützte Entwürfe neuer Gebäude so wiederzugeben, daß man per Rechnersimulation durch die einzelnen Gebäudeteile wandern kann, um sich einen optischen Eindruck von den Innenräumen zu verschaffen. Ergänzt man diese Technik durch eine zur Zeit noch nicht realisierte holographische Bildwiedergabe, so entsteht ein räumlicher Eindruck, bei dem nur noch schwer unterscheidbar sein wird, ob es sich um ein echtes oder um ein künstliches Gebäude handelt.

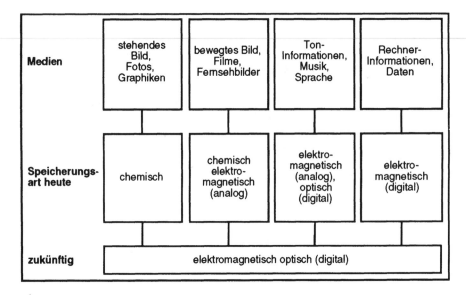

Medien	stehendes Bild, Fotos, Graphiken	bewegtes Bild, Filme, Fernsehbilder	Ton-Informationen, Musik, Sprache	Rechner-Informationen, Daten
Speicherungs-art heute	chemisch	chemisch elektro-magnetisch (analog)	elektro-magnetisch (analog), optisch (digital)	elektro-magnetisch (digital)
zukünftig	elektromagnetisch optisch (digital)			

Abb. 2-6-1: Medienintegration

Reduziert man den Qualitätsanspruch auf die heute übliche Fernsehnorm, so stellt es kein technisches Problem mehr dar, z.B. Zeichentrickfilme durch digitale Simulation zu erstellen. Aber auch die Erzeugung von Bewegungsabläufen künstlicher Abbilder von Menschen macht schnelle Fortschritte. Mit aufwendigen Studioeinrichtungen wird zur Zeit versucht, die Bewegungsabläufe menschlicher Körper durch digitale Simulationen nachzubilden. Ähnlich wie in einem Kunstatelier steht ein Mensch als "Modell" zur Verfügung und wird mit einer Vielzahl von Meßelementen am Körper ausgestattet, die die Bewegungsabläufe erfassen. Mit Hilfe einer aufwendigen Graphiktechnik kann dann schrittweise ein künstliches Abbild der Bewegungsabläufe des Modells geschaffen werden, das so lange verbessert wird, bis die Unterschiede zwischen Modell und künstlicher Wirklichkeit vernachlässigbar sind. Auf einem Niveau der Bildwiedergabequalität heutiger Fernsehtechnik ist dies für einfache Bewegungsabläufe schon jetzt möglich. Zieht man nun insbesondere Filme mit niedrigem schauspielerischem Niveau in Betracht, so ist es durchaus denkbar, daß die Produktionskosten für digital erzeugte Standard-Spielfilme mit künstlichen Menschen billiger werden als aufwendige Filme mit realen Menschen. Insbesondere können aber bei herkömmlicher Filmtechnik kritische Szenen, die mit hohem persönlichem Risiko für die Schauspieler verknüpft sind, durch digitale Simulationen ersetzt werden. Damit ergeben sich neue - äußerst problematische - Möglichkeiten, Vorgänge menschlichen Handelns darzustellen, die in Wirklichkeit gar nicht stattgefunden haben.

Der Tag ist also vorstellbar, an dem ich über Telefon einen Partner anrufe, der dann auch am Bildschirm erscheint und mit mir redet, wobei ich nicht mehr sicher sein kann, ob ich es mit dem computererzeugten Abbild meines Gegenübers zu tun habe oder mit einem Menschen. Die sozialen Folgen einer derartigen Technikanwendung sind zur Zeit unabsehbar. Dies darf jedoch nicht darüber hinweg täu-

schen, daß derartige Entwicklungen in nicht allzu ferner Zukunft technisch realisierbar sind.

Man muß feststellen, daß über die möglichen sozialen Auswirkungen, insbesondere im gesamtgesellschaftlichen Bereich, heute viel zu wenig diskutiert wird. Die
sich hieraus ergebenden Instabilitäten des gesellschaftlichen Wirkungsgefüges könnten Ausmaße erreichen, die den Gefahren des Mißbrauchs von Gentechnik nahe
kommen oder sie sogar übersteigen. Es scheint, als ob wir den Bedrohungen des sozialen Gemeinschaftsgefüges der Menschen durch Mißbrauch neuer Informations-
und Kommunikationstechnologien vergleichsweise kritiklos entgegensehen und uns
in der öffentlichen Diskussion zu sehr allein auf die Wechselwirkungen zwischen
Technik und materieller bzw. biologischer Umwelt konzentrieren.

2.6.2 Der Entropie-Charakter von 0-1-Modellen

In diesem Abschnitt wollen wir über den Charakter des "Gewimmels" von Nullen
und Einsen in einem Rechner nachdenken. Man kann solche Ordnungs- bzw. Un-
ordnungsstrukturen mit Hilfe der Informationstheorie untersuchen.

Wenn m Ereignisse auftreten, und jedes Ereignis einen von n Zuständen annehmen
men kann, so gibt es hierzu

$$W = \frac{m!}{m_1! \, m_2! \, ... \, m_n!}$$

Möglichkeiten. Dabei ist m_1 die Anzahl der Ereignisse, die den Zustand 1 annehmen, m_2 den Zustand 2 usw. Daher muß die Summe von m_1 bis m_n genau m entsprechen. Hieraus berechnet sich unter Berücksichtigung einer allgemeinen Konstante k die Entropie H[1]. Damit lautet die Formel zur Berechnung der Entropie

$$H = k \cdot \ln W.$$

Die Entropie H wird Null, wenn alle m Ereignisse denselben Zustand einnehmen.
Dann gilt für diesen Zustand j, daß $m_i = m$ beträgt. Eine solche Strukturierung, die
das bevorzugte Eintreten von ganz bestimmten Zuständen bewirkt, enthält wenig
Entropie.

Maximal dagegen wird H, wenn alle Zustände gleich häufig auftreten, also

$$m_i = m_j = \frac{m}{n}$$

beträgt. Unstrukturierte, sich selbst überlassene Systeme streben zur Gleichverteilung und enthalten maximale Entropie.

---

[1] Unter gewissen Annahmen ist es in der Informationstheorie und der Thermodynamik üblich, die Entropie über die Wahrscheinlichkeiten der Zustände 1 bis
n zu definieren.

Der Begriff Entropie schlägt eine Brücke zwischen der Informationstheorie und der Physik, genauer der Thermodynamik. Die Interpretation der Entropie ist eng mit dem Wert der Konstanten k verbunden.

Führt man $1/\ln 2$ für k ein, so erhält man das Shannonsche Maß der mittleren "Information"

$$H = \log_2 W.$$

Die Konstante ist gerade so gewählt, daß bei einer Gleichverteilung von zwei Ereignissen auf zwei Zuständen - etwa 0 und 1 - die Entropie gerade

$$H = \log_2 \frac{2!}{1!1!} = \log_2 2 = 1$$

ein Bit beträgt. Ein Bit ist die Grundeinheit der Information: Ja oder Nein.

Führt man für k die Boltzmankonstante

$$k = 1,38 \cdot 10^{-23} \text{ Joule/Kelvin}$$

ein, so erhält man die thermodynamische Entropie. Sie beschreibt ein Gas durch die Vielfachheit der Molekülzustände. Ein Gas, dessen Gasmoleküle denselben Impuls besitzen und sich auf einen Punkt des Raumes konzentrieren, ist stark strukturiert und besitzt damit geringe Entropie. Ein Gas, dessen Moleküle unterschiedliche Impulse besitzen und sich im ganzen Raum verteilen, so daß alle Moleküle sich in einem unterschiedlichen Zustand befinden, besitzt eine große Entropie.

Die "Ergebnisse" im Rechner können gerade zwei Zustände annehmen: 0 und 1. Die Entropie innerhalb des Computers kann daher mit

$$W = \frac{m!}{m_0! \, m_1!}$$

beschrieben werden. m sei dabei die Anzahl der in Speicher, Prozessoren etc. vorhandenen Bits. m_0 dieser Bits sind 0 bzw. Nein, m_1 dieser Bits 1 bzw. Ja.

Wichtig ist dabei, daß an jeder Stelle, an der man die Gleichwahrscheinlichkeit eines Ja/Nein-Zustandes annimmt oder annehmen muß, auch die Erkenntnismöglichkeiten über die beobachtete Wirklichkeit enden. Man kann mit dieser - sehr leistungsfähigen - Methode eben nur soviel Information erhalten, wie sich durch das 0-1-Modell beschreiben läßt. Alles was sich mit dieser 0-1-Brille nicht sehen läßt, bleibt verborgen und ist auch nicht durch ein noch so ausgeklügeltes Software-Paket beschreibbar oder konstruierbar.

Es scheint, als ob wir mit der Verarbeitung und Synthese von Information an die gleichen prinzipiellen Erkenntnisgrenzen kommen, die die moderne Physik in Umgang mit Materie und Energie erlebt hat. Wenn dies so sein sollte, werden die Ingenieurwissenschaften einen ähnlichen Umbruch erleiden, wie ihn die Physik durch die Entdeckung der Quanten-Prozesse erfahren hat. Dann wird das Weltbild der Ingenieurwissenschaften so bescheiden werden wie das der Physik, nämlich ein Versuch, mit begrenzten, vereinfachenden 0-1-Modellen Technik zu gestalten, in dem Bewußtsein, daß dabei immer wesentliche Aspekte der Wirklichkeit außer acht gelassen werden. Dies wird zwangsweise dazu führen, daß neben der Digitaltechnik andere Methoden benötigt werden, um wieder mehr Aspekte von Vorgängen in den Prozeß der Technikgestaltung einzubeziehen, die sich nicht durch 0-1-Modelle - also nicht durch feste und präzise Regeln - beschreiben lassen.

2.6.3 Anforderungen an Mensch-Rechner-Schnittstellen

Ein dritter Teil der Reflexion bezieht sich auf die Frage, welche Anforderungen an Rechnersysteme durch die besonderen Merkmale menschlicher Wahrnehmungs-, Denk- und Handlungsweisen gestellt werden müssen.

Aus den bisherigen Betrachtungen wird deutlich, daß es sich bei den Abläufen in Rechnersystemen um technische Prozesse handelt, in denen - neben Energie und Materie - Information im Sinne der 0-1-Modelle umgewandelt wird. Treten nun Menschen mit solchen Systemen in "Kommunikation", dann ist zunächst offensichtlich, daß es sich bei dem Prozeß menschlicher Arbeit um einen grundsätzlich andersartigen Vorgang handelt (Abb. 2-6-2).

Nun sind Rechnersysteme - und seien sie auch noch so automatisiert - immer über Schnittstellen mit dem Prozeß menschlicher Arbeit verknüpft. Den Rechner "alleine" gibt es nicht. Jedes Rechnersystem ist also Teil eines Mensch-Rechner-Systems.

Damit enthält das "System" Menschen mit ihren Lebens- und Arbeitsprozessen. Solche "lebenden" Systeme sind aber grundsätzlich nur in bezug auf Teilaspekte quantitativ beschreibbar. Entscheidend für die Effizienz eines Mensch-Rechner-Systems wird dann, wie die Kommunikations- und Organisationsprozesse zwischen den beteiligten Menschen und zwischen den Menschen und den Rechner-Systemen ablaufen.

Während die Frage einer geeigneten Kommunikations- und Organisationsentwicklung hier nicht behandelt werden kann[1], spielt die Frage der Auslegung der Mensch-Rechner-Schnittstellen bei der Anwendung der Informatik im Maschinenbau eine große Rolle.

Dabei lautet die Kernfrage: Wer paßt sich an wen an? Der Mensch an den Rechner oder der Rechner an den Menschen?

Die Frage kann nicht eindeutig beantwortet werden. Vielmehr ist bei der Software-Entwicklung darauf zu achten, daß beide Aspekte Berücksichtigung finden. Dabei besteht zur Zeit nach wie vor bei der Anpassung des Rechners an den Menschen und dessen Anforderungen ein erheblicher Nachholbedarf.

---

[1] vgl. hierzu auch "Kommunikations- und Organisationsentwicklung"; Henning, Marks 1993

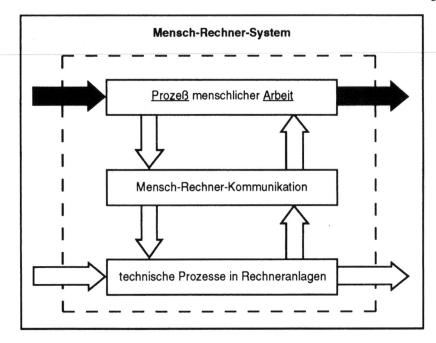

Abb. 2-6-2: Mensch-Rechner-System

Eine solche duale, also beide Aspekte berücksichtigende Vorgehensweise bedeutet, daß parallel zwei Entwurfspfade verfolgt werden müssen (Abb. 2-6-3):
- In der einen Version geht man von der Bewältigung der Aufgabe mit ausschließlichem Rechnereinsatz aus.
- In der anderen Version geht man von der Bewältigung der Aufgabe ganz ohne Rechnereinsatz aus.

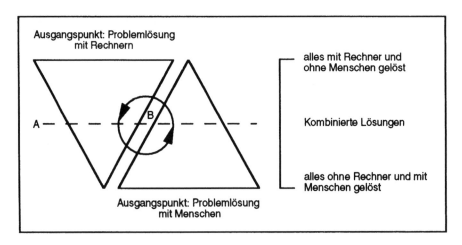

Abb. 2-6-3: Duales Entwurfsprinzip für Mensch-Rechner-Schnittstellen

Aus diesen beiden Extremen nähert man sich dann schrittweise einer angemessenen Aufgabenteilung zwischen Mensch und Rechner (z.b. auf dem Niveau A). Bei der gewählten Aufgabenteilung muß darauf geachtet werden, daß sich das Rechnersystem an seiner Oberfläche möglichst weitgehend an die menschlichen Wahrnehmungs-, Denk- und Handlungsweisen anpaßt, und der Kreisprozeß B für die in das Mensch-Rechner-System integrierten Menschen optimiert wird.

Die Optimierungskriterien hängen dabei sowohl von allgemeinen Begrenzungen der menschlichen Wahrnehmungsfähigkeit als auch von der Mentalität, der Qualifikation, dem kulturellen Hintergrund etc. ab. Es wird deshalb sehr verschiedene Rechneroberflächen geben, denn die optimale Rechneroberfläche für einen 50-jährigen Facharbeiter wird sicher nicht mit der Oberfläche für einen jungen, promovierten Diplom-Ingenieur der Luft- und Raumfahrttechnik übereinstimmen.

Optimal kann ein Mensch-Rechner-System aber nur sein, wenn es
- *an seiner Oberfläche optimal an die betreffenden Nutzer angepaßt ist und*
- *in seinem Inneren optimal an die Möglichkeiten des Rechners angepaßt ist.*

Es ist deshalb offensichtlich, daß es einer Fülle von Hilfsmitteln bedarf, um den Umgang mit und den Einsatz von Rechnern zu optimieren. Deshalb werden im dritten Abschnitt - von innen beginnend - Hardware- und Software-Hilfsmittel dargestellt, die überhaupt erst einen effizienten Umgang mit Rechnern ermöglichen.

Nach den Hardware-Bestandteilen eines Rechners (Abschnitt 3.1), den Rechner-Betriebsarten (z.B. Mehrprogrammbetrieb oder Echtzeitverarbeitung) (Abschnitt 3.2) und den Betriebssystemen (Abschnitt 3.3) wird im weiteren Verlauf zwischen betriebssystemnahen Software-Werkzeugen (Abschnitt 3.4) und "problemspezifischen" Software-Werkzeugen (Abschnitt 3.5) unterschieden. Eine Betrachtung arbeitsplatzspezifischer Mensch-Rechner-Schnittstellen (Abschnitt 3.6) schließt dann den zweiten Teil des "Parabelweges" ab, also den Weg von der Hardware zur Problemlösung (vgl. Abb. 1-6).

3 Von der Hardware zur Problemlösung

3.1 Hardware-Bestandteile eines Rechners

3.1.1 Was ist Hardware?

Im Kapitel 2 haben wir den Weg von einem allgemein formulierten Problem bis hinab zur logischen Verknüpfung verfolgt. Wir legten den Schwerpunkt auf die Frage, in welchen Schritten diese Zerlegung im einzelnen vor sich geht und welche Einschränkungen und Vernachlässigungen man in jedem Schritt machen muß. Wir haben gesehen, daß sich ein Computer immer dann für die Lösung eines Problems einsetzen läßt, wenn sich die interessierenden Aspekte des betreffenden Vorganges mit Hilfe fester und präziser Regeln beschreiben lassen. Nur unter dieser Bedingung war eine Zerlegung in logische Verknüpfungen möglich. In einem weiteren Schritt haben wir festgestellt, daß sich logische Verknüpfungen und die zugehörigen Operationen mit Hilfe physikalischer Systeme realisieren lassen - beispielsweise durch elektrische Schaltungen. Die Frage, wie eine solche physikalisch-technische Realisierung im Detail aussehen muß, um für praktische Zwecke nutzbar zu sein, haben wir jedoch noch nicht untersucht. Dies ist der Inhalt der folgenden Unterkapitel. Die Hardware des Rechners ist dabei als technisches System (Bauteile, Schaltungen, Mechanik etc.) zu betrachten, das durch seine physikalisch bestimmte Verhaltensweise die gewünschten logischen Abläufe sicherstellt. Dabei beschränkt sich die Darstellung auf Digitalrechner.[1]

3.1.2 Rechnerarten

In Abb. 2-5-3 hatten wir skizziert, wie sich die logischen Basisverknüpfungen "und" und "oder" mit Hilfe physikalischer Systeme umsetzen lassen (Lichtschalter bzw. Wasserventile). Prinzipiell lassen sich dafür ganz verschiedenartige physikalische Mechanismen nutzen, z.B. elektrische, mechanische oder auch optische.

Mechanische Rechner

Mechanische Rechenwerke der einfachsten Art waren schon im Altertum bekannt. Zu Beginn der Neuzeit verstärkte sich mit der zunehmenden Bedeutung von Mathematik und Naturwissenschaft auch das Interesse an Rechenautomaten. Bereits im Jahre 1623 entwickelte Wilhelm Schickard, ein Zeitgenosse Keplers, in Tübingen eine "Rechenuhr", mit der alle vier Grundrechenarten durchgeführt werden konnten. Dies ist die erste urkundlich nachweisbare Rechenmaschine der Welt. Ein Nachbau von Schickards Rechenuhr wurde am Rogowski-Institut der RWTH Aachen hergestellt.

---

[1] Zum Aufbau von Analogrechnern sei auf die Hauptdiplomsveranstaltungen verwiesen.

Auch die großen Mathematiker Pascal und Leibniz gehörten zu den Konstrukteuren mechanischer Rechenmaschinen. Pascal entwarf 1641 eine Addiermaschine, Leibniz konstruierte 1672 eine komplette Rechenmaschine für die vier Grundrechenarten. Er nutzte dabei bereits den Gedanken, daß sich Multiplikation und Division auf eine Wiederholung von Additionen bzw. Subtraktionen zurückführen lassen.

Der erste digitale Rechenautomat auf mechanischer Basis wurde im Jahre 1833 von Charles Babbage konzipiert. Die Realisierung dieser "Analytical Engine ", die bereits wesentliche Strukturelemente heutiger Rechner besaß, scheiterte jedoch an der damals noch unzureichenden Fertigungsgenauigkeit der mechanischen Bauteile. Die grundlegenden Konzepte zur Programmierung der Analytical Engine stammen von Babbages Mitarbeiterin Ada Augusta Gräfin Lovelace (uneheliche Tochter von Lord Byron).

Es dauerte noch weitere 100 Jahre, bis Konrad Zuse im Jahre 1939 in Berlin der Bau einer funktionstüchtigen mechanischen Rechenanlage gelang. Diese Maschine, die Z1, entsprach in ihrer Grundstruktur der Analytical Engine, ohne daß Zuse jedoch von den Arbeiten Babbages und Lovelaces wußte.

Elektromagnetische Rechner

Parallel zu den Arbeiten Zuses an dem mechanischen Rechner konstruierte in den USA Howard Aiken, eine Rechenmaschine, auf elektromagnetischer Basis. Er realisierte Schaltfunktionen mittels Relais. Ein erster Typ, genannt MARK I, wurde im Jahre 1944 fertigstellt.

Elektronische Rechner

Bereits 1940 kam ein Mitarbeiter Konrad Zuses auf die Idee, die logischen Schaltungen mit Hilfe von Elektronenröhren zu realisieren. Die Umsetzung dieser Idee blieb allerdings den Amerikanern Mauchly und Eckert an der Pennsylvania Universität vorbehalten. Ihre ENIAC (Electrical Numerical Integrator and Computer) von 1946 war der erste elektronische Rechner der Welt.

Die elektronische Bauweise hatte gegenüber den mechanischen und den Relaisrechnern den Vorteil, daß keine beweglichen mechanischen Bauteile mehr benötigt wurden. Dies hatte entscheidende Vorteile für die Schnelligkeit und die Zuverlässigkeit der Rechner. Die elektronische Realisierung der logischen Verknüpfungen hat sich deshalb in der weiteren Entwicklung sehr schnell durchgesetzt.

Der Transistor bot gegenüber dem Röhrenrechner wesentlich erweiterte Möglichkeiten. Geringe Größe, hohe Schaltgeschwindigkeit, große Zuverlässigkeit und fast unbegrenzte Lebensdauer machten ihn zum idealen Bauelement für die Realisierung logischer Verknüpfungen. Sämtliche der in Kapitel 2.5 aufgeführten Basisverknüpfungen lassen sich auf einfache Art und Weise durch Transistoren und Dioden realisieren. Solche Logikschaltungen auf der Basis von Halbleitern werden auch als Gatter bezeichnet. Beispiele finden sich u.a. im Umdruck zur Vorlesung "Grundzüge der Elektrotechnik für Maschinenbauer", (Meyer-Ebrecht, 1990) oder bei Dworatschek (1989) und Ameling (1990).

Integrierte Schaltungen

Zu Beginn der Entwicklung elektronischer Rechenanlagen wurden die Transistoren, Dioden, Widerstände und Kondensatoren noch als einzeln gefertigte Bauelemente auf

Platinen oder Keramiksubstraten aufgelötet. Im Jahre 1959 schlug Jack Kilby von der amerikanischen Firma Texas Instruments vor, statt der Löttechnik alle diese Bauelemente mitsamt ihren Verbindungen in demselben Stück Material zu integrieren. Die Realisierung einer solchen integrierten Schaltung (Integrated Circuit, IC) gelang tatsächlich und führte zu einer gewaltigen Verkleinerung der Schaltelemente. Bereits die erste Demonstrationsschaltung von Texas Instruments besaß nur noch ein Zweihundertstel des Volumens einer entsprechenden herkömmlichen Schaltung. Abb. 3-1-1 zeigt ein Beispiel einer integrierten Schaltung mit vier "und"-Verknüpfungen und den entsprechenden Anschlußplan.

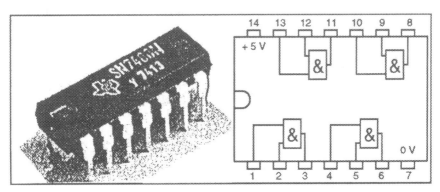

Abb. 3-1-1: Integrierter Schaltkreis SN 7498 mit Anschlußplan (vier "UND"-Verknüpfungen)

In den letzten Jahrzehnten hat die Miniaturisierung weitere gewaltige Fortschritte erzielt. Nach der Zahl der Transistoren pro integrierter Schaltung unterscheidet man die Stufen:

SSI = Small Scale Integration ($< 10^2$ Transistoren)

MSI = Medium Scale Integration ($< 10^3$ Transistoren)

LSI = Large Scale Integration ($< 10^4$ Transistoren)

VLSI = Very Large Scale Integration ($> 10^4$ Transistoren).

Dem integrierten Schaltkreis ist es zu verdanken, daß die heutigen Kleinrechner bequem auf einem Schreibtisch oder in einem Aktenkoffer Platz finden, weniger kosten als ein Auto und ein Vielfaches an Leistung erbringen im Vergleich zu den ersten, noch zimmergroßen, energiefressenden Rechenautomaten.

Die Rechnerentwicklung teilt man z.Z. in *fünf Generationen* ein:

1. Generation (1953-1958): Vakuumröhren, Magnetbänder, kein Betriebssystem, kein Compiler, Speicher-Zugriffszeiten 10^{-3}s
2. Generation (1958-1966): Transistoren, Systemsoftware, Compiler, Betriebssysteme, erste Echtzeitrechnersysteme, Speicher-Zugriffszeiten 10^{-6}s
3. Generation (1966-1974): Drastisch sinkende Hardware-Preise, integrierte Schaltkreise, hierarchische Rechnersysteme, Echtzeitrechnersysteme, Verbreitung von Kleinrechnern mit beginnender Dezentralisierung, Speicher-Zugriffszeiten 10^{-7}s

4. Generation (1974-1982): Miniaturisierung der Rechner, z.B. Mikrorechner mit allen Einheiten auf einem Schaltkreis (10^5 bit), erste "Superrechner ", massenhafte Verbreitung der Kleinrechner, Entstehung von Rechnernetzwerken, Eindringen der Rechner in die Produktion, erster Höhepunkt der Softwarekrise, Zugriffszeiten 10^{-8}s

5. Generation (seit 1982): Höchstintegrierte Schaltkreise (10^7 bit), parallele Rechnerstrukturen (z.B. bis zu 256 parallele Rechenwerke in einer Einheit), wissensbasierte Systeme, hoher Automatisierungsgrad, natürlich-sprachliche Ein-/Ausgabe, integrierte Bildverarbeitung, Zugriffszeiten 10^{-9}s

Häufig wird die Rechenleistung als *Verarbeitungsgeschwindigkeit von Operationen* angegeben. Übliche Größen hierfür sind:

mips	million instructions per second: Eine Instruktion ist dabei ein Datentransfer von einem Speicher der Recheneinheit in einen anderen.
mops	million operations per second: Hier gehen im Gegensatz zu den mips nur die Rechenoperationen ein.
mflops	(Megaflops) million floating-point operations per second: Hier gehen im Gegensatz zu den mops nur die (zeitintensiveren) Gleitkomma-Operationen ein.

Einige typische Rechnerleistungen sind:

Jahr	Rechnertyp	Leistung in mflops	
1946	ENIAC	10^{-5}	mflops
1964	CDC 6600	1	mflops
1970	IBM 360/85	1	mflops
1975	Cray 1	10	mflops
1980	Cyber 205	60	mflops
1985	IBM 3090	10	mflops
1985	Cray 2	150	mflops
1990	FPST	5.000	mflops
1993	Parsytec GC	400.000	mflops

3.1.3 Zentraleinheit

Aufgrund der bereits erwähnten Vorteile der Halbleiter und insbesondere der integrierten Schaltungen haben sich diese heute als Basis von Rechnern durchgesetzt. Die logische Grundstruktur heutiger Rechner entspricht dabei der in Abb. 2-5-20 dargestellten Struktur. Die konkrete Realisierung dieser logischen Grundstruktur in einer realen Rechenanlage weist jedoch aufgrund praktischer Erwägungen einige Besonderheiten auf, die im folgenden behandelt werden sollen.

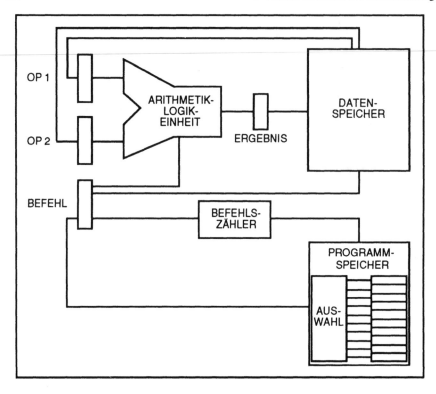

Abb. 2-5-20: Logische Struktur eines Rechners mit Programmspeicher

Abb. 3-1-2 zeigt die Struktur einer sogenannten *Zentraleinheit (central processing unit, CPU)*, wie sie für einen Großteil der heute erhältlichen Rechner charakteristisch ist. Die Zentraleinheit besteht aus dem *Prozessor* , dem *Arbeitsspeicher* - auch Hauptspeicher genannt - und *Bussen*.

Der Prozessor seinerseits läßt sich noch in das *Steuerwerk (Leitwerk, control unit)* und das *Rechenwerk* unterteilen. Diese Unterteilung ist im Prinzip bereits in Abb. 2-5-20 angelegt. Sie findet sich übrigens auch bei Babbage/Byrons Analytical Engine. Alle diese verschiedenen Begriffe dürfen nicht darüber hinwegtäuschen, daß es sich immer um nichts anderes als Hardware-Bausteine handelt, in denen logische 0-1-Verknüpfungen hergestellt und/oder gespeichert sowie weitergegeben werden können. Im folgenden werden nun die wichtigsten in Abb. 3-1-2 dargestellten Teile und Verfahrensweisen vorgestellt.

Register

Die zu verarbeitenden Daten werden im allgemeinen nicht direkt aus dem Speicher entnommen, sondern zwischengespeichert. Dies spart Zeit. Der Zugriff auf Daten im Arbeitsspeicher dauert häufig länger als die eigentliche Verarbeitung durch die *Arithmetik-Logik-Einheit (arithmetic logic unit, ALU)*.

Werden Daten mehrfach hintereinander benutzt, so lohnt es sich daher, sie in speziellen Speicherzellen abzulegen, die einen wesentlich schnelleren Zugriff für die

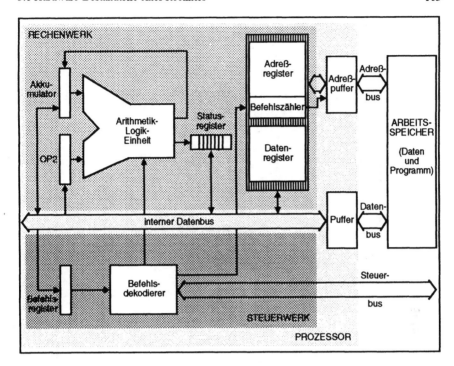

Abb. 3-1-2: Struktur der Zentraleinheit (CPU) eines Rechners

Rechenoperationen ermöglichen. Solche speziellen Speicherzellen des Rechenwerks nennt man *Register*.

Solche speziellen Speicherzellen werden sowohl als *Adreßregister* als auch als *Datenregister* eingesetzt.

Als Beispiel für ein *Datenregister* betrachten wir noch einmal das Assembler-programm aus Abb. 2-5-1. Hier würde es sich z.B. lohnen, die Daten der Variablen DIMENSION, I, SCHRITT und SUMME in Registern zu speichern, da auf diese Variablen bei jedem Schleifendurchlauf zugegriffen wird.

Neben den Datenregistern sind auch oft Adreßregister für die schnelle Bearbeitung von Adressen sinnvoll oder notwendig. Dabei führt man - genau wie mit Daten - Rechenoperationen mit Adressen durch. Das Prinzip der Adreßrechnung hatten wir bereits beim Befehlszähler kennengelernt. Erhöht man den Befehlszähler immer um Eins, so erhält man den nächsten Programmschritt. Dasselbe Prinzip läßt sich auch für die Bearbeitung von Daten nutzen, die im Datenspeicher in bekannter Reihen-folge in entsprechenden Datenregistern abgelegt sind.

Als Beispiel für ein *Adreßregister* greifen wir auf die Felder (Vektoren, arrays) in Abb. 2-5-1 zurück. Im vorliegenden Fall soll ein Adreßregister für die Variablen K (Kraft) und R (Weg) angelegt werden. Legt man die einzelnen Feldelemente K[1], K[2], K[3] hintereinander in den Speicher, so kann man auf das jeweils nächste Feldelement durch Erhöhen der Adresse um 1 zugreifen. Das Adreßregister über-nimmt dann die Funktion eines *Zeigers (Pointers)*, der immer auf das nächste Element zeigt (Abb. 3-1-3). Gerade für die Bearbeitung von Feldern innerhalb von Schleifen ist dies ein sehr leistungsfähiger Mechanismus.

```
 1. VARIABLE              DIMENSION        3
 2. VARIABLE              I                1
 3. VARIABLE              SUMME            0.0
 4. VARIABLE              SCHRITT          1

 5. VARIABLE              K [ 1 ]          5.0
 6. VARIABLE              K [ 2 ]          10.0
 7. VARIABLE              K [ 3 ]          20.0
 8. VARIABLE              R [ 1 ]          1.0
 9. VARIABLE              R [ 2 ]          2.0
10. VARIABLE              R [ 3 ]          3.0

11. SETZE_OP 1            K [ I ]
12. SETZE_OP 2            R [ I ]
13. MULTIPLIZIERE

14. SETZE_OP 1            ERGEBNIS
15. SETZE_OP 2            SUMME
16. ADDIERE
17. KOPIERE_ERGEBNIS      SUMME

18. SETZE_OP 1            I
19. SETZE_OP 2            SCHRITT
20. ADDIERE
21. KOPIERE_ERGEBNIS      I

22. SETZE_OP 1            DIMENSION
23. SETZE_OP 2            I
24. SUBTRAHIERE
25. FALLS_≥ 0_NACH        11
```

Abb. 2-5-1: Skalarprodukt in Assemblersprache

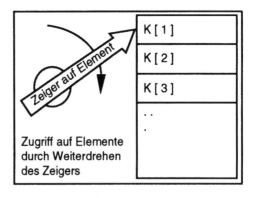

Abb. 3-1-3: Feldzugriff durch Erhöhen der Adresse

Statusregister

Das mit der Arithmetisch-Logischen-Einheit gekoppelte Statusregister speichert nach jeder Operation in mehreren Ein-Bit-Stellen verschiedene Bedingungen (Flags), die für die binären Rechnungen erforderlich sind (vgl. Abschnitt 2.5.5):

- Das Überlauf-Flag (Carry Flag) enthält den Überlauf der höchsten Bit-Stelle bei arithmetischen oder Schiebeoperationen.
- Das Null-Flag (Zero Flag) wird gesetzt, falls das Ergebnis der Operationen Null war.
- Das Vorzeichen-Flag enthält das Vorzeichen von ganzen Zahlen.

Der Inhalt des Statusregisters dient u.a. zur Auswertung von Sprungbefehlen bei Schleifen oder bedingten Verzweigungen (vgl. Zeile 25 in Abb. 2-5-1).

Gemeinsamer Speicher für Daten und Programme

Zunächst erscheint die getrennte Speicherung von Daten und Programmen plausibel. Jedoch sind sowohl Daten als auch Programme auf die gleiche Art und Weise - nämlich dual codiert - abgespeichert. Es war die folgerichtige Idee des amerikanischen Mathematikers John von Neumann, Programme und Daten auch in einem gemeinsamen Speicher abzulegen. Dieses *"von-Neumann-Prinzip"* hat sich als sehr flexibel und nützlich erwiesen. Nahezu alle heutigen eingesetzten Rechner sind nach diesem Prinzip organisiert.

Busse

In Abb. 2-5-20 waren die logischen Verbindungen der einzelnen Elemente als Linien eingezeichnet worden. Für die physikalische Realisierung ist es häufig sinnvoll, diese Verbindung in Form sogenannter Busse zu organisieren.

Unter einem Bus versteht man eine Sammelleitung, auf der mehrere Einheiten Informationen, d.h. elektrische Signale, miteinander austauschen können.

Die Einheiten treten dabei als Sender oder als Empfänger auf. Während mehrere Einheiten zugleich als Empfänger arbeiten können, kann zu einem gegebenen Zeitpunkt der Bus immer nur von einem Sender genutzt werden. Diese Einheit belegt dann den Bus, d.h., sie sperrt den Bus solange für andere Einheiten. Wollen mehrere Einheiten gleichzeitig senden, so müssen diese Wünsche koordiniert werden. Der dadurch entstehende Koordinierungsaufwand ist ein Nachteil gegenüber der Verwendung individueller Leitungen für jede einzelne logische Verbindung. Vorteilhaft bei der Verwendung von Bussen ist jedoch, daß Leitungen eingespart werden. Darüber hinaus erleichtert die Verwendung eines Busses den Anschluß zusätzlicher Einheiten, wenn die Funktionen der einzelnen Busleitungen eindeutig definiert sind. Die neue Einheit kann dann einfach an den Bus angeschlossen werden, ohne daß neue Leitungen entsprechend der erforderlichen logischen Verbindungen gelegt werden müssen.

Nach ihrem Verwendungszweck lassen sich die Busse in
- Steuerbusse,
- Adreßbusse und
- Datenbusse

unterscheiden. Das Buskonzept findet sich innerhalb des Prozessors als sogenannter *Platinenbus*. Er findet weiterhin bei der Verbindung des Prozessors mit

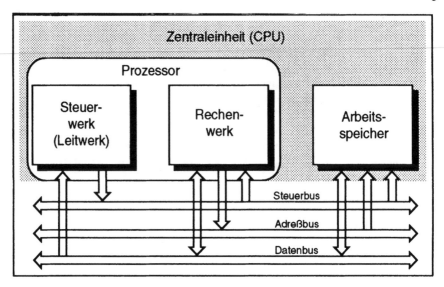

Abb. 3-1-4: Einfache Zentraleinheit mit Systembus

Speichereinheiten und anderen Elementen wie Ein- und Ausgabesteuereinheit als *Systembus* Verwendung (Abb. 3-1-4).

Bei sämtlichen Kleinrechnern sind heute die Komponentenverbindungen durch Busse realisiert. Der Grund liegt vor allem in der großen Flexibilität bei der Kombination verschiedener Bauelemente. Bei Hochleistungsrechnern wie beispielsweise den Vektorrechnern von Cray oder Control Data wird dagegen auf Busverbindungen verzichtet, um eine hohe Rechengeschwindigkeit zu erreichen.

Akkumulator

Das Beispiel der Skalarproduktbildung aus Abb. 2-5-1 zeigt uns, daß häufig das Ergebnis einer Rechneroperation im nächsten Schritt noch einmal benötigt wird. In diesem Falle war bisher immer eine Kopieroperation von ERGEBNIS nach OP1 oder OP2 erforderlich (vgl. die Zeilen 14 und 23 in Abb. 2-5-1). Diese Kopieroperationen lassen sich einsparen, wenn man das Ergebnis einer Rechenoperation sofort wieder in OP1 oder OP2 speichert.

Eine solche kombinierte Speicherzelle für Operand und Ergebnis wird als Akkumulator bezeichnet.

Damit bietet sich die Möglichkeit, statt der aus Abb. 2-5-1 bekannten Folge

21. KOPIERE_ERGEBNIS   I
22. SETZE_OP1   DIMENSION
23. SETZE_OP2   ERGEBNIS
24. SUBTRAHIERE

die Formulierung

21. KOPIERE_AKKU   I
22. SETZE_OP2   DIMENSION
23. SUBTRAHIERE

zu verwenden. Während in Abb. 2-5-1 das Ergebnis der Addition aus Zeile 20 unter der Variable ERGEBNIS abgelegt wurde, liegt das Ergebnis nun i.d.R. in OP1.
Nur ein Teil der heute angebotenen Rechner verfügt über einen Akkumulator, so z.B. die Prozessoren der Intel 80x86-Familie. Bei den sogenannten *registerorientierten Prozessoren* wie dem Zilog Z8000 dagegen kann jedes Register die Funktion des Akkumulators übernehmen.

Befehlsdekodierer und Mikroprogrammierung

Aufgabe des Befehlsdekodierers ist es, die Bedeutung des jeweiligen Befehls zu erkennen und die dual codierten Angaben in Steuerimpulse für die betreffenden Bauelemente (Arithmetisch-Logische-Einheit, Speicher, Befehlszähler) umzuwandeln. Beinhalten die Maschinenbefehle jeweils nur einen einzelnen logischen Schritt, so läßt sich dies bereits durch die richtige Verdrahtung der einzelnen Dualstellen des Befehlsregisters realisieren.
In der Praxis werden jedoch zur besseren Strukturierung häufig mehrere logische Schritte zu einem Maschinenbefehl zusammengefaßt, die Zerlegung wird nicht ganz soweit getrieben, wie es in Abb. 2-5-1 dargestellt ist. In diesem Fall ist die Zerlegung des Maschinenbefehls in eine Folge von sogenannten *Mikrobefehlen* erforderlich. Dafür ist ein gesonderter Befehlsdekodierer erforderlich. Die Gesamtheit aller Einzelschritte (Mikrobefehle), die zu einem bestimmten Maschinenbefehl gehören, wird als *Mikroprogramm* bezeichnet.
Beispielsweise bieten viele Prozessoren die Möglichkeit, beim Addierbefehl im gleichen Maschinenbefehl einen oder beide Operanden anzugeben. Statt der Folge

18. SETZE_OP1   I
19. SETZE_OP2   SCHRITT
20. ADDIERE

läßt sich dann z.B.

18. SETZE_AKKU   I
19. ADDIERE   SCHRITT

oder sogar

18. ADDIERE   I   SCHRITT

schreiben. Je nachdem, ob einer oder zwei Operanden angegeben werden können, werden diese Prozessoren als *Einadreß- oder Zweiadressenmaschinen* bezeichnet. Natürlich sind die Abläufe in allen drei Fällen auf der untersten Ebene gleich. Das Laden der Operanden in den Akkumulator bzw. in die Operandenregister ist beispielsweise in jedem Fall erforderlich. In den beiden letzten oben aufgeführten

Fällen ist daher eine gesonderte Befehlsdekodierung und eine Zerlegung in die
Einzelschritte erforderlich.

CISC- und RISC-Prozessoren

Die Mikroprogrammierung ermöglicht es, sehr mächtige Maschinenbefehle zu
verwenden, die viele logische Einzelschritte umfassen. Dies führt zu einem
umfangreichen Satz möglicher Maschinenbefehle. Solche Prozessoren werden als
CISC-Prozessoren (complex instruction set computer) bezeichnet. Statistische
Auswertungen zeigen jedoch, daß viele dieser mächtigen Befehle nur sehr selten
genutzt werden. Dies führte zu dem Ansatz, den Befehlssatz bewußt zu verkleinern
und auf wenige elementare und häufig benötigte Befehle zu beschränken. Konzentriert man sich darauf, diese Elementarbefehle hinsichtlich ihrer Ausführungszeit
zu optimieren, so ergibt sich für viele Anwendungsfälle eine höhere Effizienz.
Prozessoren dieses Typs werden als *RISC-Prozessoren (reduced instruction set
computer)* bezeichnet.

Adressierungsarten

Bei den bisherigen Ausführungen wurde bereits deutlich, daß es unterschiedliche
Adressierungsarten gibt.

> Adressierung bedeutet: Die Operanden einer vorgesehen Operation wer-
> den aus dem Speicher einer bestimmten Adresse in den Registerspeicher
> der Arithmetisch-Logischen-Einheit (Rechenwerk) geholt. An die Stelle
> des Registerspeichers tritt bei Zweiadressenrechnern gegebenenfalls der
> Akkumulator.

Die wichtigsten Adressierungsarten werden im folgenden aufbauend auf den
Abbildungen. 2-5-1 und 2-5-18 beispielhaft dargestellt. Darüber hinaus gibt es aber
noch weitere Adressierungsarten, auf die hier nicht eingegangen wird.
Ausgangslage sei es, den Wert I=1 in den Registerspeicher OP1 zu bringen (vgl.
Abb. 2-5-1), also

```
      ...
2     VARIABLE            I       1
5     VARIABLE            K[1]    5.0
      ...
18    SETZE_OP1           I
```

Die Realisierung dieser Speicheroperation kann durch verschiedene Arten der
Adressierung der beiden Operanden realisiert werden. Die Prinzipien werden im folgenden dargestellt.

Direkte Adressierung

```
      ...
      SETZE_OP1           I
```

Erklärung: Gehe zur Adresse 000 der Variablen I (vgl. Abb. 2-5-18) und setze OP1
mit dem dort gespeicherten Wert 1. Der zweite Operand des Befehls wird hier also

als Arbeitsspeicheradresse der Variablen I interpretiert. Als erster Operand ist das Ziel der Speicheroperation in Form der Adresse eines Registerspeichers angegeben

Indirekte Adressierung

    SETZE_OP1   1000

Erklärung: Gehe zur Adresse 1000 (Zwischenadresse). Im dortigen Speicher finde die Adresse 000. Setze OP1 mit dem dort gespeicherten Wert 1.

Implizite Adressierung

    SETZE_OP1   I

Erklärung: Als Ziel der Speicheroperation ist hier die Adresse des Registerspeichers OP1 implizit durch den Befehlsnamen bekannt. Der dort zu speichernde Wert wird wiederum durch direkte Adressierung der Variablen I angegeben. Bei der in Abb. 2-5-1 dargestellten beispielhaften Assemblersprache wird unter anderem diese Art der Adressierung bei allen Speicherbefehlen verwendet.

Unmittelbare Adressierung

    SETZE_OP1   1

Erklärung: Der erste Operand bleibt implizit adressiert, jedoch wird vom Befehlsdekodierer als zweiter Operand "unmittelbar" der Wert (hier 1) erwartet, der in OP1 abgelegt werden soll.

Relative Adressierung

    SETZE   OP1   10

Erklärung: Bei relativer Adressierung einer Variablen wird durch einen Operanden der Abstand einer Speicheradresse von einer Basisadresse angegeben. Diese Basisadresse wird in einem Adressregister gespeichert. Eine Form der relativen Adressierung stellt die indizierte Adressierung dar, bei welcher der Abstand der Adressen in einer Variablen gespeichert ist.

Indizierte Adressierung

    SETZE_OP1   K[I]

Erklärung: Hole die Basisadresse von K (bzw. K[0]) und addiere den Wert 1 der Variablen I (vgl. Abb. 3-1-3). Setze OP1 mit dem unter dieser Adresse abgespeicherten Wert (hier 5.0).

Stapelzeiger-Adressierung

Insbesondere bei Mikrorechnern erfolgt die Adressierung häufig mittels eines Stapelzeigers *(stack-pointer)*. Dabei wird in der Betriebsart *push* der Inhalt des Registers in die durch den Stapelzeiger angegebene Adresse übertragen. In der Betriebsart *pop (pull)* wird der Inhalt der durch den Stapelzeiger angegebenen Adresse in das Register übertragen.

Anmerkung

Die hier aufgeführten Merkmale können sich je nach Einsatzbereich des Rechners erheblich unterscheiden. Dementsprechend finden sich sehr vielfältige Varianten und Bauformen. Wie bereits erwähnt, ist beispielsweise bei Hochleistungsrechnern die Verwendung von Bussen unzweckmäßig. Die hier aufgezählten Punkte sind daher nicht vollständig. Sie geben jedoch die wesentlichen Merkmale der meisten heute eingesetzten Rechner wieder.

3.1.4 Speichermedien

Wie bereits in Kapitel 2.5 erwähnt, gehört das Speichern von Daten zu den wesentlichen Funktionen eines Rechners. Bei rechenintensiven Anwendungen, wie beispielsweise im naturwissenschaftlich-technischen Bereich betrifft dies vor allem das Speichern von Ergebnissen vorangegangener Berechnungen. Im betriebswirtschaftlich-kommerziellen Bereich ist die Datenspeicherung häufig sogar wichtiger als die eigentliche Datenverarbeitung.

Wie die logische Verknüpfung, so läßt sich auch die logische Funktion des Speicherns von Daten physikalisch durch unterschiedliche Mechanismen realisieren. Während sich beim Prozessor die elektronische Variante auf der Basis integrierter Schaltungen durchgesetzt hat, werden für die Speicherung sowohl elektronische als auch magnetische und optische Medien eingesetzt. Die Vor- und Nachteile der unterschiedlichen Technologien lassen demzufolge unterschiedliche Verwendungen zu. Kriterien für die Auswahl einer Speichertechnologie sind im wesentlichen
- die Zugriffszeit,
- die Speicherkapazität und
- die Kosten.

Weiterhin ist von Bedeutung, ob das Medium ein mehrmaliges Beschreiben ermöglicht, ob es eine permanente Speicherung der Information erlaubt, ob zum Speichern eine permanente Energiezufuhr erforderlich ist und in welcher Art und Weise auf die gespeicherten Daten zugegriffen werden kann.

Zugriffszeit

Unter der Zugriffszeit versteht man die Zeit, die der Rechner benötigt, um eine gewünschte Information aus dem Speicher zu holen.

Je nachdem, wo die Information physikalisch aufbewahrt wird, kann diese Zeit von Zugriff zu Zugriff variieren. In diesem Fall wird eine *durchschnittliche* Zugriffszeit angegeben. Für Echtzeitanwendungen kann es jedoch bedeutsam sein, die *maximale* Zugriffszeit zu berücksichtigen.

Die Zugriffszeit heutiger Speichermedien variiert von ca. 10 ns (10^{-8}s) bis 10 s, also um einen Faktor von 10^9! Die Wahl des Speichermediums und die Art und Weise seiner Nutzung kann entscheidenden Einfluß auf die Ausführungszeit von Programmen haben. Die richtige Kombination von Verarbeitungs- und Speicherelementen ist dabei von entscheidender Bedeutung. Beispielsweise muß die Zugriffszeit des Arbeitsspeichers in derselben Größenordnung liegen wie die Zeit, die der Prozessor für die Verarbeitung der Daten benötigt. Ist dies nicht der Fall, so wartet entweder der Prozessor ständig auf die Daten, die er verarbeiten soll, oder der Arbeitsspeicher wartet auf die zu speichernden Ergebnisse. Beides führt zu einer Verringerung der Gesamteffizienz.

Speicherkapazität

Die Basis der Informationsdarstellung und -speicherung bildet, wie wir bereits wissen, die einzelne Ja-Nein-Aussage.

Die Informationsmenge, die in einer solchen Ja-Nein-Aussage enthalten ist, wird als ein bit bezeichnet.

Das bit ist daher auch die Einheit, in der man die Kapazität von Speichermedien mißt. 8 bit werden als 1 Byte bezeichnet. In einem Byte kann man 2^8, also 256 verschiedene Objekte codieren. Dies reicht aus, um sämtliche Zeichen des Alphabetes, die 10 Ziffern und eine Reihe von Sonderzeichen zu verschlüsseln. 1 Byte wird daher häufig gleich einem Textzeichen gesetzt. Abb. 3-1-5 zeigt den Zusammenhang zwischen den für die Messung von Informationsmengen benutzten Einheiten.

Bezeichnung der Einheit	Beispiel
bit: 1 ja- / nein-Aussage	Ja / Nein
Byte: 8 bit	1 Zeichen: Buchstabe, Ziffer, Sonderzeichen . . .
KByte: 1024 Byte (KB) = 8 • 1024 = 8192 bit	1024 Zeichen: 17 Zeilen mit je 60 Zeichen Text
MByte: 1024 KByte (MB) = 1024 • 1024 = 1 048 576 Byte = 8 • 1 048 576 = 8 388 608 bit	350 Seiten mit je 50 Zeilen à 60 Zeichen = durchschnittliches Taschenbuch
GByte: 1024 MByte (GB) = 1 048 576 KByte = 1 073 741 824 Byte = 8 589 934 592 bit	350 000 Seiten mit je 50 Zeilen à 60 Zeichen = großes, mehrbändiges Lexikon

Abb. 3-1-5: Einheiten zur Messung von Informationsmengen

Neben diesen Einheiten wird auch die Einheit *Wort* bzw. *Maschinenwort* benutzt. Ein Wort ist definiert als die Bitzahl, die ein Prozessor in einem Schritt verarbeiten kann. Die Größe eines Maschinenwortes ist also nicht bei allen Rechnern gleich. Einige Beispiele zeigt Abb. 3-1-6.

Auch die Speicherkapazität verschiedener Medien variiert in einem sehr weiten Bereich, etwa von 500 KB bis zu mehreren GB, also um einen Faktor von ca. 10^4.

Prozessor / Rechner	Größe eines Wortes in bit
Zilog Z 80	8
Intel 8086	16
Intel 80386	32
Motorola 68030	32
IBM 360/370	32
DEC PDP-11	16
CDC Cyber 205	64
CRAY	64

Abb. 3-1-6: Größe eines Maschinenwortes verschiedener Prozessoren bzw. Rechner

Kosten

Die Kosten pro gespeicherter Informationsmenge spielen ebenfalls eine wesentliche Rolle für die Auswahl des Speichermediums. Auch hier ergeben sich Unterschiede von mehreren Größenordnungen. Heutige Preise liegen etwa zwischen 1000 DM/MB und 0,01 DM/MB, unterscheiden sich also um einen Faktor von 10^5. Anzumerken ist, daß sich der Preis für Speichereinheiten in den letzten Jahren erheblich verringert hat. Im Schnitt ergab sich ca. alle 2-3 Jahre eine Halbierung der Kosten pro MB.

Sonstige Auswahlkriterien

Neben den drei genannten Kriterien spielen noch die Mehrfachbeschreibbarkeit, die Flüchtigkeit und das Zugriffsverfahren eine Rolle bei der Entscheidung für ein Speichermedium. Die Mehrfachbeschreibbarkeit betrifft die Frage, ob ein Medium nur einmal oder mehrfach beschrieben werden kann. Speichermedien, die nur einmal beschrieben werden können, werden als *ROM (read only memory)* oder *WORM (write once, read many)* bezeichnet.

Die *Flüchtigkeit* betrifft die Frage, ob eine Speicherung einen dauernden Energie-aufwand, die sog. Halteleistung, erfordert. Ist dies der Fall, so geht die Information beim Abschalten verloren. Ein solcher Speicher wird daher als flüchtig *(volatile)* bezeichnet. Behält der Speicher dagegen die Information, so wird er als *Permanent-speicher* bezeichnet.

Das *Zugriffsverfahren* betrifft den Weg zur gesuchten Information. Hier wird zwi-schen *sequentiellem* und *wahlfreiem Zugriff (random access memory .RAM* unter-schieden. Der sequentielle Zugriff erfordert ein schrittweises Vorarbeiten bis zur ge-suchten Information. Der wahlfreie Zugriff ermöglicht es, dazwischenliegende Informationsblöcke zu überspringen.

Im folgenden soll auf die wichtigsten heute verfügbaren Speichertechnologien eingegangen werden. Es handelt sich dabei um
- Halbleiterspeicher,
- magnetische Speicher und
- optische Speicher.

Abb. 3-1-7 zeigt schematisch die Einordnung dieser Technologien anhand der Kriterien Preis und Zugriffszeit. Die Abbildung macht noch einmal die großen Unterschiede zwischen den verschiedenen Speichertechnologien deutlich.

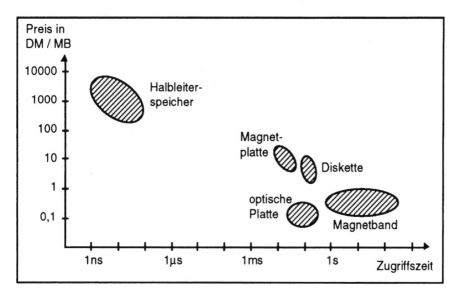

Abb. 3-1-7: Preis und Zugriffszeit von Speichermedien

Halbleiterspeicher

Random Access Memory

Mit Hilfe von Halbleiter-Gatterschaltungen läßt sich das in Abb. 2-5-15 gezeigte Flip-Flop als Basisbaustein der Speicherung realisieren. Für eine entsprechende Schaltung sei auf den Umdruck zur Vorlesung "Grundzüge der Elektrotechnik" (Meyer-Ebrecht, 1990) oder einschlägige Lehrbücher verwiesen. Entsprechend dem Prinzip des Flip-Flops ermöglicht ein solcher Speicher Schreib- und Lesezugriffe in beliebiger Zahl. Der Zugriff erfolgt wahlfrei. Halbleiter-Flip-Flops werden daher auch als *RAM (random access memory)* bezeichnet, obwohl diese Zugriffsart nicht auf Halbleiterspeicher beschränkt ist. Der Halbleiterspeicher ist ein flüchtiger Speicher, da er eine ständige Energiezufuhr benötigt.

Der Zugriff auf Halbleiterspeicher ist in sehr kurzer Zeit möglich. Je nach Bauform beträgt die Zugriffszeit ca. 1-100 ns. Dies liegt in der Größenordnung der Verarbeitungszeit üblicher Prozessoren. Halbleiterspeicher werden daher als Bausteine für den Arbeitsspeicher und die Register verwendet. Die Kosten liegen heute zwischen 100 und 10.000 DM pro MB. Dies setzt der Speicherkapazität gewisse Grenzen. Die Größe des Arbeitsspeichers heutiger Rechner liegt etwa zwischen 0,1 und 20 MB. Dies reicht im allgemeinen nicht aus, um sämtliche benötigten Informationen zu speichern. Hierfür sind daher sog. Massenspeicher erforderlich. Darüber hinaus macht auch die Flüchtigkeit des Halbleiterspeichers ein weiteres permanentes Speichermedium erforderlich.

Read Only Memory

Neben dem flüchtigen Halbleiter-Flip-Flop existieren auch permanente Speicher auf der Basis von Halbleiterbauelementen. Die Speicherung der Information geschieht bei diesen Bausteinen dadurch, daß gezielte "Sollbruchstellen" (fusible links) durch Stromstöße eingebrannt werden. Dieser Vorgang ist irreversibel. Da solche Speicherelemente also nur einmal beschrieben werden können, werden sie als *ROM (read only memory)* bezeichnet.

Programmierbare ROM

Hat der Anwender die Möglichkeit, einen solchen Speicher *einmalig* selbst zu beschreiben, so handelt es sich um einen *PROM (programable ROM)*. Die Programmierung eines solchen PROMs erfolgt i.a. mit Hilfe eines speziellen Programmiergerätes. Ein *EPROM (erasable PROM)* ist ein ROM, der zu einem bestimmten Zweck *gelöscht und neu programmiert* werden kann. Im eigentlichen Sinn handelt es sich hier gar nicht um ein "read only memory". Die Bezeichnung wird jedoch verwendet, weil die EPROM-Bauteile eine Weiterentwicklung der ROM-Bausteine sind.

ROM-Bausteine werden benutzt, um beispielsweise das Startprogramm eines Rechners zu speichern, das unmittelbar nach dem Einschalten ablaufen soll *(BOOT-ROM)*. Weiterhin finden ROMs bei vielen Geräten und Anlagen Anwendung, die durch ein feststehendes, nicht sehr umfangreiches Programm gesteuert werden sollen, beispielsweise Haushaltsgeräte, Fahrzeugrechner oder einfache Maschinensteuerungen.

Magnetische Speicher

Speicherprinzip

Das Prinzip der magnetischen Speicherung von Daten beruht darauf, daß bestimmte Materialien durch Anlegen eines äußeren Magnetfeldes magnetisiert werden können. Das Magnetfeld wird durch eine Spule - den sogenannten Schreibkopf - erzeugt, die von einem Strom durchflossen wird. Das Magnetfeld ist dann diesem Strom, dem Schreibstrom, proportional. Führt man das zu magnetisierende Medium am Schreibkopf vorbei, so entstehen im Medium entsprechend dem Schreibstrom örtlich verteilte Zonen unterschiedlicher Magnetisierung (Abb. 3-1-8).

Das Lesen eines Magnetspeichers erfolgt umgekehrt: Das Medium wird wiederum an einer Spule, dem sogenannten Lesekopf, vorbeigeführt. Durch das Magnetfeld wird in der Spule nach dem Induktionsgesetz eine Lesespannung induziert, die der Magnetisierung proportional ist.

Das Prinzip magnetischer Speicherung ist bereits seit längerem bekannt und wird vor allem in der Audio- und Videotechnik eingesetzt. Dort erfolgt die Speicherung gewöhnlich noch analog, während im Zusammenhang mit der Informationsverarbeitung ausschließlich die digitale Speicherung von Interesse ist. Das Funktionsprinzip ist jedoch in beiden Fällen gleich.

Magnetplatte

Die Magnetplatte ist eine weit verbreitete Form, dieses Grundprinzip für die Informationsspeicherung zu nutzen. Die Magnetplatte ist eine Scheibe aus Leichtmetall, die an der Ober- und Unterseite mit magnetisierbarem Material beschichtet ist.

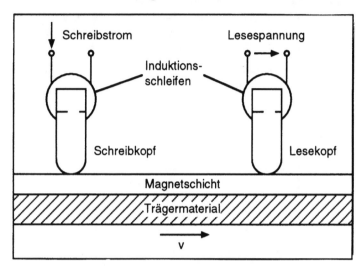

Abb. 3-1-8: Prinzip magnetischer Datenspeicherung

Bei Großrechnern sind Platten mit einem Durchmesser von 14 Zoll (356 mm) üblich; bei Kleinrechnern findet man 3,5 Zoll und 5,25 Zoll Magnetplatten. Die Platten rotieren mit hoher Drehzahl, (z.B. 6000 1/min). Die Schreib- und Leseköpfe sind radial verschiebbar (Abb. 3-1-9). Der Zugriff erfolgt quasi wahlfrei. Dadurch ist jede Stelle der Platte innerhalb kurzer Zeit erreichbar.

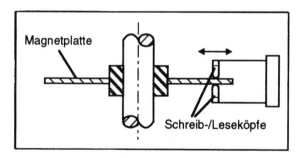

Abb. 3-1-9: Magnetplatte

Der Abstand zwischen Platte und Kopf beträgt nur wenige Mikrometer, also weit weniger als die Dicke eines menschlichen Haares oder eines Staubkorns. Geringste Verschmutzungen, aber auch mechanische Belastungen wie Stöße, Kippen, Vibrationen können zum Aufsetzen des Kopfes auf der Platte führen (headcrash, auch als "spanende Datenverarbeitung" bezeichnet). Dies hat die Zerstörung der Platte und den Verlust der gespeicherten Daten zur Folge. Um Verschmutzungen zu vermeiden, wird die Platte in der Regel in einem staubdichten Gehäuse gekapselt. Der Schutz vor mechanischen und auch thermischen Belastungen dagegen ist Aufgabe des Nutzers. Im Umgang mit Magnetplatten ist also eine gewisse Vorsicht geboten. Hinweise des Herstellers über die zulässigen Umgebungsbedingungen sollten daher unbedingt ernst genommen werden.

Häufig werden mehrere Platten auf derselben Achse zu sogenannten Plattenstapeln kombiniert. Die Schreib-Leseköpfe werden dann auf einem gemeinsamen Träger, einem sogenannten *Zugriffskamm*, bewegt (Abb. 3-1-10).

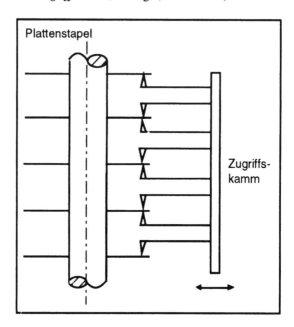

Abb. 3-1-10: Plattenstapel

Zum Auffinden von Informationen wird jede Platte in *Sektoren* und *Spuren* eingeteilt (Abb. 3-1-11). Die Schnittmenge eines bestimmten Sektors mit einer bestimmten Spur heißt *Block* (vgl. geblockte Datenstruktur in Abschnitt 3.5.2). Alle übereinanderliegenden Spuren eines Plattenstapels werden als *Zylinder* bezeichnet.

Magnetplatten existieren in verschiedenen Bauformen. Bei Großrechnern sind Plattenstapel mit 6, 10 oder 12 Platten der Größe 8 oder 14 Zoll üblich. Die Plattenstapel sind häufig als Wechselplatten ausgeführt, d. h., sie können aus dem Laufwerk entnommen werden. Ein typischer Vertreter ist der Zwölfer-Plattenstapel nach ISO 4337, der beispielsweise für die Großrechner IBM 370 und Siemens 7000 eingesetzt wird. Er besitzt eine Kapazität von 200 MB und eine durchschnittliche Zugriffszeit von 38 ms.

Festplatte

Bei Kleinrechnern findet man vor allen Dingen die sogenannte Winchesterplatte (bzw. Festplatte) in den Größen 3,5 Zoll oder 5,25 Zoll. Bei der Winchesterbauweise sind Platte, Antrieb und Schreib-Lesemechanik in einem gemeinsamen Gehäuse enthalten und staubdicht gekapselt. Eine Entnahme der Platte ist hier nicht möglich. Die Speicherkapazität liegt zwischen 20 MB und ca. 1,3 GB, die durchschnittliche Zugriffszeit liegt zwischen 10 und 18 ms. Der Preis für handelsübliche Plattenlaufwerke beträgt z. Z. zwischen ca. 4 und 40 DM pro MB.

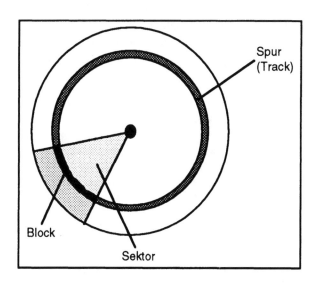

Abb. 3-1-11: Spuren, Sektoren und Blöcke

Vergleicht man die Zugriffzeiten von Arbeitsspeicher und Magnetplatte, so ergibt sich ein Unterschied von 10^2 bis 10^4 (vgl. Abb. 3-1-7). Dasselbe gilt für den Unterschied zwischen Plattenzugriff und Verarbeitungsgeschwindigkeit des Prozessors. Die Organisation der Zugriffe auf die Magnetplatte ist daher für die Ausführungszeit von entscheidender Bedeutung. Stehen die vom Prozessor jeweils benötigten Informationen beispielsweise verstreut auf der Platte, so ist die Plattenzugriffszeit der entscheidende Faktor für die Gesamtausführungszeit des betreffenden Programms. Die Prozessorgeschwindigkeit ist in einem solchen Falle nahezu bedeutungslos.

Ein wichtiger Schritt zur Lösung dieses Problems besteht darin, Daten von der Platte nicht einzeln, sondern blockweise zu lesen bzw. zu schreiben (vgl. Abschnitt 3.5.2). Die Transferrate der Magnetplatte, also die pro Zeiteinheit übertragene Informationsmenge, liegt nämlich in der Größenordnung der Transferrate des Halbleiterspeichers. Daher bringt es erhebliche Vorteile, z.B. 1000 Werte, die auf der Platte hintereinander stehen, auf einmal einzulesen, statt jeden dieser Werte erst dann einzulesen, wenn er wirklich benötigt wird. Dies lohnt sich natürlich nur dann, wenn die 1000 Werte auch wirklich benötigt werden - und sei es zu einem wesentlich späteren Zeitpunkt.

Beispiel für die Organisation von Plattenzugriffen

Bei einer Matrixmultiplikation mit einer großen Matrix kann es beispielsweise von entscheidender Bedeutung sein, ob die Matrix zeilenweise oder spaltenweise abgespeichert ist. Wird auf eine spaltenweise abgespeicherte Matrix zeilenweise zugegriffen, so ist für jeden Wert ein neuer Plattenzugriff erforderlich. Bei einer N x Ndimensionalen Matrix benötigt man N^2 Zugriffe. Wird dagegen auch spaltenweise auf die Matrix zugegriffen, so kann die gesamte Spalte je nach Blockgröße der Platte mit einigen wenigen Zugriffen eingelesen werden. Die Gesamtzahl der Plattenzugriffe liegt dann nur noch in der Größenordnung der Dimension N. Dies kann die Ausführungszeit für die Matrixmultiplikation um mehrere Größenordnungen verringern. Vor allem bei großen Datenmengen, die nicht auf einmal in den Datenspeicher passen, kommt daher der Organisation der Plattenzugriffe erhebliche Bedeutung zu.

Disketten

Vom Grundprinzip entspricht die Diskette der Magnetplatte. Eine rotierende, mit einem magnetisierbaren Material beschichtete Scheibe wird von einem radial beweglichen Kopf gelesen bzw. geschrieben. Der wesentliche Unterschied besteht darin, daß die Disketten auf einfache Weise aus dem Laufwerk entnommen werden können.

Die Rotationsgeschwindigkeit beträgt üblicherweise 360/min. Die Zugriffszeit beträgt bei Disketten zwischen 100 und 350 ms. Disketten werden wegen ihrer Biegsamkeit auch als *Floppy* bezeichnet. Es gibt sie in vielen verschiedenen Bauformen: Durch den IBM/PC und seinen Nachbauten hat sich eine gewisse Standardisierung auf die Größen 3,5 Zoll und 5,25 Zoll ergeben. Die Speicherkapazität beträgt je nach Schreibdichte zwischen 360 KB (5,25 Zoll/Diskette für den IBM/PC/XT) und 1,44 MB (3,5 Zoll/Diskette für den IBM/PC/AT). Dazwischen existieren mehrere Zwischenformate. Die Unterschiedlichkeit der Diskettenformate führt häufig zu lästigem Suchen eines geeigneten Laufwerkes und kann den Daten- und Progammaustausch zwischen verschiedenen Rechnern erheblich behindern.

Auch Disketten sind empfindlich gegen mechanische und thermische Belastungen und insbesondere gegen Magnetfelder. Wichtige Daten, z.B. Studien- oder Diplomarbeiten, sollten daher unbedingt mehrfach gesichert werden.

Magnetbänder

Das Magnetband wird in der Datenverarbeitung seit langem genutzt. Der wesentliche Unterschied zur Magnetplatte besteht darin, daß Bänder nur einen sequentiellen Zugriff gestatten. Die Zugriffszeit hängt daher davon ab, wo sich die gesuchte Information auf dem Band befindet und kann mehrere Minuten betragen. Magnetbänder sind daher nur als Sicherungs- und Archivmedium geeignet.

Bei Großrechnern werden vor allem Bänder der Breite 1,5 Zoll eingesetzt. Das Band befindet sich auf einer Spule und muß beim Einlegen meist von Hand am Schreiblesekopf "eingefädelt" werden. Je nach Schreibdichte und Bandlänge beträgt die Kapazität eines Magnetbandes zwischen 5 und 50 MB. Aufgrund der umständlichen Handhabung von Magnetbändern wurden Magnetbandkassetten (Cartridges) entwickelt, bei denen ein manuelles Einfädeln des Bandes nicht mehr erforderlich ist. Die wichtigste Bauform enthält ein 1/4 Zoll Magnetband, was auf einer Metallplatte in einem Kunststoffgehäuse der Abmessung 153 x 102 x 18 mm untergebracht ist. Kassetten dieser Art haben eine Speicherkapazität von bis zu 500 MB. Im Bereich von Workstations sind diese auch als *Streamer-Cartridges* bezeichneten Kassetten als Sicherungsmedium recht weit verbreitet. Die Kosten für eine solche Kassette liegen zwischen 30 bis 60 DM.

Optische Speicher

Zur Zeit lassen sich bei den optischen Speicherplattensystemen die drei Typen
- rein lesbare optische Speicherplattensysteme (CD-ROM),
- einmal beschreibbare und dann nur-noch-lesbare Systeme (WORM) und
- reversible optische Speicherplattensysteme
unterscheiden.

Unter den *rein lesbaren optischen Speicherplattensystemen* verdrängen die sogenannten digitalen *Compaktdisks (CD)* bereits heute die herkömmliche analoge
Musikaufzeichnung auf Schallplatte und Magnetband mit qualitativ hochwertiger
Musikwiedergabe und Verschleißfreiheit. Da diese Speichermedien nur gelesen werden können, werden sie auch als *CD-ROM* bezeichnet. Sie eignen sich aufgrund
dieser Eigenschaft nur für Informationen, die in großer Stückzahl verbreitet und
nicht geändert werden sollen. Von einem Workstation-Hersteller wird beispielsweise das gesamte Betriebssystem und die Standardsoftware auf einer solchen CD-
ROM geliefert.

Bei den *einmal beschreibbaren optischen Speicherplattensystemen* wendet man
eine sogenannte *DOR-Speicherplatte* an *(Digital-Optical-Recording)* (Abb. 3-1-12).
Die aus zwei Glasplatten bestehende Speicherscheibe ist auf der Innenseite mit einer
wärmeempfindlichen Tellur-Schicht belegt. In diese wird mittels Laserstrahl durch
einzelne Löcher die Information eingebrannt. Zur Zeit sind einige untereinander
nicht kompatible Systeme nach dem *WORM-Prinzip (Write once, read many)* er-
hältlich (z.B. Megadock von der Firma Philips).

Solche Systeme sind als Sicherungs- und Archivmedium für große Datenmengen
interessant. In der Handhabung sind sie so einfach wie Disketten, besitzen jedoch
eine Speicherkapazität von bis zu 5 GB. Als konsequente Weiterführung der technischen Entwicklung sind *reversible optische Speicherplattensysteme* absehbar. Von
allen größeren Firmen sind entsprechende Systeme bereits angekündigt. Erste einfache Systeme dieser Baureihe unter der Bezeichnung *Opto-Disk* sind verfügbar,
jedoch noch nicht sehr weit verbreitet.

Aufgrund der technischen Eigenschaften der optischen Speicherplattensysteme besteht kein Zweifel, daß diese Systeme langfristig Magnetband, Floppy-Disk und
klassische Festplattensysteme ablösen werden. Insbesondere für den kleinen Anwender werden Bildplattenspeicher bis zu 4 GB zu ähnlichen Preisen verfügbar sein,
wie es heute für Floppylaufwerke der Fall ist.

Zusammenfassend sind in Abb. 3-1-13 noch einmal die Eigenschaften der wesentlichen Speichermedien wiedergegeben. Bei der Beurteilung der Daten, insbesondere
der Preise, ist allerdings zu berücksichtigen, daß diese sich sehr rasch ändern können.

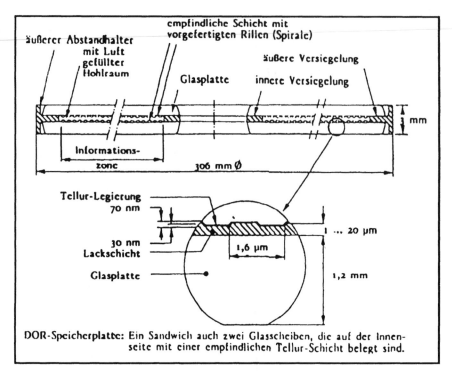

Abb. 3-1-12: Schnitt durch eine DOR-Speicherplatte (nach Verhofen, 1985)

Speichermedien						
	Zugriffs-zeit	Kapazität	Kosten	Mehrfach-schreiben	Flüchtig-keit	Zugriff
Halbleiter-speicher	1 - 100 ns	0,1 - 20 MB	0,1-10 TDM/MB	ja / nein	ja / nein	wahlfrei
Magnet-platte	10 - 100 ms	20 - 1300 MB	4-40 DM/MB	ja	nein	wahlfrei
Diskette	100 - 350 ms	0,3 - 1,5 MB	1,5-15 DM/MB	ja	nein	wahlfrei
Magnet-band	1 s - 30 min	5 - 50 MB	0,5-1 DM/MB	ja	nein	sequentiell
optische Platte	50 - 250 ms	100 MB - 5 GB	0,1-0,5 DM/MB	nein	nein	wahlfrei

Stand: 1993

Abb. 3-1-13: Speichermedien im Vergleich

3.1.5 Ein-/Ausgabe

Nachdem in den vorhergehenden Abschnitten die einzelnen Hardware-Elemente eines Rechners erläutert wurden, geht es in den folgenden beiden Abschnitten um die Verbindung von Hardware-Elementen untereinander und um ihre Verbindung zur "Außenwelt" bzw. benachbarten Rechnern.

Dazu werden in diesem Abschnitt die wichtigsten Verfahren und Einrichtungen zur Ein-/Ausgabe von Daten, Befehlen etc. zusammengestellt. Im nächsten Abschnitt wird dann erläutert, wie sich die verschiedenen Elemente untereinander verknüpfen lassen.

Organisation der Ein-/Ausgabe

Die einfachste Form der Organisation der Ein-/Ausgabe erfolgt über nicht überlappende Operationsabläufe (Abb. 3-1-14). Die Zentraleinheit eines Rechners überwacht daher direkt die Ein- und Ausgaben. Natürlich war dieses Prinzip nur bei den ersten beiden Rechnergenerationen üblich, denn die in Abb. 3-1-14 dargestellte

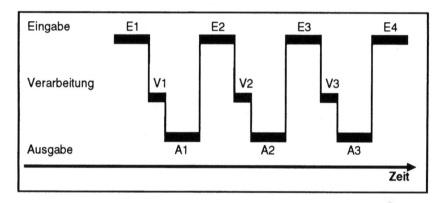

Abb. 3-1-14: Grundoperationen bei der Ein-/Ausgabe

Organisationsform blockiert die Zentraleinheit im wesentlichen durch die langsamen Ein- und Ausgaben (ca. 99 %).

Neben der ständigen Verbesserung der Arbeitsgeschwindigkeit der Ein-/Ausgabegeräte gibt es eine Reihe struktureller Maßnahmen, um die Zentraleinheit eines Rechners nicht mit Ein-/Ausgaben zu blockieren, so z.B.
- Pufferspeicher zwischen Zentraleinheit und Ein-/Ausgabeeinheit,
- kanalgesteuerte Ein-/Ausgabe und
- Nutzung höherer Rechner-Betriebsarten.

Pufferspeicher zwischen Zentraleinheit und Ein-/Ausgabeeinheit

Beim Prinzip der Pufferung werden beispielsweise die einzugebenden Datenmengen zunächst in einem in das Eingabegerät logisch integrierten Pufferspeicher "langsam" transferiert und zu Datenblöcken gebündelt (Abb. 3-1-15). Der Transfer zwischen dem Pufferspeicher und der Zentraleinheit kann dann "schnell" erfolgen, da hierbei nur Datenblöcke von einem Speicher in einen anderen übertragen werden müssen.

Allerdings tritt jetzt ein Koordinationsproblem auf. Wann wird der Pufferspeicher gefüllt bzw. geleert? Wer entscheidet das? Wie können zwei Eingaben gleichzeitig erfolgen? Die hierzu erforderliche *Prioritätensteuerung* kann prinzipiell

- programmgesteuert oder
- unterbrechungsgesteuert

erfolgen. Im ersten Fall "entscheidet" das in der Zentraleinheit ablaufende Programm, wann die Ein-/Ausgabeeinheiten bedient werden - im zweiten Fall "unterbricht" eine externe Ein-/Ausgabeanforderung den Ablauf in der Zentraleinheit (Abb. 3-1-16). Näheres zu unterbrechungsgesteuerten Programmen wird im Kapitel 3.2 behandelt.

Kanalgesteuerte Ein-/Ausgabe

Rechner der dritten und vierten Generation verwenden für die Ein-/Ausgabe häufig das sogenannte *Kanalprinzip*. Dabei werden neben dem Steuerwerk des Prozessors der CPU getrennte (dezentrale) *Ein-/Ausgabe-Prozessoren* eingesetzt (vgl. Abb. 3-1-4). Solche E/A-Steuerwerke können damit *parallel* zum Steuerwerk der CPU Ein- und Ausgabe-Programme steuern (Abb. 3-1-17).

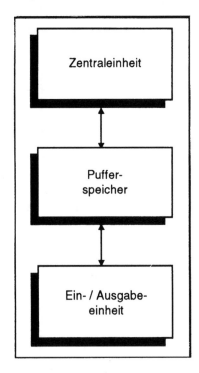

Abb. 3-1-15: Gepufferte Ein-/Ausgabe

Für eine programmgesteuerte Ein-/Ausgabe könnte die Arbeitsteilung z.B. so aussehen:

Steuerwerk (CPU)	-	trifft in laufendem Programm auf eine E/A-Anweisung und leitet diese ein.
E/A-Steuerwerk (Kanal)	-	interpretiert die Operation und empfängt die Adresse des Arbeitsspeichers, in der das E/A-Programm (*Kanalprogramm*) zu finden ist,
	-	wählt die vom Kanalprogramm angeforderte Geräteeinheit aus
	-	und gibt eine Steuerinformation an die Gerätesteuereinheit des E/A-Gerätes ab. Anschließend werden die *Daten* transferiert.
Steuerwerk (CPU)	-	arbeitet nach Übergabe der Adresse des E/A-Programms am laufenden Programm *parallel* weiter.
Gerätesteuereinheit	-	koordiniert zwischen dem E/A-Steuerwerk und dem E/A-Gerät.

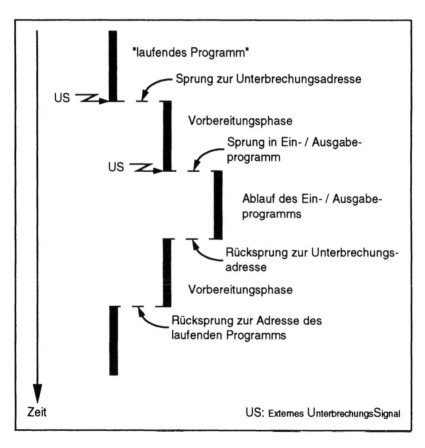

Abb. 3-1-16: Unterbrechungsgesteuerte Ein-/Ausgabe

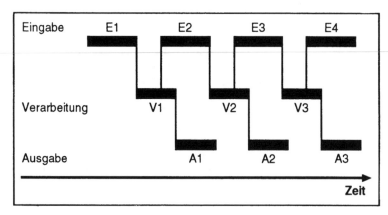

Abb. 3-1-17: Kanalgesteuerte Ein-/Ausgabe

| E/A-Gerät | - | setzt transferierte Daten um (z.B. Ausgabe auf einem Drucker). |
| E/A-Steuerwerk | - | unterbricht nach Ablauf des E/A-Programms das Steuerwerk (CPU) mit einer "Fertigmeldung". |

Für die Organisation des E/A-Steuerwerks gibt es mehrere Varianten. Bei einem *Selektorkanal* werden mehrere E/A-Geräte an *ein* E/A-Steuerwerk angeschlossen, das blockweise *(burst-mode)* nacheinander die einzelnen E/A-Geräte bedient. Dabei wird eine Transferrate von 0,3 bis 1,9 MB/s erreicht.

Bei einem *Multiplexkanal* werden die verschiedenen E/A-Geräte in kurzen Zyklen nacheinander bedient, so daß der *"Eindruck"* einer parallelen Bedienung entsteht. Wird pro Zyklus 1 Byte übertragen, so erreicht man Transferraten bis zu 200 KB/s. Werden pro Zyklus längere, fest vereinbarte Blöcke übertragen, können bis zu 3 MB/s erreicht werden, also ggf. mehr als mit einem Selektorkanal *variabler* "Blocklänge".

Nutzung höherer Rechnerbetriebsarten

Auch mit dem Kanalprinzip ergeben sich immer noch erhebliche Risiken, daß die Zentraleinheit im wesentlichen mit Ein-/ Ausgaben beschäftigt ist. Weitere Verbesserungen lassen sich durch Nutzung
- des multi programming,
- des Mehrprozessorbetriebs und
- dezentraler Rechnerverbundnetze

erreichen. Beim *multi programming* werden in der Zentraleinheit mehrere Programme im Multiplex-Verfahren bearbeitet. Bei *Mehrprozessorenbetrieb* sind an den Arbeitsspeicher mehrere CPU-Prozessoren angeschlossen. Bei *dezentralen Rechnerverbundnetzen* werden Ein-/Ausgaben weitgehend an selbständige Rechner delegiert. Nähere Ausführungen hierzu befinden sich in Kapitel 3.2.

Wer gibt - Wer nimmt?

Bevor wir einzelne Ein-/Ausgabeeinheiten behandeln, sollten wir beachten, daß Rechner

- mit anderen Rechnern,
- mit Menschen und
- mit Maschinen und Anlagen,

also mit drei unterschiedlichen Umwelten, kommunizieren. Entsprechend gestaltet sich diese Kommunikation unterschiedlich aufwendig.

Für die Kommunikation mit *anderen Rechnern* bedarf es umfangreicher Netze, die mit Hilfe von *Bussen* einen Datenaustausch gewährleisten. Dieser Aspekt wird in Abschnitt 3.1.6 und 3.5.6 näher behandelt und deshalb hier nicht weiter verfolgt.

Die "Kommunikation" mit dem *Menschen* ist aus Sicht eines Rechners besonders "aufwendig", obwohl ein Rechner ja nur dazu da sein sollte, dem Menschen zu dienen. Für die Eingabe sind hierzu

- Tastaturen,
- Digitalisierer (z.B. Maus, Lichtgriffel ...),
- optische Mustererkennungsverfahren (z.B. Handschrift) und
- Spracherkenner (akustische Mustererkennungsverfahren)

von Bedeutung. Die Ausgabeeinheiten können in

- Bildschirme,
- Drucker und
- Sprach- bzw. Signalausgabe

eingeteilt werden.

Für die Kommunikation mit *Maschinen und Anlagen* müssen Kraft-, Weg- oder Lichtsignale zunächst in digitale Signale umgewandelt werden. So können sie in binärer Form vom Rechner verstanden werden. Umgekehrt wird binärer Code vom Rechner in Kraft-, Weg- und Lichtsignale umgewandelt. Das gesamte damit zusammenhängende Feld der Meß- und Sensortechnik auf der einen Seite und der Steuerungs- und Antriebstechnik auf der anderen Seite ist nicht Gegenstand dieser Vorlesung. Alle diese Umformungen haben jedoch eines gemeinsam: Die analogen Signale einer Maschine oder Anlage müssen digitalisiert werden (Analog-Digital-Umsetzung, ADU) bzw. umgekehrt (Digital-Analog-Umsetzung, DAU). Deshalb wird der häufigste Fall der Umsetzung analoger *elektrischer* Signale in digitale Signale und umgekehrt behandelt.

Eingabeeinheiten

Tastaturen

Historisch gesehen wurden über Tastaturen zunächst Lochstreifen oder Lochkarten (Abb. 3-1-18) als Zwischenträger erzeugt. Dabei sind Lochstreifen in der Regel binär codiert. Lochkarten dagegen haben eine speziellen *nicht* binären Code.

In der Regel werden heute die Tastatureingaben direkt auf einem Bildschirm visualisiert. Die Tastaturen verwenden entweder die internationale ASCII-Norm (vgl. Ausgabeeinheiten) oder die nationale DIN-Norm (nach der zweiten Tastenreihe auch QWERTZ-Norm genannt).

Digitalisierer

Immer größere Bedeutung für die Eingabe gewinnen die sogenannten Digitalisierer. Dabei wird mit Hilfe

- eines Taststiftes,
- eines "Balls" (Trackball) oder
- einer "Maus"

eine Handbewegung in eine Positionsveränderung eines Fadenkreuzes auf einem Bildschirm umgesetzt (Abb. 3-1-19). Die Position des Fadenkreuzes (Cursor) wird vom Rechner "erfaßt" und in einen entsprechenden Befehl umgesetzt.

Optische Mustererkennungsverfahren

Natürlich wäre es am elegantesten, wenn der Rechner gleich die menschliche Handschrift lesen könnte. Doch dies erweist sich als fast unlösbares Problem. Erzeugt der Mensch allerdings bestimmte genormte Muster, dann stellt eine Einabe in den Rechner kein unüberwindbares Problem dar, weil ja dann feste und präzise Regeln der Interpretation vereinbart sind. Wichtige Verfahren sind
- maschinenlesbare (und durch Menschen lesbare) genormte Schriften,
- maschinenlesbare (und durch Menschen i.d.R. *nicht* lesbare) Zeichencodes und
- Handschrift-Zeichen-Erkenner.

Die verbreiteteste *maschinenlesbare genormte Schrift* ist die OCR-Schrift, die z.B. auf allen Schecks und Überweisungen verwendet wird (Abb. 3-1-20).

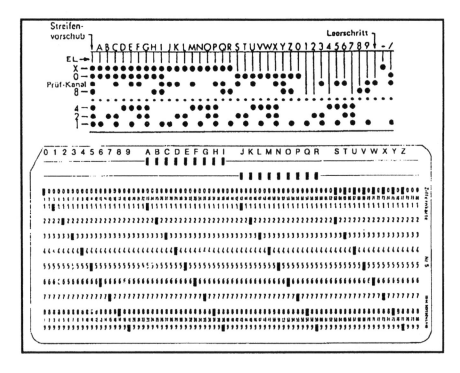

Abb. 3-1-18: 8-Kanal-Lochstreifen und Lochkarte

Ein typischer Verteter der *maschinenlesbaren Zeichencodes* ist der Strichcode, der z.B. im Lebensmittelbereich zu finden ist (Abb. 3-1-21). Der eigentliche Eingabevorgang beschränkt sich dabei für den Menschen auf den Mustererkennungsprozeß "Wo ist der Strichcode?" und die anschließende Verwendung eines lichtempfindlichen Taststifts. Gerade an einem solchen Vorgang wird deutlich, daß der Gestaltung des Arbeitsplatzes dieser Mensch-Rechner-Schnittstelle eine besondere Bedeutung zukommt, um einen reinen "Lichtgriffel"-Arbeitsplatz zu vermeiden (vgl. hierzu Kapitel 3.6).

Ein *Handschrift-Zeichenerkenner* arbeitet nach dem Prinzip, zunächst ein vorliegendes Muster in einzelne Punkte zu zerlegen und nach dem 0-1-Prinzip zu entscheiden, ob der Punkt vorhanden oder nicht vorhanden ist. Anschließend wird mit einem Vorrat an Mustern verglichen, ob z.B. die handgeschriebene Zwei den abgespeicherten möglichen Mustern für eine Zwei genügend ähnelt (vgl. auch Expertensysteme in Abschnitt 3.5.4).

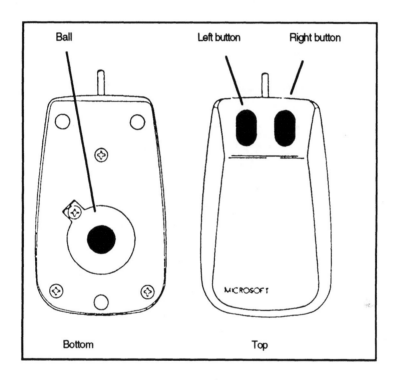

Abb. 3-1-19: Eingabegerät "Maus" (nach Schumny)

Abb. 3-1-20: Maschinenlesbarer Code nach DIN 66008

Abb. 3-1-21: Maschinenlesbarer Zeichencode

Akustische Mustererkennungsverfahren am Beispiel Spracherkenner

Am einfachsten wäre es, wenn ein Rechner direkt auf das gesprochene Wort reagieren würde. Menschliche Sprache ist aber (Gott sei Dank) nicht durch feste und präzise Regeln vollständig beschreibbar. Allerdings sind bereits sprecherunabhängige Spracherkenner im Einsatz, die bis zu 250 festgelegte und nicht verbunden gesprochene Worte nach einer kurzen Einlernphase "erkennen" können. (Abb. 3-1-22).

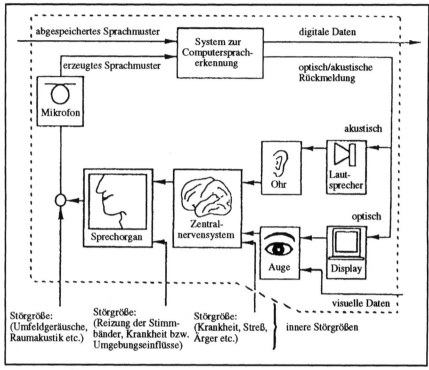

Abb. 3-1-22: Regelkreis zur Spracherkennung

Ausgabearten

Für die Ausgabeeinheiten kann man zunächst die Ausgabearten
    alphanumerisch,
    graphisch und
- sprachlich
unterscheiden.

Codierung alphanumerischer Zeichenketten

Bei alphanumerischen Ausgaben müssen Zeichenketten verarbeitet werden. Dabei
tritt das Problem auf, nach welchen Regeln die als Ergebnis einer Berechnung erzeugten Maschinenbefehle codiert werden, um dann als alphanumerische Zeichenketten ausgegeben werden zu können (entsprechendes gilt natürlich für die Eingabe).
Dazu gibt es eine algebraische Codierungstheorie, mit deren Hilfe effizient codiert
und Fehler bei der Codierung in vielen Fällen erkannt werden können.

Mit einem n-stelligen Binärcode können prinzipiell 2^n verschiedene Codeworte
dargestellt werden. Soll der Code jedoch eine Fehlererkennung ermöglichen, so sind
einige Codeworte nicht erlaubt.

Als Beispiel dienen zwei 3-stellige Binärcodes, die eine einfache Fehlererkennung
enthalten:

mögliche Codeworte	gültige Code 1	Codeworte Code 2
000	000	
001		001
010		010
011	011	
100		100
101	101	
110	110	
111		111

Die Fehlererkennung wird dadurch erreicht, daß sich alle Elemente des Codes jeweils um mindestens zwei Bit-Stellen voneinander unterscheiden. Sind zwei übertragene oder abgespeicherte Worte um nur eine Bit-Stelle verschieden, so ist ein Fehler erkannt. Dem Code wird die Hamming-Distanz 2 zugeordnet. Die Hamming-Distanz beschreibt die Anzahl der unterschiedlichen Bit-Stellen zwischen zwei Codeworten bzw. innerhalb eines Codes die minimale Distanz zwischen allen Worten. Ist eine Fehlerkorrektur erwünscht, so benötigt man einen Code mit größerer Hamming-Distanz. Eine Übersicht über verschiedene Hamming-Distanzen bietet Abb. 3-1-23.

Datensicherheit bedeutet also auch: höherer Speicherplatzbedarf oder längere Übertragungszeiten.

Codierungen kann man mit
- graphischen Methoden (z.B. Codebaum),
- logischen Beziehungen,
- algebraischen Methoden oder
- Wertetabellen

zusammenstellen. Für die alphanumerischen Zeichenketten braucht man dabei

HAMMING - Distanz	Bedeutung
1	Eindeutigkeit
2	Einzelfehlererkennung
3	Doppelfehlererkennung Einzelfehlerkorrektur
4	Dreifachfehlererkennung Einzelfehlerkorrektur
5	Vierfachfehlererkennung Doppelfehlerkorrektur

Abb. 3-1-23: Hamming-Distanzen (nach Ameling)

mindestens
- 26 Großbuchstaben,
- 26 Kleinbuchstaben,
- 10 Ziffern,
- 1 Leerzeichen,
- Ca. 20 Satz-, Sonder- und Steuerzeichen.

Insgesamt sind dies ca. 83 Zeichen. Wegen

$$\log_2 64 = 6 < \log_2 83 = 6,38 < \log_2 128 = 7$$

benötigt man hierfür mindestens 7 Binärstellen. Leider gibt es bis heute keine einheitlichen Normen. Wichtige Codes sind
- der amerikanische ASCII-7 bit-Code (American Standard Code for Information Interchange, Abb. 3-1-24), ein achtes Bit wird häufig zur Darstellung von Graphikzeichen oder für nationale Sonderzeichen genutzt,
- der europäische Fünfkanal-Fernschreibcode (inzwischen relativ unbedeutend),
- der EBCDIC-Code mit 256 unterschiedlichen Zeichen (Extended Binary Coded Decimal Interchange Code, Abb. 3-1-25).

dezimal	hex	Zeichen	dezimal	hex	Zeichen	dezimal	hex	Zeichen
...	...	...	67	43	C	97	61	a
...	...	...	68	44	D	98	62	b
...	...	...	69	45	E	99	63	c
40	28	(	70	46	F	100	64	d
41	29	)	71	47	G	101	65	e
42	2A	*	72	48	H	102	66	f
43	2B	+	73	49	I	103	67	g
44	2C	,	74	4A	J	104	68	h
45	2D	-	75	4B	K	105	69	i
46	2E	.	76	4C	L	106	6A	j
47	2F	/	77	4D	M	107	6B	k
48	30	0	78	4E	N	108	6C	l
49	31	1	79	4F	O	109	6D	m
50	32	2	80	50	P	110	6E	n
51	33	3	81	51	Q	111	6F	o
52	34	4	82	52	R	112	70	p
53	35	5	83	53	S	113	71	q
54	36	6	84	54	T	114	72	r
55	37	7	85	55	U	115	73	s
56	38	8	86	56	V	116	74	t
57	39	9	87	57	W	117	75	u
58	3A	:	88	58	X	118	76	v
59	3B	;	89	59	Y	119	77	w
60	3C	<	90	5A	Z	120	78	x
61	3D	=	91	5B	[	121	79	y
62	3E	>	92	5C	\	122	7A	z
63	3F	?	93	5D	]	123	7B	{
64	40	@	94	5E	^	124	7C		
65	41	A	95	5F	-	125	7D	}
66	42	B	96	60	`	126	7E	~

Abb. 3-1-24: ASCII-7 bit-Code (Auszug)

dezimal	hex	Zeichen	dezimal	hex	Zeichen	dezimal	hex	Zeichen
128	80	...	176	B0	...	224	E0	\
129	81	a	177	B1	...	225	E1	...
130	82	b	178	B2	...	226	E2	S
131	83	c	179	B3	...	227	E3	T
132	84	d	180	B4	...	228	E4	U
133	85	e	181	B5	...	229	E5	V
134	86	f	182	B6	...	230	E6	W
135	87	g	183	B7	...	231	E7	X
136	88	h	184	B8	...	232	E8	Y
137	89	i	185	B9	...	233	E9	Z
144	90	...	192	C0	{	240	F0	0
145	91	j	193	C1	A	241	F1	1
146	92	k	194	C2	B	242	F2	2
147	93	l	195	C3	C	243	F3	3
148	94	m	196	C4	D	244	F4	4
149	95	n	197	C5	E	245	F5	5
150	96	o	198	C6	F	246	F6	6
151	97	p	199	C7	G	247	F7	7
152	98	q	200	C8	H	248	F8	8
153	99	r	201	C9	I	249	F9	9
160	A0	...	208	D0	}			
161	A1	-	209	D1	J			
162	A2	s	210	D2	K			
163	A3	t	211	D3	L			
164	A4	u	212	D4	M			
165	A5	v	213	D5	N			
166	A6	w	214	D6	O			
167	A7	x	215	D7	P			
168	A8	y	216	D8	Q			
169	A9	z	217	D9	R			

Abb. 3-1-25: EBCDIC-Code (Auszug)

Graphische Ausgabe

Bei einer graphischen Ausgabe müssen die als Ergebnis erzeugten Maschinenbefehle softwaremäßig interpretiert und auf der Ausgabeeinheit punktweise angesteuert werden. Dazu werden die digitalen Signale in entsprechende elektrische oder
mechanische "Wegsignale" umgewandelt. Die dabei auftretende Frage der Oberflächengestaltung der Ausgabe wird in Kapitel 3.6 behandelt. Der prinzipielle Um-
setzungsvorgang von digitalen Signalen in analoge "Wegsignale" entspricht im
Kern den Vorgängen bei der Digital-Analog-Umsetzung.

Sprachausgabe

Die dritte Ausgabeart besteht in der Ausgabe einer künstlich erzeugten Sprache. Der
Codierungsaufwand hierfür ist allerdings erheblich. So benötigt man z.B. für einen
Sprachumfang von ca. 100 Wörtern ca. 4 Mbit. Für kleinere Anwendungen
(Ansagen etc.) ist Sprachausgabe heute durchaus üblich. Beim massenhaften
Einsatz von künstlich erzeugter Sprache wird jedoch die generelle Frage des
Schaffens einer künstlichen Wirklichkeit in der "Beziehung" von Mensch zum
Rechner problematisch werden.

Ausgabeeinheiten

Bildschirme

Das heute am meisten eingesetzte Ausgabemedium ist ein Bildschirmgerät, auf dem punktweise eine Zeile und dann Zeile für Zeile erzeugt wird. Die Auflösung beträgt dabei z.B.
- 560x200   Pixel für einen einfachen Bildschirm (Text),
- 320x200   Pixel für eine einfache Graphik (CGA) und
- 1024x768 für eine hochwertige Graphik (VGA, hochauflösend).

Für den Standardfall der Ausgabe alphanumerischer Zeichen enthält ein Klein-bildschirm Platz für 25x80 Zeichen (2000 Zeichen $\hat{=}$ 2000 Byte), so daß für ein Zeichen ca. 7x7 Pixel zur Verfügung stehen.

Von der technischen Ausführung her ist heute noch die Elektronenstrahlröhre üb-lich. Langfristig werden jedoch integrierte Schaltkreise in Form von
- ladungsgekoppelten Bauelementen (CCD = Charge-Coupled-Device) und
- Metalloxid-Halbleitern (MOS = Metalloxid-Semiconductor)

die Röhrentechnik verdrängen. Diese Halbleiterelemente sind sofort nach dem Ein-schalten einsatzbereit, platzsparend sowie ohne geometrische Verzerrungen und Nachzieheffekte und vollkommen strahlungsfrei. Dabei wird der Frage der arbeits-physiologischen Belastung durch Bildschirmarbeitsplätze eine zunehmende Bedeu-tung zukommen (vgl. Kapitel 3.6).

Drucker

Trotz des massenhaften Einsatzes von Bildschirmen werden Drucker als Ausgabe-medium für die Dokumentation unersetzbar bleiben. Folgende Typen können unterschieden werden:

Typenraddrucker enthalten den erforderlichen alphanumerischen Zeichensatz in mechanischen Zeichen. Das gleiche gilt für *Kettendrucker und Walzen*, auf denen jedoch wesentlich umfangreichere Zeichensätze untergebracht werden können.

Matrix-, Laser-, Thermo- und Tintenstrahldrucker arbeiten nach einem anderen Prinzip. Die alphanumerischen Zeichen werden aus einzelnen Punkten zusammen-gesetzt - analog zum Bildschirm. Damit sind diese Drucker auch graphikfähig.

Plotter arbeiten im Gegensatz zu Matrixdruckern nicht pixelorientiert, sondern vektororientiert. D.h., sie bauen ein Bild aus Linien, nicht aus Punkten auf. Dies wird durch eine geeignete mechanische Ausgabekonstruktion realisiert.

Wegen der Papiermengen werden umfangreiche Ergebnisse häufig auf Mikro- oder Videofilmen dokumentiert. Insbesondere die Übertragung auf genormte Video-schnittstellen (z.B. betacam) ermöglicht eine Weiterverarbeitung von rechner-erzeugten Bildsequenzen und das "Zusammenmischen" von realen und künstlichen Wirklichkeiten (vgl. Abb. 2-6-1).

Kommunikation mit Maschinen und Anlagen

Für die Kommunikation zwischen Rechner und Maschinen bzw. Anlagen treten zwei Probleme immer wieder auf:
- Analoge Signale müssen in digitale umgesetzt werden (ADU).
- Digitale Signale müssen in analoge umgesetzt werden (DAU).

Dies hat sich schon bei den Ausführungen zu Ein-/Ausgabegeräten gezeigt. Im folgenden werden die Überlegungen auf die Umsetzung von elektrischen analogen Signalen in digitale, rechner-interpretierbare Signale (und umgekehrt) beschränkt. Die Umsetzung von elektrischen Signalen in akustische, mechanische, optische etc. soll nicht Thema dieses Buches sein.

Analog-Digital-Umsetzung (ADU)

Gegeben sei eine elektrische Spannung U_m, das umzusetzende analoge Signal. Für die Umsetzung stehen verschiedene Schaltungen zur Verfügung. Eine der einfachsten Umsetzungen arbeitet integrierend nach dem sogenannten Zwei-Rampen-Verfahren (Dual-Slope, Abb. 3-1-26). Dabei wird im ersten Schritt ein Kondensator auf die zu messende Spannung aufgeladen (RC-Glied).

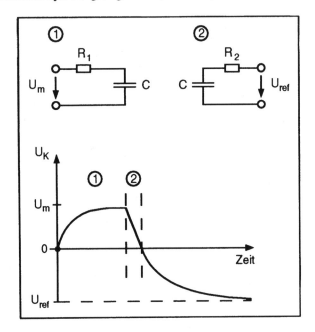

Abb. 3-1-26: DUAL-SLOPE-ADU

Anschließend wird im zweiten Schritt eine negative Referenzspannung U_{ref} angelegt, die so groß ist, daß die Entladung von $U_k=U_m$ bis $U_k=0$ als ungefähr linear betrachtet werden kann. Durch einen mitlaufenden digitalen Zähler kann dann zum Zeitpunkt des Nulldurchgangs ein der Spannung U_m proportionaler Binärcode erzeugt werden. Die sich aus diesem Vorgang ergebende Kennlinie ist für einen 3-bit-Umsetzer in Abb. 3-1-27 dargestellt. Man erkennt, daß bereits bei der idealisierten Kennlinie ein *Quantisierungsfehler* entsteht, der minimal eine halbe Treppenstufe, also 0,5 LSB (lowest significant bit), beträgt.

Hinzu kommt ein *Linearitätsfehler*, bedingt durch den realen Verlauf der Kennlinie. Dieser Fehler kann dazu führen, daß einige Code-Stufen übersprungen werden (*missing codes*).

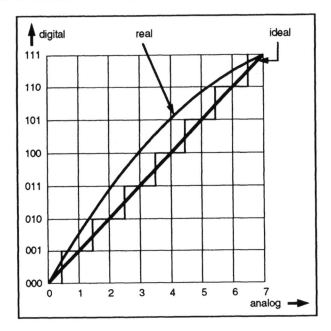

Abb. 3-1-27: Kennlinie eines 3-bit ADU

Ein weiteres Merkmal ist die zur Umsetzung benötigte Zeit T. Man geht i.a. davon aus, daß zwischen zwei digitalisierten Signalen sich das analoge Signal um
weniger als 0,5 LSB ändern darf. Dann erhält man für die maximale Umsetzer-Fre-
quenz bei einem n-bit-Umsetzer

$$f_{max} = \frac{1}{2\pi \cdot 2^n \cdot T}$$

Die Umsetzungszeit von ADUs liegt - je nach Bauart - zwischen 300 ms und
10 ns (Parallelumsetzer). Übliche Auflösungen von ADUs betragen 8 bis 14 bit.

Digital-Analog-Umsetzung (DAU)

Für den umgekehrten Vorgang, die Umsetzung eines n-bit-Wortes in eine analoge
Spannung U_m wird i.a. ein Widerstandsnetzwerk verwendet, bei dem die Größe des
Widerstandes für ein bestimmtes bit umgekehrt proportional zur Zweierpotenz des
n-bit-Wortes ist (Abb. 3-1-28). Die Einschwingzeiten von DAUs liegen zwischen
5 ms und 10 ns. Dabei wird die Zeit gemessen, die der Umsetzer benötigt, um bei
Änderung eines Bit den zu erwartenden analogen Endwert bis auf 0,5 LSB zu
erreichen. Übliche Auflösungen von DAUs liegen ebenfalls zwischen 8 und 14 bit.

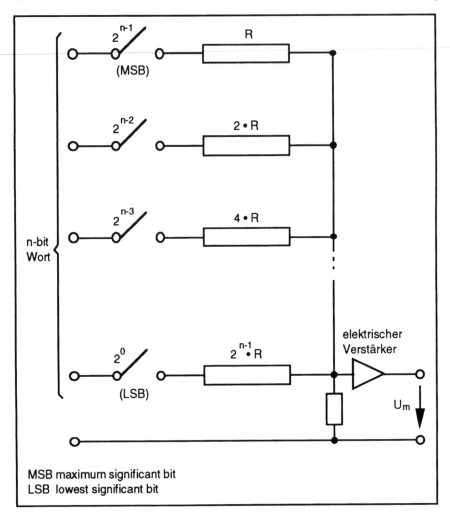

Abb. 3-1-28: Einfacher n-bit-DAU

3.1.6 Schnittstellen und Busse

Die Bedeutung der Schnittstellen eines Rechners und der Systembusse ist bereits im vorhergehenden Abschnitt deutlich geworden. In diesem Abschnitt sollen die wichtigsten standardisierten Schnittstellen und Busse erläutert werden.

Schnittstellen

Schnittstellen zwischen Rechnern bzw. Recherkomponenten können in folgende Betriebsarten unterteilt werden:

- Im *Simplexbetrieb* kann die Schnittstelle nur in einer festgelegten Richtung betrieben werden.
- Im *Halbduplexbetrieb* kann darüberhinaus die Senderichtung gewechselt werden.
- Im *Duplexbetrieb* kann über die Schnittstelle gleichzeitig gesendet und empfangen werden.

Von der Struktur her kann man Schnittstellen in serielle (z.B. V24) und parallele (z.B. Centronics) einteilen. Diese beiden wichtigsten Schnittstellen werden nun kurz beschrieben.

V24-Schnittstelle

Am weitesten ist die V24-Schnittstelle verbreitet (auch RS-232 genannt). In Abb. 3-1-29 sind die wichtigsten Pin-Belegungen eines V24-Steckers und die typische Struktur einer Datenfernübertragung mit V24 dargestellt.

Bei der Übertragung von einer Datenendeinrichtung (DEE, z.B. Rechner) zu einer anderen, werden Datenübertragungseinrichtungen (DÜE, z.B. Modem) eingesetzt. Die V24-Schnittstelle stellt die Verbindung zwischen einer DEE und einer DÜE dar. Direkte Verbindungen zweier DEE sind mit ihr ebenfalls möglich.

Die Übertragungsrate der V24-Schnittstelle beträgt ca. 20 Kbit/s bei einer Reichweite bis maximal 15 m.

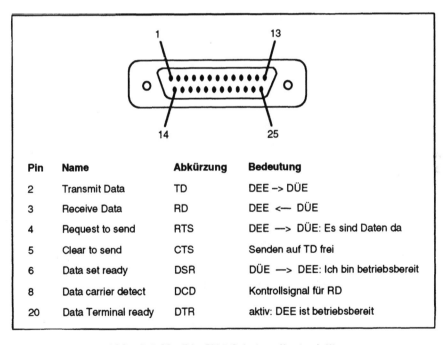

Pin	Name	Abkürzung	Bedeutung
2	Transmit Data	TD	DEE –> DÜE
3	Receive Data	RD	DEE <— DÜE
4	Request to send	RTS	DEE —> DÜE: Es sind Daten da
5	Clear to send	CTS	Senden auf TD frei
6	Data set ready	DSR	DÜE —> DEE: Ich bin betriebsbereit
8	Data carrier detect	DCD	Kontrollsignal für RD
20	Data Terminal ready	DTR	aktiv: DEE ist betriebsbereit

Abb. 3-1-29: Die V24-Schnittstelle (seriell)

Centronics-Schnittstelle

Unter den parallelen Schnittstellen ist die Centronics-Schnittstelle insbesondere als Drucker-Schnittstelle am weitesten verbreitet. Die Funktionen und Pin-Belegungen des 36-poligen Steckers sind in Abb. 3-1-30 dargestellt.

Ein typischer zeitlicher Verlauf einer Datenübertragung ist in Abb. 3-1-31 darge-stellt. In der Regel werden die parallelen Daten im ASCII-Format byteweise über-tragen. Nachdem ein Datum mit 7 oder 8 bit an den Datenleitungen anliegt, meldet der Computer mit dem Strobe-Signal, daß die Daten übertragbar sind. Der Drucker meldet daraufhin mit dem Busy-Signal, daß er die Daten übernimmt und mit ihrer Verarbeitung beschäftigt ist. Ist die Verarbeitung beendet, erfolgt die zusätzliche Quittierung (Acknowledge) des Druckers an den Computer, worauf dieser das fol-gende Datum auf die Datenleitungen gibt. Im vorliegenden Fall kann die Verar-beitung dieses Datums nicht beendet werden, da dem Drucker das Papier ausgeht.

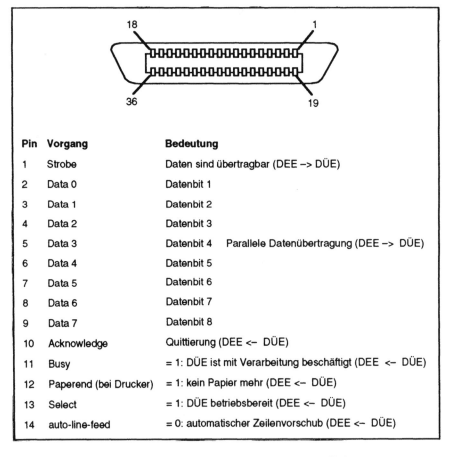

Pin	Vorgang	Bedeutung
1	Strobe	Daten sind übertragbar (DEE –> DÜE)
2	Data 0	Datenbit 1
3	Data 1	Datenbit 2
4	Data 2	Datenbit 3
5	Data 3	Datenbit 4 Parallele Datenübertragung (DEE –> DÜE)
6	Data 4	Datenbit 5
7	Data 5	Datenbit 6
8	Data 6	Datenbit 7
9	Data 7	Datenbit 8
10	Acknowledge	Quittierung (DEE <– DÜE)
11	Busy	= 1: DÜE ist mit Verarbeitung beschäftigt (DEE <– DÜE)
12	Paperend (bei Drucker)	= 1: kein Papier mehr (DEE <– DÜE)
13	Select	= 1: DÜE betriebsbereit (DEE <– DÜE)
14	auto-line-feed	= 0: automatischer Zeilenvorschub (DEE <– DÜE)

Abb. 3-1-30: Centronics-Schnittstelle (parallel)

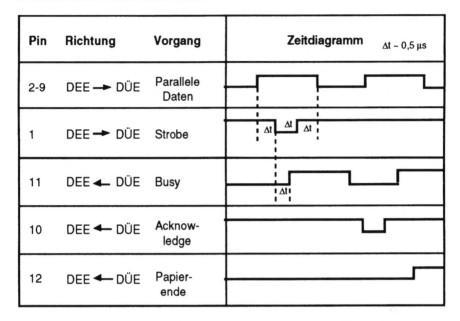

Pin	Richtung	Vorgang	Zeitdiagramm Δt ~ 0,5 µs
2-9	DEE → DÜE	Parallele Daten	
1	DEE → DÜE	Strobe	
11	DEE ← DÜE	Busy	
10	DEE ← DÜE	Acknow-ledge	
12	DEE ← DÜE	Papier-ende	

Abb. 3-1-31: Beispiel einer abgebrochenen Datenübertragung (Centronics-Schnittstelle)

Die Übertragungsrate der Centronics-Schnittstelle beträgt theoretisch 1 MByte/s bei einer maximalen Leitungslänge von 1 m. Viele Druckerhersteller empfehlen eine maximale Leitungslänge von 3 m bei entsprechend geringerer Übertragungsrate.

Busse

Busse unterscheiden sich von "Schnittstellen" dadurch, daß sie *mehrere* Rechner bzw. Rechnerkomponenten *gleichzeitig* miteinander verbinden können. Der Datentransfer kann auch hier wieder *seriell* oder *parallel* erfolgen. Die Verbindungsstrukturen lassen sich in
- allgemeine Verbindungen,
- Ringverbindungen und
- Sternverbindungen

unterteilen. Zwei wichtige und verbreitete Standardbusse, der IEC-Bus und der VME-Bus werden im folgenden beschrieben. Einige anwendungsspezifische Bus-Netze - etwa für die Produktionstechnik - werden dagegen erst in Abschnitt 3.5.6 behandelt.

IEC-Bus

Der von Hewlett Packard entwickelte IEC-Bus hat sich als Standard-Schnittstelle für programmierbare Meßgeräte durchgesetzt (IEEE-488). Abb. 3-1-32 zeigt den 24-poligen Standard-IEC-Stecker. Bis zu 14 Anschlußgeräte können mit dem IEC-Bus sternförmig verknüpft werden.

Pin	Name	
1	Data 0	
2	Data 1	
3	Data 2	
4	Data 3	
5	End of Identity	(EOI)
6	Data valid	(DAV)
7	Not ready for Data	(NRFD)
8	Not Data accepted	(NDAC)
9	Interface clear	(IFC)
10	Service request	(SRQ)
11	Attention	(ATN)
12		
13	Data 4	
14	Data 5	
15	Data 6	
16	Data 7	
17	Remote enable	(REN)

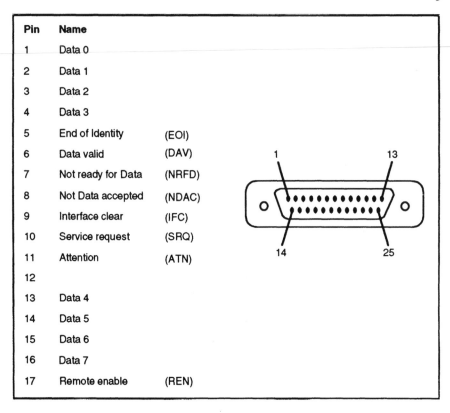

Abb. 3-1-32: IEC-Stecker

Zum "Handshake" werden die Signale DAV, NDAC und NRFD benötigt. Dabei muß jedes übertragene Zeichen quittiert werden. Die Empfangsbestätigung wird erst abgegeben, wenn alle adressierten Empfänger den Empfang gemeldet haben. Auf dem IEC-Bus kann nur *ein* Teilnehmer senden. Die Übertragungsrate des IEC-Bus liegt zwischen 1 KByte/s und 1 MByte/s bei Entfernungen bis zu 10 m.

VME-Bus

Der VME-Bus (Versa-Module-Europe-Bus) ist eine Weiterentwicklung von Motorola und wird als flexibler 8-, 16- oder 32-Bit-Bus mit 64- und 96-poligen DIN-Steckern eingesetzt.

Daneben gibt es den seriellen VMS-Bus und einen Erweiterungsbus VSB, die beide in das genormte *VME-System* gehören. Eine typische Verknüpfung mit dem VME-System zeigt Abb. 3-1-33. Das VME-System wird heute von über 200 großen Herstellern verwendet. Die Übertragungsrate des VME-Systems beträgt bis zu 400 Mbit/s bei Entfernungen bis zu 10 m.

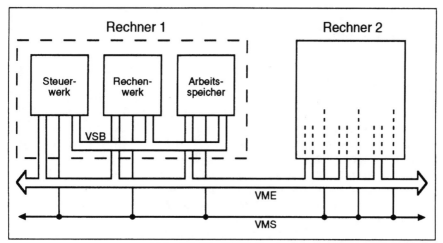

Abb. 3-1-33: VME-System

3.2 Rechner-Betriebsarten

3.2.1 Überblick

Die Zusammenstellung der Hardware-Bestandteile eines Rechners (Kapitel 3.1) hat sich als aufwendig erwiesen. Es zeigte sich, daß bereits für die einfachen Operationen, Verschiebungen und Datenübertragungen in der 0-1-Welt umfangreiche Vorkehrungen getroffen werden müssen. Nachdem wir nun wissen,
- was im Inneren eines Rechners - der Zentraleinheit - vor sich geht,
- wie die wichtigsten Speichermedien aufgebaut sind,
- wie Ein- und Ausgabeeinheiten an Rechner angeschlossen werden können und schließlich
- wie diese einzelnen Baugruppen, Rechnerelemente und Rechnergruppen miteinander durch Schnittstellen und Busse verbunden werden,

sollten wir uns aus dem "Dickicht" von Hardware-Details auf unserem Parabel-Weg ein weiteres Stück "nach oben" begeben (vgl. Abb. 1-6). Im folgenden Kapitel wollen wir uns nun mit der Frage beschäftigen, mit welchen Betriebsarten ein Rechner arbeiten kann, um die vorhandene Zeit und seine eigenen Ressourcen günstig zu nutzen.

Dabei haben wir bisher nicht explizit erwähnt, daß ein Rechner nur betriebsfähig ist, wenn er mit einer internen Uhr alle Abläufe "taktet". Dies ergibt sich schon zwangsläufig aus dem geordneten Betrieb seiner Elementarspeicher, den Flip-Flops (vgl. Abb. 2-5-16).

Unter Betriebsarten wollen wir im folgenden die Organisationsformen bezeichnen, mit denen ein Rechner die Programme der Anwender bearbeitet.

Die verschiedenen Betriebsarten sind im Laufe der Entwicklung neuer Rechnerstrukturen immer komplexer geworden. Eine Merkmalsanalyse nach Dworatschek ergibt 16 Kombinationen (Abb. 3-2-1), die in weiteren Dimensionen den Teilnehmerbetrieb bzw. den Operateurbetrieb sowie den Betrieb mit oder ohne Kopplung mit weiteren Rechner in einem Netz enthalten. Ein Operateur ist in diesem Zusammenhang eine Person, die Programme z.B. in Gestalt von Lochkarten entgegenmimmt, deren Verarbeitung mit dem Rechner durchführt und Ergebnisse wiederum in Form von Lochkarten oder bedrucktem Papier dem Anwender übergibt. Diese Betriebsart ist mittlerweile, bis auf wenige Ausnahmen, durch den Teilnehmerbetrieb verdrängt worden. Hier haben die Anwender direkten Zugriff auf den zentralen Rechner mittels angeschlossener Datenstationen. Derartige Datenstationen bestehen mindestens aus einer Tastatur und einem Monitor, besitzen heute jedoch zunehmend zusätzliche dezentrale Rechenkapazität.

In den folgenden Abschnitten soll nun - mit wachsender Komplexität - auf folgende Betriebsarten eingegangen werden:
- Stapelverarbeitung (batch processing),
- Mehrprogramm-Betrieb (multi tasking),
- Echtzeitverarbeitung (real time processing),
- Mehrprozessoren-Betrieb (multi processing) und Rechner-Verbundnetze.

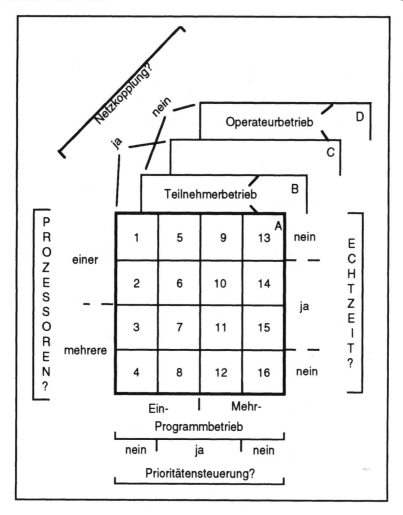

Abb. 3-2-1: Merkmalsanalyse von Rechnerbetriebsarten (nach Dworatschek)

3.2.2 Stapelverarbeitung

Bei der Stapelverarbeitung (batch processing) werden die Programme *nacheinander* und *einzeln* abgearbeitet. Folgende Betriebsarten sind dabei von Bedeutung (vgl. Abb. 3-2-2):

Batch Processing ohne Prioritäten

Die Stapelverarbeitung ohne Prioritäten war früher die Standard-Arbeitsweise kleinerer Rechenzentren. Die Nutzer haben dabei die Rechenanlage nicht selbst bedient (Betriebsart: D1).

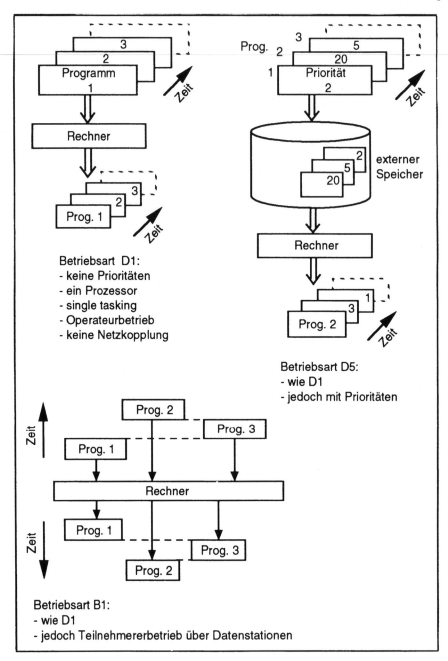

Abb. 3-2-2: Stapelverarbeitung

Batch Processing mit Prioritäten

Die Stapelverarbeitung kann durch eine vorgelagerte Prioritätensteuerung verbessert werden, indem in einem externen Speicher die abzuarbeitenden Programme aufgenommen und nach Prioritäten sortiert werden (Betriebsart: D5).

Remote Batch Processing

Durch den Einsatz von Endgeräten können die Aufträge über verschiedene "Stationen" (remote) eingegeben werden (Stations-Auftragseingabe = remote job entry). Es handelt sich dann um Teilnehmerbetrieb (Betriebsart-Gruppe B anstelle von D). Dies läßt sich wiederum ohne Prioritäten (Betriebsart B1, Abb. 3-2-2) und mit Prioritäten (Betriebsart B5, ohne Abb.) organisieren. Dabei können die Antwortzeiten für die Nutzer sehr hoch werden.

3.2.3 Multitasking (Mehrprogrammbetrieb)

Die Stapelverarbeitung machte deutlich, daß die Reduzierung der subjektiven oder objektiven Belastung der Teilnehmer ein wichtiges Thema ist. Für die subjektive Verbesserung eignen sich Zeitscheibenverfahren (time sharing), für die objektive Verbesserung eine verbesserte Geräteausnutzung der Ein-/Ausgabe, die eine verbesserte Ausnutzung der Zentraleinheit zur Folge hat (multi programming). Bei beiden Betriebsarten nimmt der Teilnehmer subjektiv wahr, daß mehrere Aufgaben vom Rechner "gleichzeitig" erledigt werden.

Time Sharing

Beim time sharing werden n laufende Programme so bedient, daß innerhalb eines Zeitzyklus T jeder Teilnehmer eine "Zeitscheibe" der Größe $t = T/n = 0,1...1$ s erhält (Abb. 3-2-3). Dies entspricht den Betriebsarten 13 bis 16 (Zeitteilung ohne Prioritäten).

Multi Programming

Beim multi programming wird auf die in Abschnitt 3.1.5 eingeführte Kanalsteuerung für Ein-/Ausgaben zurückgegriffen (Abb. 3-1-17) und mit einer Prioritätensteuerung verknüpft (Betriebsarten 9 bis 12).

Eine vereinfachte Regel für die Belegung der Zentraleinheit lautet dann: Die Zentraleinheit wird freigegeben, wenn

- das laufende Programm eine Ein-/Ausgabe-Einheit benötigt *oder*
- ein Programm mit höherer Priorität die Zentraleinheit in Anspruch nehmen will.

Zeiten werden hier also nicht mehr wie beim time-sharing fest vergeben, sondern ergeben sich aus der jeweils aktuellen Situation.

In Abb. 3-2-4 wird dazu eine Stapelverarbeitung mit multi programming verglichen. Es ist zu erkennen, daß der Zeitgewinn für die Teilnehmer und für die Zentraleinheit erheblich ist.

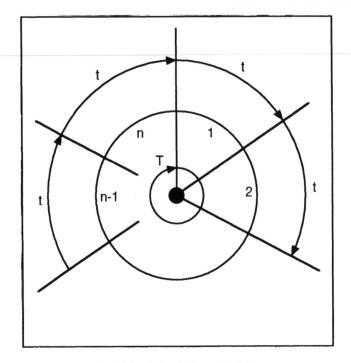

Abb. 3-2-3: Zeitscheiben-Verfahren

Allerdings ist auch der "Verwaltungsaufwand" für die Zentraleinheit groß. So muß z.B. an der in Abb. 3-2-4 mit C markierten Stelle der aktuelle Zustand des Programms 2 "unterbrochen" werden, wie wir das bereits bei der Unterbrechung für Ein-/Ausgaben kennengelernt haben. Dazu müssen alle Detailzustände der Zentraleinheit vorübergehend "ausgelagert" werden: Adressen, Inhalte des Akkumulators, Befehlszähler, Inhalte der Register, alle Inhalte der Variablen usw. Außerdem darf das Programm 2 nur so unterbrochen werden, daß es sich in einem definierten Zustand befindet, von dem aus es später weiterbetrieben werden kann.

Offensichtlich ist hier auf einer "höheren" Ebene Organisationsaufwand erforderlich. Die bisher dargestellten Hilfsmittel reichen hierfür nicht aus. Dies übernimmt das sogenannte *Betriebssystem* eines Rechners, das auf unserem Parabel-Weg "Von der Hardware zur Problemlösung" im nächsten Kapitel (3.3) behandelt wird.

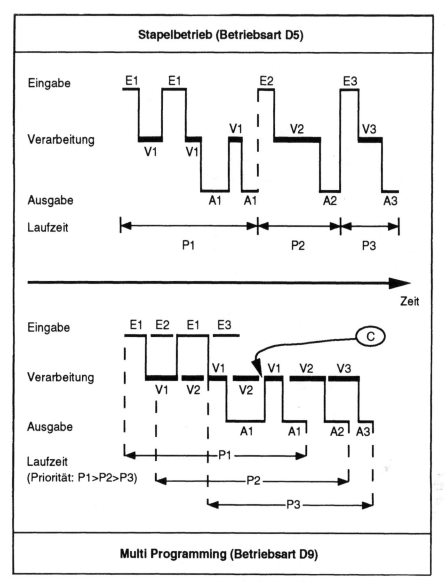

Abb. 3-2-4: Vergleich von Stapelverarbeitung und Multi Programming

3.2.4 Echtzeitverarbeitung

Bisher war es in unseren Überlegungen der Zentraleinheit selbst oder den Ein- und Ausgabeeinheiten vorbehalten, laufende Programme wegen "höherer Prioritäten" zu unterbrechen. Der Rechner war bisher Herr seiner selbst und alle anderen mußten sich ihm "unterordnen".

Bei der sogenannten Echtzeitverarbeitung (*real time processing*) ist das anders: Hier geben externe, an den Rechner angeschlossene Anlagen und Maschinen den Ton an. Dabei darf die externe Unterbrechung natürlich im Inneren des Rechners nicht alles durcheinanderbringen, denn sonst hat die angeschlossene Maschine nichts davon.

Zeitkritische Prozesse erfordern Echtzeitverarbeitung. Damit diese Prozesse ihre Aufgabe erfüllen können, muß das Rechnersystem ihnen Reaktions- und Verarbeitungszeiten garantieren. Im Falle des multi programming nach Abb. 3-2-4 müssen für den Echtzeit-Betrieb dann alle drei laufenden Programme und ggf. auch die Ein- und Ausgabevorgänge unterbrochen werden können. Nimmt man dann noch an, daß zahlreiche externe Prozesse zeitkritisch "an den Rechner müssen", dann wird deutlich, daß die rechnerinterne Steuerung alles andere als trivial ist. Die dafür erforderlichen *Echtzeitbetriebssysteme* kennen deshalb häufig bis zu ca. 256 *Unterbrechungspunkte (interrupts)*.

Echtzeitverarbeitung fällt bei einer Fülle von Aufgaben im Maschinenbau und der Verfahrenstechnik an, z.B.:

- In einem Klärbecken verändert sich - bedingt durch nichtlineares Verhalten - der pH-Wert oft innerhalb von Sekunden erheblich. Wenn der angeschlossene Rechner nicht sofort reagieren kann, "kippt" das Klärbecken, und die pH-Wert-Regelung bricht zusammen.
- Bei Antikollisionssystemen für Schienenfahrzeuge, die z.B. gegenläufig auf dem gleichen Gleis Rangierfahrten durchführen, müssen z.B. Notbremssignale innerhalb von Sekundenbruchteilen ausgelöst werden können.
- Bei der Frequenzregelung eines elektrischen Stromnetzes müssen kleinste Frequenzabweichungen in Sekundenbruchteilen stabilisiert werden, um ein stabiles Netz zu gewährleisten.
- Bei der Qualitätskontrolle in einem Zementdrehrohrofen sind die darin ablaufenden chemischen Prozesse so empfindlich, daß z.B. die Dynamik der Temperaturentwicklung in kleinsten Schritten zeitgenau geregelt werden muß.
- Bei einer Walzstraße muß z.B. die Walzspaltregelung aufgrund der hohen Durchlaufgeschwindigkeit extrem schnell erfolgen.
- Bei der automatischen Lageregelung eines Flugzeuges müssen Lageänderungen im Millisekundenbereich erfaßt und entsprechende Stellverfahren angesteuert werden können.

Die Reihe dieser Beispiele mag genügen, um deutlich zu machen, welche Bedeutung der Echtzeitverarbeitung zukommt. Dabei zeigen alle Beispiele ein gemeinsames Merkmal: Es handelt sich um geschlossene Abläufe, in denen der Rechner die Regelung eines technischen Prozesses übernimmt. Man spricht deshalb bei Rechnern, die Interrupts externer Prozesse verarbeiten können, von *Prozeßrechnern*.

Bei langsam ablaufenden externen Prozessen, wie z.B. dem Schalterbetrieb einer Bank, liegt ebenfalls eine Echtzeitverarbeitung vor. Diese benötigt jedoch keine

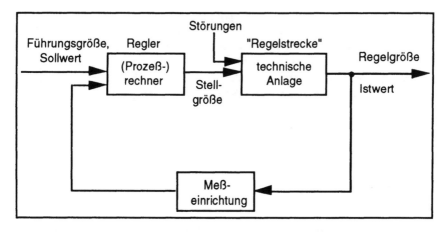

Abb. 3-2-5: Prozeßregelung (nach DIN 19226)

Interrupt-Struktur, da der externe Prozeß ja "ein bißchen" warten kann (s. *Quasi-Echtzeitverfahren*). Echtzeitfähigkeit eines Rechners ist somit eine vom jeweiligen Anwendungsfall abhängige, sehr relative Aussage.

Die allen genannten Beispielen gemeinsame rückgekoppelte Wirkungsstruktur ist in Abb. 3-2-5 dargestellt.

Dabei findet häufig in den Meßeinrichtungen eine Analog-Digital-Umsetzung des Istwertes der Regelgröße statt. Als Stellgröße liefert der Regler ein bereits digital-analog umgesetztes Signal, z.B. für einen Schrittmotor. Zur Behandlung solcher Regelkreise sei auf Veranstaltungen bzw. Literatur zum Thema Regelungstechnik verwiesen.

Für unsere Zwecke genügt es, daß wir uns mit dem Kernproblem auseinandersetzen: Schafft es der Rechner in der vorgegebenen Zeit, die erforderlichen Daten zeitgenau aufzunehmen und zeitgenau auszugeben? Die dazu erforderlichen Einrichtungen zur Analog-Digital- und Digital-Analog-Umsetzung haben wir bereits kennengelernt. Nun wollen wir uns in drei Schritten dem Echtzeitprozeß zuwenden:
- Behandlung mit einer Quasi-Echtzeitverarbeitung,
- Interrupt-Echtzeitverfahren und
- "Wenn es noch schneller gehen muß...".

Quasi-Echtzeitverfahren

Bei Quasi-Echtzeitverarbeitung kann der Prozeß sich nicht selbst Zugriff auf den Rechner verschaffen. Das Rechnersystem sieht keine externe Unterbrechung (interrupt) vor, sondern organisiert selbst die Verarbeitung der Prozeßdaten. Ob ein Quasi-Echtzeitverfahren reicht, hängt von der erforderlichen Meß- und Stellgenauigkeit sowie der Verarbeitungsgeschwindigkeit des Rechners ab. Dazu gehen wir von einem Rechner der Betriebsart B9 aus (Abb. 3-2-1), also einem Rechner
- ohne Netzkopplung,
- mit *einem* Prozessor,
- mit Prioritätensteuerung,
- mit Mehrprogramm-Betrieb (multi programming) und
- ohne Echtzeiteigenschaften, d.h. ohne externe Interrupts.

Der Rechner sei mit einer Anschlußmöglichkeit für eine DAU und einen ADU versehen. Es soll mit dem Programm P1 alle 500 ms mit einer Toleranz von 100 ms eintausendmal der Meßwert v_r eingelesen und entsprechend ein Steuersignal $U_S = U_F - U_R$ abgegeben werden (Abb. 3-2-6). Gleichzeitig werden zwei Programme P2 und P3 vom Benutzer gestartet, welche die abgelegten Daten von U_R für Auswertezwecke verwenden. Das Programm P1 könnte z.B. gemäß Abb. 3-2-7 aufgebaut sein.

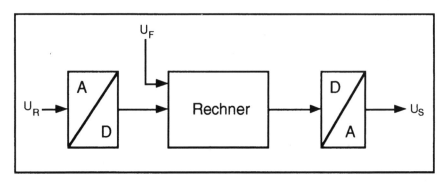

Abb. 3-2-6: Beispiel zur Echtzeitverarbeitung

Beim Programmablauf ohne externe Interruptsteuerung ist entscheidend, daß die Programme P2 und P3 die vorgegebene Toleranz von 100 ms nicht verletzen. Dies muß durch Laufzeitkontrollen sichergestellt werden.

In Abb. 3-2-8 ist ein möglicher zeitlicher Ablauf dargestellt, bei dem P2 die Toleranzbedingungen erfüllt und P3 nicht. Das Zeitdiagramm zeigt, daß die Verarbeitungszeit V2 des Programmes P2 problemlos innerhalb der 500 ms unterzubringen ist und der 2. Meßwert zeitgenau erfaßt wird.

Die Unterbrechung durch das Programm P3 dauert jedoch so lange, daß bei der nächsten Abfrage der Uhr (Zeile 18 in Abb. 3-2-7) bereits mehr als 600 ms vergangen sind. Deshalb springt P1 auf Zeile 22, kann aber wegen der höheren Priorität von A3 nicht an die Ausgabe, so daß die Meldung "Abbruch" deutlich verspätet ausgegeben wird.

Der Programmablauf von P1 zeigt, daß z.B. zwischen dem Uhraufruf in Zeile 10 und der Übernahme des aktuellen Wertes U_{Ri} in Zeile 11 sowohl eine gewisse Verarbeitungszeit (ns) der Zentraleinheit als auch die Wandlungszeit (ms) der ADU liegt. Bei erforderlichen Abtastraten von 1 ms wird es dann selbst bei schnellen DAUs in der Zentraleinheit zeitlich sehr knapp.

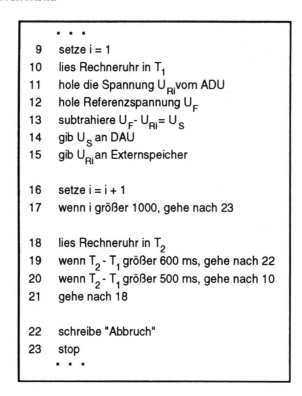

. . .

```
9    setze i = 1
10   lies Rechneruhr in T₁
11   hole die Spannung U Ri vom ADU
12   hole Referenzspannung U F
13   subtrahiere U F - U Ri = U S
14   gib U S an DAU
15   gib U Ri an Externspeicher

16   setze i = i + 1
17   wenn i größer 1000, gehe nach 23

18   lies Rechneruhr in T₂
19   wenn T₂ - T₁ größer 600 ms, gehe nach 22
20   wenn T₂ - T₁ größer 500 ms, gehe nach 10
21   gehe nach 18

22   schreibe "Abbruch"
23   stop
```
. . .

Abb. 3-2-7: Programmauszug (P1) zur Quasi-Echtzeitverarbeitung

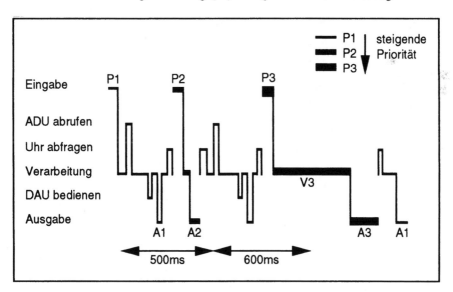

Abb. 3-2-8: Beispiel für den Zeitablauf einer Quasi-Echtzeitverarbeitung

Interruptgesteuerte Echtzeitverarbeitung

Die Koordinations-Risiken bei den Quasi-Echtzeitverfahren lassen sich mit Hilfe einer Steuerung durch externe Interrupts vermeiden. Dazu benötigen wir z.B. einen Rechner der Betriebsart B10 (Abb. 3-2-1), also die gleiche Konfiguration, wie im vorherigen Beispiel, jedoch mit Echtzeitverfahren. Wir legen wiederum die gleiche Aufgabe zugrunde (Abb. 2-3-6).

Wir überlassen wie bisher die Programme P2 und P3 der internen Prioritätensteuerung und weisen dem Programm P1 den externen Interrupt INT1 zu, dessen Priorität höher liegt als die Interrupts der internen Prioritätensteuerung und höher als die der Ein-/Ausgabe-Interrupts. Allerdings müssen wir nun eine Steuerung des Interrupts INT1 programmieren und verwenden dazu ein zeitlich vorgeschaltetes Programm P0 mit dem Inhalt

    ....

    rufe alle 500 ms INT1
    zähle Aufrufe von INT1
    nach 1000 Aufrufen, breche ab.

    ....

Dieses Steuerprogramm ist den anderen Prozessen P1, P2 und P3 übergeordnet, hat also die höchste Priorität. Der Programmtext von P1 kann nun wesentlich einfacher gestaltet werden (Abb. 3-2-9). Im Zeitablauf (Abb. 3-2-10) sieht man, daß das Programm P3 durch den Interrupt INT1 vorübergehend hinausgeworfen wird und das
Programm P2 zeitgenau ablaufen kann. Die Verarbeitung des Programmes P0 ist in der Abbildung der Einfachheit halber nicht dargestellt.

Wenn es noch schneller gehen muß...

Auch mit einer Interruptsteuerung kann es zeitlich eng werden, wenn z.B. 10 Meßgrößen gleichwertig erfaßt werden sollen. Rechnet man pro Meßwert mit einer Abtastzeit von 0,5 ms, so können bei schnell veränderlichen Größen innerhalb von 10 x 0,5 ms = 5 ms schon erhebliche Meßwertänderungen auftreten.

Eine Abhilfemöglichkeit besteht in einer nachträglichen Korrektur der Meßwerte, z.B. durch lineare Interpolation. Eine andere Möglichkeit besteht darin, Rechner mit mehreren Prozessoren einzusetzen, die in der Lage sind, zwei Vorgänge parallel zu bearbeiten (vgl. Abschnitt 3.2.5).

```
        .
        .
        .

  9     hole die Spannung U_R vom ADU
 10     hole die Referenzspannung U_F
 11     subtrahiere U_F - U_{Ri} = U_S
 12     gib U_S an DAU
 13     gib U_{Ri} an Externspeicher
        .
        .
        .
```

Abb. 3-2-9: Programmauszug (P1) zur interruptgesteuerten Echtzeitverarbeitung

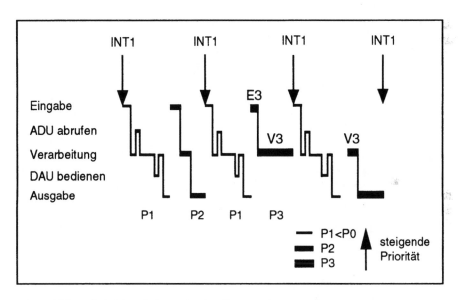

Abb.   3-2-10:   Beispiel für den Zeitablauf mit interruptgesteuerter
                      Echtzeitverarbeitung

Eine andere Problematik besteht, wenn ein Meßwert sehr exakt jede Millisekunde mit einer Toleranz von 10 µs abgetastet werden muß. In diesem Fall muß man die Detailzeiten des Unterbrechungsvorgangs untersuchen. Folgende vier Abschnitte einer Unterbrechung müssen dann auf ihre zeitlichen Eigenschaften hin geprüft werden:

- *Unterbrechungserkennung*: Das Auftreten eines äußeren Ereignisses, wie beispielsweise das Überschreiten eines Grenzwertes, muß erkannt werden. Sodann muß entschieden werden, ob dieses Ereignis eine Unterbrechung des gerade vom Rechner bearbeiteten Prozesses rechtfertigt. Hierfür müssen die den Ereignissen zugeteilte Prioritäten überprüft werden.
- *Prozeßwechsel*: Ist die Priorität des Ereignisses hoch genug, so muß dem gerade bearbeiteten Prozeß die Kontrolle über den Prozessor so schnell wie möglich entzogen und an den für das eingetretene Ereignis vorgesehenen Prozeß übergeben werden. Dabei muß die Erhaltung der Daten sichergestellt werden.
- *Unterbrechungsbearbeitung*: Die für das vorliegende Ereignis vorgesehene Bearbeitung muß innerhalb einer vorgegebenen Zeit abgeschlossen sein, um beispielsweise rechtzeitig Stellsignale an einen zu regelnden technischen Prozeß senden zu können.
- *Schritthaltende oder zeitgesteuerte Verarbeitung*: Zu bestimmten, festen oder variablen Zeitpunkten müssen regelmäßig Aktionen ausgeführt werden. Dies ist beispielsweise der Fall, wenn auf der einen Seite von einer Meßeinheit in einem bestimmten Takt größere Mengen von Daten aufgenommen, verarbeitet und abgespeichert werden müssen, auf der anderen Seite aber andere Werte nicht verloren gehen dürfen.

Je nachdem, auf welche dieser Anforderungen sich Hersteller beziehen, können die Angaben über das Zeitverhalten ihrer Systeme stark variieren. Teilweise werden lediglich Prozeßwechselzeiten angegeben, teilweise die gesamte Zeit vom Eintreffen einer Unterbrechung (Interrupt) bis zum Beginn der entsprechenden Bearbeitung, manchmal auch nur Zeiten für Teilschritte des gesamten Ablaufes. Häufig fehlt auch die Angabe, ob die Zeiten für alle möglichen Systemzustände garantiert werden können. Beim Vergleich von Herstellerdaten ist also höchste Vorsicht geboten.

3.2.5 Mehrprozessoren-Betrieb und Rechner-Verbund-Netze

Bereits bei den Überlegungen des vorhergehenden Abschnitts zeigte sich, daß es Fälle gibt, in denen der Einsatz von Rechnern mit mehreren Prozessoren sinnvoll ist (Abb. 3-2-11). Jedem Prozessor ist dabei i.d.R. eine eigene Ein-/Ausgabeeinheit zugeordnet - er hat also seinen eigenen Kanal.

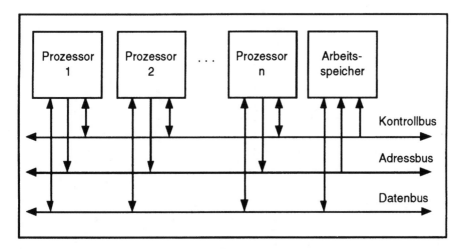

Abb. 3-2-11: Vereinfachter Aufbau eines Mehrprozessoren-Rechners

Neben solchen Mehrprozessoren-Verfahren kann man die Anzahl von benötigten Prozessoren auch durch den Aufbau von Rechner-Verbundnetzen realisieren. Die einzelnen Rechner müssen dann über leistungsfähige Netze miteinander verbunden werden. Ein Beispiel für einen Rechnerverbund ist in Abb. 3-2-12 dargestellt.

Es werden je nach Verwendungsart und -größe typische Rechnerbezeichnungen verwendet:

Knotenprozessoren (K) verknüpfen verschiedene Teile eines Verbundnetzes.

Back-End-Prozessoren (B) stellen die Verknüpfung zu externen Massenspeichern her.

Front-End-Prozessoren (F) sind Anlagen bzw. nutzernahe Spezialrechner, z.B. für die schnelle Meßwertverarbeitung.

Minicomputer (M) sind leistungsfähige Kleinrechner die in zunehmendem Maße Aufgaben von ihren größeren "Brüdern" übernehmen.

Mikrocomputer (m) sind Kleinrechner, z.B. mit speziellen Prozeßanschlüssen für Laborzwecke.

Einplatzsysteme (E) (Personal Computer und Workstation) z. B. mit den Betriebssystemen UNIX, OS/2, DOS dienen dazu, kleinere Aufgaben wie z. B. Texterstellung oder Programmierung am Arbeitsplatz zu erledigen.

Mehrplatzsysteme (MPS) besitzen bis zu 100 Arbeitsplätzen.

Großrechner (G) (Mainframe) dienen zum Anschluß von mehr als 100 Arbeitsplätzen und sind heute Minimalstandard für ein leistungfähiges Rechenzentrum.

Wenn Netzstrukturen zwischen Rechnern gestaltet werden sollen, taucht eine grundsätzliche Frage auf:

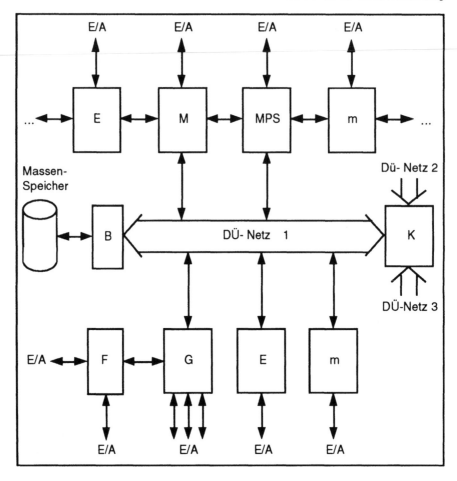

Abb. 3-2-12: Beispiel für ein Rechner-Verbundnetz (nach Dworatschek)

Wie zentral oder dezentral sollen Rechner eingesetzt werden?

Dazu ist ein kurzer Blick in die Rechnerentwicklung nötig. Während früher auf Grund der technischen Möglichkeiten ein gewisser Zwang zur Zentralisierung von Rechnerleistung bestand, ist heute eine weitgehende Bearbeitung des Problems "vor Ort", also möglichst nahe am Entstehungsort möglich. Dadurch kann einerseits die für den Nutzer oft weitgehend zerstückelte Arbeitsorganisation verbessert werden. Andererseits lassen sich die Datenströme in den Rechnernetzen umso weniger kontrollieren, je komplexer das Netz aufgebaut ist.

Hieraus folgt relativ klar, daß Rechnerstrukturen in der Zukunft möglichst dezentral aufgebaut werden sollten. Die "Kommunikation" zwischen den Rechnern sollte dabei auf das notwendige Minimum beschränkt werden. Auf diese Problematik werden wir nochmals im Zusammenhang problemspezifischer Software-Werkzeuge (Abschnitt 3.5.5) und im Rahmen des Schlußkapitels 4 zurückkommen.

3.3 Betriebssysteme

3.3.1 Wer nimmt mir Arbeit ab?

Wir haben nun auf der Hardware-Ebene gesehen, welche Vielfalt an Komponenten, Bauarten, Netzen, Schnittstellen, Bussen etc. existieren. Für den Nutzer eines Rechners sind diese rechnerinternen organisatorischen Fragen relativ uninteressant, wenn er den Rechner primär für Anwendungszwecke benötigt.

Es gibt bei jedem Rechner bzw. System von Rechnern eine Fülle von (lästigen) Aufgaben, die der Nutzer gar nicht übernehmen möchte. Die Bearbeitung dieser (lästigen) rechnerinternen Organisationsprobleme ist Aufgabe des <u>Betriebssystems</u>.

Das Betriebssystem stellt gewissermaßen eine Pufferzone zwischen der Anwendungssoftware und den rechnerinternen Abläufen dar. Wir können uns dabei anhand von Abb. 3-3-1 den "Aufstieg" aus den "Tiefen" der Parabel aus Abb. 1-6 näher verdeutlichen:

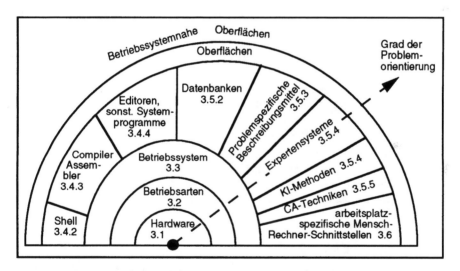

Abb. 3-3-1: Von der Hardware zur Problemlösung

Oberhalb der Pufferzone "Betriebssystem" stoßen wir auf die unterschiedlichsten "Oberflächen", angefangen von der Kommunikation mit dem Betriebssystem über eine "Shell" (Abschnitt 3.4.1) über Datenbanken bis zu arbeitsplatzspezifischen Mensch-Rechner-Schnittstellen (Kapitel 3.6). Der Grad der Orientierung an einer speziellen Problemlösung ist dabei durch den asymetrischen Aufbau der "Oberflächenschale" gekennzeichnet.

Aus *Anwendersicht* ist das Betriebssystem also nichts anderes als ein notwendiges Hilfsmittel, um dem Anwender die

- Ein-/Ausgabe von Daten,
- Dateiverwaltung,
- Speicherverwaltung und
- Job- und Prozeßverwaltung

abzunehmen. Im Rahmen der Vorlesung ist deshalb nur die grundsätzliche Funktionsweise des Betriebssystems von Bedeutung, denn es ist nicht Aufgabe von Maschinenbauingenieuren, als *Systemprogrammierer* spezielle Betriebssysteme zu erstellen oder zu modifizieren. Allerdings werden Maschinenbauingenieure sowohl als "reine" *Anwender* fertiger Anwendungssoftware auftreten, als auch als *Anwendungsprogrammierer* in bestimmten Fällen Anwendungssoftware entwickeln.

3.3.2 Aufgaben des Betriebssystems

Betriebssysteme haben die Aufgabe, die verschiedenen Betriebsarten und -abläufe der Hardware-Komponenten effizient zu verwalten.

> *Das Betriebssystem ist eine **Programmsammlung**, die den Benutzer von der komplizierten Hardware abschirmt, also die Bedienung des Rechners vereinfacht.*

Daraus folgt, daß es keine endgültige und vollständige Beschreibung der Aufgaben eines Betriebsystems gibt. Sicher gehören aber die folgenden dazu:
- Organisation der Ein-/Ausgabe
- Dateiverwaltung (Massenspeicherorganisation)
- Hauptspeicherverwaltung
- Job- und Prozeßorganisation.

Diese werden im folgenden behandelt.

Ein-/Ausgabe von Daten

Sämtliche in Abschnitt 3.1.5 beschriebenen Abläufe zur Ein- und Ausgabe laufen unter der Regie des Betriebssystems. Drückt z.B. eine Schreibkraft eine Taste während des Betriebes eines Textverarbeitungssystems, löst dies eine Betriebssystemfunktion "hole Zeichen von der Tastatur" aus.

Dateiverwaltung

Wie sucht das Betriebssystem?

Die auf der Verwaltung der Ein-/Ausgabe logisch aufbauende Aufgabe ist die Verwaltung aller Dateien. Dabei kann ein Betriebssystem nicht auf "chaotische" Verfahren zurückgreifen. So kann das Betriebssystem z.B. die Frage
"Wo finde ich bloß die Lohnabrechnung des Kollegen Meyer?"
nur durch eine streng hierarchische Ordnung bewältigen (Abb. 3-3-2).

Wie möchte ein Nutzer suchen?

Zur Dateiverwaltung gehört aber nicht nur die Fähigkeit, festzustellen, wo sich bestimmte Angaben befinden, sondern diese auch auf Anfrage bereitzustellen. Komfortable Suchverfahren lösen dies durch analoge "maskierte" Oberflächen, auf

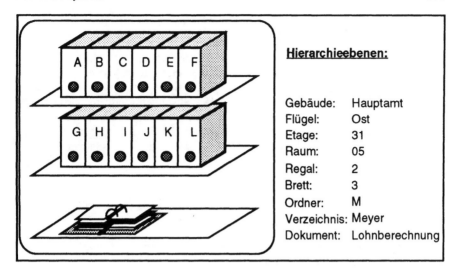

Abb. 3-3-2: Wo finde ich... (als Betriebssystem)

denen man fast "normal" suchen kann. Allerdings sind diese Oberflächen i.d.R.
zusätzliche "Software-Aufsätze", die die Betriebssystemsteuerung wesentlich
bequemer machen (vgl. Abschnitt 3.6.2, Software-Ergonomie). So kann dann z.B.
die Frage
   "Wie finde ich einen Text oder ein Programm (Datei, File) wieder?"
sehr komfortabel beantwortet werden (Abb. 3-3-3).

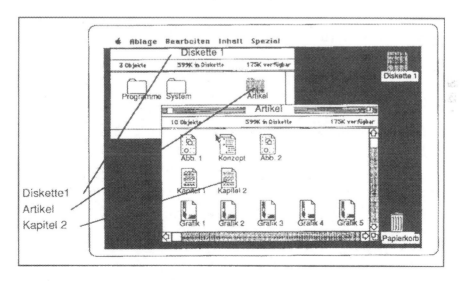

Abb.   3-3-3: Wo finde ich... (als Nutzer)

Innere Struktur der Dateisysteme

Die innere Struktur eines Dateisystems sieht ähnlich aus wie ein Stammbaum.
Man spricht von einer hierarchischen Baumstruktur (Abb. 3-3-4). Die Baumwurzel
entspricht der Wurzeldatei (root). Sie hat keinen eigenen Namen. Die Astknoten
entsprechen den Verzeichnissen (directories). An den Blättern stehen die Dateien
(files). Der Name einer Datei ist erst durch den absoluten Pfadnamen vollständig
und eindeutig beschrieben. Der absolute Pfadname setzt sich aus allen Ver-
zeichnisnamen zusammen, die "auf dem Pfad" von der Wurzel zur gesuchten Datei
liegen. In Abb. 3-3-4 lautet deshalb der absolute Pfadname der Datei texta
    /usr/roemer/asterix/texta.
Diese Datei ist übrigens verschieden von
    /usr/roemer/idefix/texta.
Sie gehören zu verschiedenen Verzeichnissen! Dabei darf innerhalb *eines* Ver-
zeichnisses jeder Name nur einmal auftauchen.

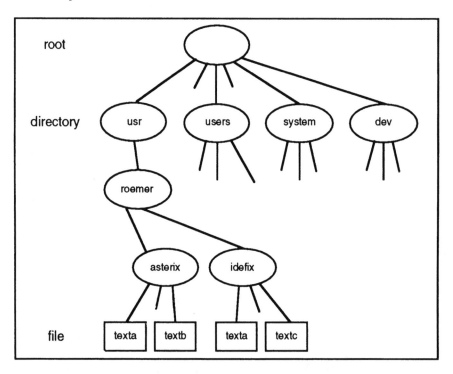

Abb. 3-3-4: Baumstruktur eines Dateisystems

Working directory

Jeder Benutzer hat während der Arbeit am Rechner stets ein aktuelles Verzeichnis
(working directory), in dem er gerade arbeitet. Innerhalb des aktuellen Verzeich-
nisses (z.B. asterix) können die darin vorhandenen Dateien ohne den kompletten
absoluten Pfadnamen angesprochen werden. Der einfache Dateiname reicht aus. Für
das Beispiel in Abb. 3-3-4 bedeutet das:

Für das aktuelle Verzeichnis   asterix
genügt der einfache Dateiname   texta
statt des absoluten Pfadnamens   /usr/roemer/asterix/texta,
um die Datei eindeutig anzusprechen.

Regelung des Zugriffsrechts (Password)

Zur Dateiverwaltung gehört auch die Regelung der Zugriffsrechte. So wird bei den meisten Betriebssystemen vor dem "Eintritt" über ein *Password* die Zugangsberechtigung geprüft. Jede Datei kann dabei gesondert zum Lesen, Schreiben und Ausführen *freigegeben* oder *gesperrt* werden. Die Zugriffsberechtigungen können jeweils gesondert für
- den *Eigentümer* der Datei,
- die *Gruppe*, deren Mitglied der Eigentümer ist, und
- alle *anderen Benutzer*

festgelegt werden. Nur der Eigentümer einer Datei und der Systemverwalter können die Zugriffsberechtigungen ändern.

Speicherverwaltung

Eine weitere zentrale Aufgabe eines Betriebssystems ist die Speicherverwaltung. Die einfachste Form ist die *starre Segmentierung* (Abb. 3-3-5).

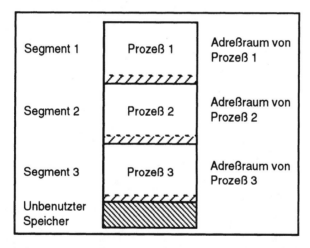

Abb. 3-3-5: Speicherorganisation bei starrer Segmentierung (nach Rembold)

Die meisten Betriebssysteme verwenden eine *variable Segmentierung*, bei der - abhängig vom angeforderten Speicherbedarf - die "neuen" Prozesse einsortiert werden (Abb. 3-3-6). Dabei wird allerdings der verfügbare Speicher *fragmentiert*.

Deshalb werden bei einer effizienten Speicherverwaltung die Prozesse "zusammengeschoben" *(squeezing* Abb. 3-3-7). Dieser Vorgang wird oft auch *Kompaktifizierung* oder *Speicherreinigung (garbage collection)* genannt.

Zur Speicherverwaltung gehört auch die Aufgabe, einem Prozeß zur Laufzeit zusätzlichen Hauptspeicher zur Verfügung zu stellen, wenn dieser ihn benötigt (dynamic memory allocation). Dies ist dann der Fall, wenn die Menge der zu

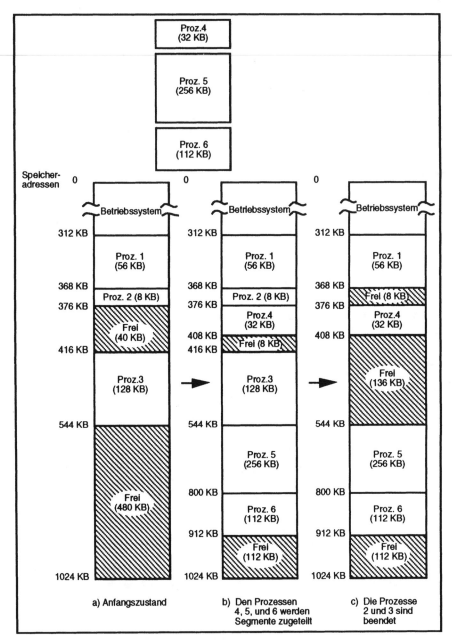

Abb. 3-3-6: Belegen und Freigeben bei variabler Speichersegmentierung
(nach Rembold)

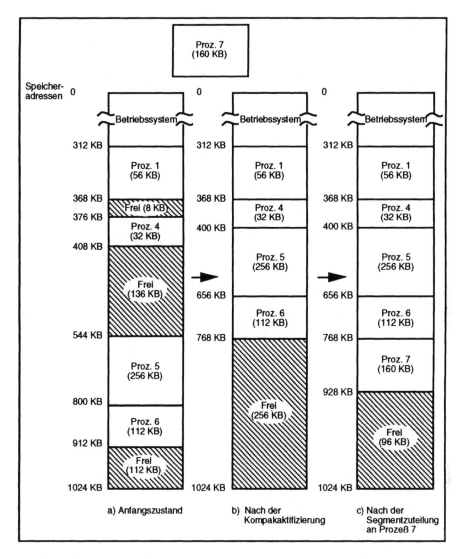

Abb. 3-3-7: Kompaktifizierung von gespeicherten Prozessen (nach Rembold)

verarbeitenden Daten nicht von vornherein feststeht, z.B. weil sie von Benutzerein-
gaben abhängt.

Eine sehr wichtige Aufgabe ist schließlich auch der Schutz von Speicherbereichen
vor unbeabsichtigtem Überschreiben. Existiert ein solcher Schutz nicht, können
sich Prozesse, die gleichzeitig im Hauptspeicher sind, gegenseitig Daten oder Programmcode zerstören, im Extremfall ist sogar ein Überschreiben des Betriebssystems selber möglich (wie z. B. bei DOS).

Job- und Prozeßverwaltung

Zu den Aufgaben eines Betriebssystems gehört weiterhin die Job- und Prozeßverwaltung. Die eingehenden "Aufträge" müssen z.b. im Batch-Betrieb oder nach Prioritäten bearbeitet werden (vgl. Betriebsarten in Abschnitt 3.2.1).

Bei der Prozeßverwaltung muß der "Prozeß" der Abarbeitung eines einzelnen Programms in jedem Stadium eindeutig und "verklemmungsfrei" (ohne *Deadlocks*) gewährleistet werden.

Folgende Zustände können dabei auftreten:

bereit	Progamm könnte laufen, aber Prozessor ist nicht frei.
aktiv	Prozessor hat Programm übernommen und bearbeitet es.
wartend	Programm verlangt im Prozessor ein äußeres Ereignis und wird in den Zustand "wartend" versetzt. Prozessor ist für andere Prozesse frei.

Es ist offensichtlich, daß hierbei Komplikationen auftreten können, z.B.:
- Prozeß 1 wartet auf Ereignis A, das Prozeß 2 erzeugen soll.
- Prozeß 2 wartet auf Ereignis B, das Prozeß 1 erzeugen soll.

In diesem Fall bleiben beide Prozesse (für immer bzw. bis zum Abschalten der Netzspannung des Rechners) im Zustand "wartend". Eine solche Situation wird als *Deadlock* bezeichnet und kann nicht nur bei der Prozeßverwaltung eines Betriebssystems auftreten, sondern z.B. auch bei der Koordination zweier Roboter, die auf eine bestimmte Tätigkeit ihres Nachbarn warten. Folgende Bedingungen müssen für eine solche "Verklemmung" erfüllt sein:
- *Gegenseitiger Ausschluß*: Mehrere Prozesse fordern Betriebsmittel zur alleinigen Verwendung.
- *Nichtunterbrechbarkeit*: Die Betriebsmittel bleiben zugewiesen (ein Drucker darf z.B. nicht verschiedene Prozesse auf einem Blatt Papier "mischen").
- *Wartekette*: Die Prozesse hatten bereits Betriebsmittel und warten auf ein weiteres.
- *Geschlossene Kette*: Jeder Prozeß wartet auf ein Betriebsmittel, das dem nächsten bereits in eingeschlossenen Ketten zugeteilt ist.

Eine typische Deadlock-Situation aus dem Alltag ist ein vollgefahrener "Rechts-vor-Links"-Kreisverkehr:
- *Gegenseitiger Ausschluß:* Jeder Platz in dem Kreisverkehr kann nur von einem Auto befahren werden.
- *Nichtunterbrechbarkeit:* Ein belegter Platz kann nicht vorübergehend durch ein anderes Auto belegt werden.
- *Wartekette:* Jedes Auto hat bereits einen Platz und wartet auf den Platz davor.
- *Geschlossene Kette:* Jedes Auto wartet auf den Platz vor sich, der in einer geschlossenen Kette bereits belegt ist.

Deadlocks kann man *erkennen, vermeiden* oder *verhindern*, indem man permanent Verklemmungsprüfungen durchführt. Da diese Probleme nicht nur bei Betriebssystemen auftreten können, sondern immer dann, wenn mehrere Maschinen und Anlagen mit Rechnern verknüpft werden, muß man auch bei allen Anwendungsprogrammen bereits im Entwurfsstadium genauestens auf mögliche Verklemmungen achten. Hierzu ist u.a. der Programmentwurf mittels *Petri-Netzen* geeignet.

3.3.3 Betriebssystem-Arten

Zuordnung zu Rechnergenerationen

Betriebssysteme, die diesen Namen verdienen, tauchen erstmals in der 2.
Rechnergeneration auf (alsö ab 1958, vgl. Kap. 3.1.2). Sie enthielten:
- serielle, automatisch gesteuerte Einprozessor- und Einprogrammbetriebsarten,
- Teile des Betriebssystems ständig im Arbeitsspeicher (resident partition) und
- eine Auftragssteuerung für Prozesse und Ein-/Ausgabe.

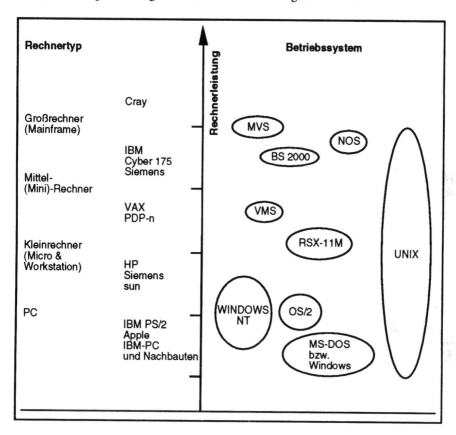

Abb. 3-3-8: Betriebssysteme (nach Rechnertypen und Herstellern sortiert)

Ab der 3. Rechnergeneration (ab 1966) kommen zunehmend folgende Komponenten hinzu:
- ein Kanalkonzept,
- ein Interrupt-Konzept,
- ein E/A-Warteschlangen-Konzept,
- Konzepte zur effizienten Aufteilung der Speicher,
- eine Unterbrechbarkeit laufender Programme,
- umfangreiche Fehlersuch-Routinen und
- Logbücher zur Erfassung der Rechenzeiten etc.

Heutzutage verfügen auch PC- und Workstation-Betriebssysteme über fast alle diese Eigenschaften. Einfachere Betriebssysteme gibt es vor allem für Maschinensteuerungen o.ä. .

Teilt man ausgewählte Betriebssysteme nach Rechnertypen und Herstellern ein, so erhält man Abb. 3-3-8.

Für den Bereich der Personal Computer stellt derzeit das in der "IBM-Welt" eingesetzte Betriebssystem MS-DOS noch das meist verbreitete Betriebssystem dar.

Dabei fällt auf, daß die meisten Betriebssysteme an bestimmte Hersteller gebunden sind. Hat man sich einmal für ein bestimmtes Betriebssystem entschieden, ist man in der Regel sowohl an einen Hersteller (oder eine Gruppe von Herstellern) sowie an bestimmte Hardware-Bausteine gebunden.

Eine "rühmliche" Ausnahme bildet in diesem Zusammenhang das Betriebssystem UNIX. Es soll deshalb im folgenden Abschnitt kurz beschrieben werden.

3.3.4 Das Beispiel UNIX

UNIX ist das erste und bisher einzige wirklich portable und herstellerunabhängige Betriebssystem, das auf Rechnern mit unterschiedlichen Leistungsklassen in einem genormtem Zustand verfügbar ist. UNIX ist dabei *quellcode-portabel*, d.h., nur Programmtexte, die in einer höheren Programmiersprache geschrieben sind, lassen sich ohne Aufwand portieren. Sie müssen aber auf jedem Rechner mit dem jeweiligen Compiler wieder neu übersetzt werden.

Demgegenüber ist das bekannte PC-Betriebssystem MS-DOS innerhalb der "Intel-Welt" *binärcode-portabel*. Die fertig in Maschinencode übersetzten und gebundenen Programme sind portabel. Es ist keine Neuübersetzung erforderlich. Allerdings geht dies eben nur in der IBM/Intel-Welt.

Das Betriebssystem UNIX ist Ende der 60er Jahre bei AT&T entstanden (vgl. Abb. 3-3-9) und hat sich in der Version V.4 zu einer international genormten Variante entwickelt. Dieser Normung haben sich alle europäischen und amerikanischen Hersteller angeschlossen, ein in der Geschichte der Rechnerentwicklung sehr ungewöhnlicher Vorgang.

Der *Kern (kernel)* des Betriebssystems UNIX besteht aus ca. 10.000 Programmzeilen der Sprache "C" und ca. 500 Zeilen im Maschinencode der jeweiligen Maschine. Der Kern realisiert vor allem die Schnittstellen zur Peripherie, das Dateisystem und die Verwaltung von Prozessen. Der Benutzer kann die Funktionen von UNIX sowohl über die Schale (shell), als auch durch Systemaufrufe innerhalb von Anwenderprogrammen ansprechen.

Die *Schale (shell)* des Betriebssystems UNIX ist ein *Kommandointerpreter* und liegt, wie der Name andeutet, um das Betriebssystem herum. Sie führt den Dialog mit dem Benutzer (vgl. Abschnitt 3.4.3).

Die *Sprache "C"* ist innerhalb der UNIX-Anwendungen die meist verwendete Programmiersprache. Sie vereinigt die Eigenschaften einer höheren Programmiersprache (z.B. Pascal) und einer maschinennahen Sprache (z.B. Assembler), ohne dabei wiederum maschinenabhängig zu sein. Sie stellt den eigentlichen Schlüssel zur Portabilität von UNIX dar.

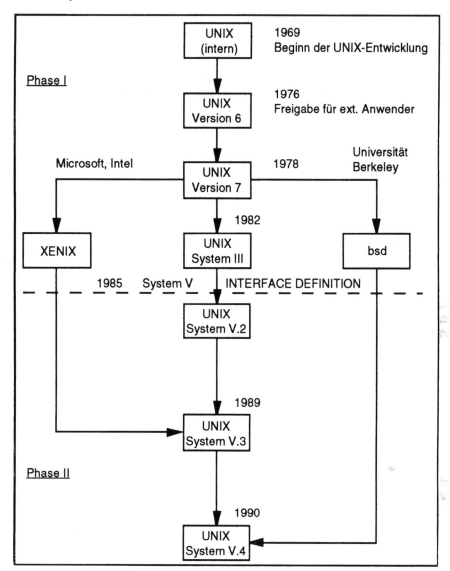

Abb. 3-3-9: Die Entwicklungsgeschichte von UNIX

Die *Software-Werkzeuge (Systemprogramme, tools)* von UNIX dienen zur Unterstützung großer Software-Projekte, z.B. bei der Versionsverwaltung von Programmen, bei der Änderung von umfangreichen Programmsystemen und auch bei der Überprüfung von Programmquellcode auf Portabilität.

Auf den Benutzerebenen werden *Ein- und Ausgabegeräte logisch völlig äquivalent zu Dateien* behandelt. Dies ermöglicht es beispielsweise, die Ausgabe eines Programms ohne Programmänderung alternativ auf den Drucker, einen beliebigen Bildschirm oder eine "echte" Datei zu lenken. Besonders einfach ist dies in Kombination mit den Mechanismen zur "Umlenkung von Ein- oder Ausgabe":

        print_report   Ausgabe auf "Standardausgabe",
                                        d.h. auf dem Bildschirm
        print_report > /dev/lp   Ausgabe auf Drucker
        print_report > report_no_27   Ausgabe auf Datei

Die Symbole > und < dienen dabei zur Umlenkung der Ausgabe.

Eine weitere Besonderheit ist die Benutzung von *pipes (Röhren)*. Mit Hilfe des Pipe-Mechanismus werden Programme über ihre Aus- bzw. Eingabe gekoppelt. Die Ausgabe eines Programmes wird als Eingabe des nächsten verwendet:

        liste_erstellen | sortieren | drucken

3.4 Betriebssystemnahe Software-Werkzeuge

3.4.1 Wie werde ich mit den Rechner-Interna fertig?

Unter den betriebssystemnahen Software-Werkzeugen ist zunächst die unmittelbare Bedienung eines Betriebsyssstems über eine Bedienoberfläche zu behandeln. Dies wird am Beispiel des bereits beschriebenen Betriebssystems UNIX gezeigt (Abschnitt 3.4.2). Anschließend wird der Aufbau und die Funktion von Übersetzungsprogrammen (Assembler und Compiler) erläutert (Abschnitt 3.4.3). Schließlich werden die verschiedenen betriebssystemnahen Software-Werkzeuge im Überblick erläutert (Abschnitt 3.4.4).

Mit dem Kapitel 3.4 bewegen wir uns (wieder) an die Oberfläche eines Rechnersystems (vgl. Abb. 3-3-1) und auf die nächst höhere Problemlöseebene unseres Parabelschemas (Abb. 1-6) zu.

Unter Software-Werkzeugen verstehen wir Programme, die dem Nutzer unmittelbar an der Bedienoberfläche eines Rechners "begegnen".

Deshalb ist bereits die *Shell* eines Betriebssystems ein solches Werkzeug.

3.4.2 Betriebssystem-Shell

Die Shell eines Betriebssystems ist derjenige Teil, den der Nutzer bei der Bedienung eines Rechners kennen muß. Am Beispiel des Betriebssystems UNIX werden im folgenden einige typische *Kommandos* beschrieben, die häufig verwendet werden.

Die UNIX-Shell ist ein Kommando-Interpreter, der die vom Benutzer eingegebenen Kommandos an den Betriebssystemkern weitergibt (vgl. Abschnitt 3.4.4). Die Shell ist kein fester Teil des Betriebssystems und kann daher ohne weiteres gegen eine andere Oberfläche ausgetauscht werden. Die UNIX-Shell ist darüber hinaus eine Kommandosprache mit komfortablen Kontrollstrukturen.

Kommandos bestehen aus dem *Kommandonamen* und möglichen Ergänzungen, den *Parametern*, die durch ein Leerzeichen *(blank)* voneinander getrennt werden:

        <kommandoname> <parameter1> <parameter2> ...

Hierbei bedeuten die spitzen Klammern <...>, daß an dieser Stelle etwas Konkretes eingesetzt werden *muß*. Die eckigen Klammern [...] bedeuten, daß der

Rechner das Kommando sowohl ohne als auch mit diesem zusätzlichen Parameter (Option) versteht.

Kommandoname	Parameter	Funktion:
cal	[monat] <jahr>	Gibt einen Kalender für das angegebene Jahr aus. Will man nur einen Monat sehen, so gibt man zusätzlich auch noch die Monatszahl an.
cd	<verzeichnisname>	"change directory", wechselt vom augenblicklichen aktuellen Verzeichnis zum angegebenen.
cp	<datei1> <datei2>	"copy", kopiert den Inhalt der zuerst genannten Datei in die zweite. Es wird der bisherige Inhalt der zweiten Datei gelöscht!

3.4.3 Übersetzungsprogramme (Assembler und Compiler)

Mit Maschinencode wird es schwer

Wie wir bereits wissen, muß das Programm, das von einem Rechner ausgeführt werden soll, binär codiert im Programmspeicher vorliegen. Zu Beginn der Entwicklung von Rechnern wurden Programme tatsächlich in dieser Form, als Folge von Nullen und Einsen, von Hand eingegeben. Dies ist natürlich sehr umständlich, schwer lesbar und vor allem auch fehleranfällig. Wie läßt sich hier Abhilfe schaffen? Erinnern wir uns noch einmal, wie wir überhaupt zu dieser Form von Nullen und Einsen gelangt waren: Wir hatten unser Problem, damals die Berechnung des Skalarproduktes, in mehreren Stufen in eine Folge von immer einfacheren Schritten zerlegt, bis wir zuletzt bei einfachen, logischen Verknüpfungen von Ja-Nein-Aussagen angelangt waren (Kapitel 2.4). Wie wäre es nun, wenn es uns gelänge, für diesen Zerlegungsprozeß bestimmte Regeln, vielleicht sogar feste und präzise Regeln, anzugeben? *Dann könnten wir, unserem Kernsatz zufolge, diese Zerlegungsprozedur dem Rechner übertragen!* Der Rechner selbst würde dann, mit Hilfe eines geeigneten Zerlegungsprogrammes, eine formulierte Problemstellung in die für ihn geeignete Form bringen.

Mit dem Assembler geht es besser

Kehren wir also noch einmal zur Zerlegungsprozedur aus Kapitel 2.4 zurück, und prüfen wir nun, beginnend beim Maschinencode, für welche der Zerlegungsschritte sich feste und präzise Regeln finden lassen.

Der letzte Schritt führte vom Assembler zum Maschinencode. In den rechten beiden Spalten von Abb. 2-5-19 ist dies dargestellt. Es handelt sich dabei um eine

Eins-zu-Eins-Umsetzung, d.h. jedem Element Operation, Variable, Konstante des
Assemblers entsprach genau ein Element des Maschinencodes - in unserem Beispiel
jeweils durch 3 bit codiert. Die Umsetzung der Operationen in Maschinencode erfolgte nach einer Tabelle, die in Abb. 2-5-18 wiedergegeben ist.

Befehls-Liste		Variablen-Liste	
Operation	Code	Name	Adresse
ADDIERE	000	I	000
SUBTRAHIERE	001	SUMME	001
MULTIPLIZIERE	010	DIMENSION	010
DIVIDIERE	011	SCHRITT	011
SETZE_OP1	100	ERGEBNIS	100
SETZE_OP2	101		
KOPIERE_ERGEBNIS	110		
FALLS_≥0_NACH	111		

Abb. 2-5-18: Befehls- und Variablenliste

Da nur endlich viele Operationen möglich sind, beschreibt die Tabelle die
Umsetzungsregeln für die Operationen vollständig und präzise. Wie man Zahlen-
werte, also Konstanten, ins Dualsystem überträgt, wurde in Abschnitt 2.5.4 ausführlich behandelt. Auch hierfür existieren also präzise Regeln. Lediglich die Zuordnung von Variablen zu Adressen ist etwas komplizierter. Im Gegensatz zu den
Operationen weiß man nämlich nicht von vornherein wieviele und welche Variablen in einem Programm auftauchen werden. Eine feste Zuordnungstabelle, wie
bei der Befehlsliste, ist daher nicht möglich. Die Zuordnung von Variablen zu
Adressen läßt sich aber dennoch durch einfache Regeln beschreiben. Die einfachste
Möglichkeit ist die, den Variablen in der Reihenfolge ihres Auftretens im
Programm die Adressen der freien Speicherplätze im Speicher in auf- oder abstei-
gender Reihenfolge zuzuordnen. Eine solche Variablen-Liste, wie sie beispielsweise
in Abb. 2-5-18 rechts wiedergegeben ist, wird auch als *Symboltabelle* bezeichnet.

Damit ergeben sich folgende Schritte der Umsetzung von Assembler in
Maschinencode:

1. Der Assemblertext wird zeichenweise eingelesen. Die durch Trennzeichen wie
   Leer- oder Tabulatorzeichen getrennten Zeichenketten, werden dann den drei
   Kategorien "*Operation*", "*Variablenname*" und "*Konstante*" zugeordnet. Dies
   ist im vorliegenden Fall besonders einfach, da in jeder Zeile immer zuerst eine
   Operation und danach maximal eine Variable steht.
2. Den Operationen wird entsprechend der Befehlstabelle sofort der Maschinencode zugeordnet.
3. Konstanten werden entsprechend den Umwandlungsregeln in Dualzahlen umgewandelt.
4. Jeder Variable wird, nach dem oben angegebenen Algorithmus, die Adresse
   eines freien Speicherplatzes zugewiesen. Diese Zuordnung wird in der
   Symboltabelle festgehalten. An allen Stellen, wo im Assemblercode der

Variablenname steht, wird dann im Maschinencode die entsprechende Adresse
aus der Symboltabelle eingefügt.

PASCAL	ASSEMBLER		MASCHINENCODE
Summe := Summe + Produkt;	14. SETZE_OP1	ERGEBNIS	100 100
	15. SETZE_OP2	SUMME	101 001
	16. ADDIERE		000
	17. KOPIERE_ERGEBNIS	SUMME	110 001
i := i + Schrittweite	18. SETZE_OP1	I	100 000
	19. SETZE_OP2	SCHRITT	101 011
	20. ADDIERE		000
	21. KOPIERE_ERGEBNIS	I	110 000

Abb. 2-5-19: Maschinencode des Skalarproduktprogramms

Mit Programmiersprache geht es noch besser

Das Schreiben eines Assemblerprogramms ist allerdings immer noch recht be-
schwerlich. Insbesondere ist die zugehörige Schreibweise, die sogenannte *Notation*,
sehr weit entfernt von der Art und Weise, in der man das zugehörige Problem
formulieren würde. Das Skalarproduktprogramm ist hierfür ein gutes Beispiel. Dem
Programmtext in Abb. 2-5-1 sieht man nicht an, was für eine Art von Problem
damit gelöst werden soll. Im ganzen Programm taucht beispielsweise nicht ein
einziges Mal der Begriff Vektor auf. Ein ständiger Wechsel zwischen Assemblersprache und Problembeschreibung ist daher beim Lesen oder Schreiben eines
solchen Programmes erforderlich. Auch dies ist nicht nur umständlich, sondern
führt darüberhinaus leicht zu Fehlern, die außerdem noch schwer zu finden sind.

Es liegt daher nahe, einen Schritt über den Assembler hinauszugehen und zu versuchen, eine Beschreibungsform für eine höhere Programmiersprache mit folgenden
Eigenschaften zu finden:

- Ausgehend von der Programmiersprache soll das darin beschriebene Problem
- entweder in Assembler (Sprache)
- oder direkt in Maschinencode
  übersetzt werden können.
- Die Programmiersprache soll so formuliert sein, daß das darin beschriebene
  Problem leicht nachvollzogen werden kann.

Syntax und Semantik (Definition)

Wie muß eine solche Sprache beschaffen sein, damit sie mit Hilfe fester und präziser Regeln in Assembler oder Maschinencode übersetzt werden kann? Zunächst muß eindeutig definiert sein, aus welchen *Bausteinen (tokens)* die Sprache besteht.

Sodann muß festgelegt werden, nach welchen Regeln diese Bausteine kombiniert werden dürfen. Die Gesamtheit dieser Regeln wird als *Syntax* der Sprache bezeichnet.

Schließlich muß definiert werden, auf welche Art und Weise eine gegebene Kombination von Sprachbausteinen in Maschinencode umgewandelt wird. Dies ist die *Semantik* der Sprache. Die Semantik umfaßt also alle Umsetzungsregeln für die zugelassenen Bausteinkombinationen und bildet somit die Basis für das Übersetzungsprogramm.

Syntax: Sprachelemente und ihre Kombinationen finden

Beginnen wir mit der Definition der Sprachelemente und ihrer Kombinationen. Für die Definition von Elementen und der Syntax einer Sprache wurden formalisierte Beschreibungsformen entwickelt, die eine eindeutige Definition garantieren. Die wichtigste ist die sogenannte *Backus-Naur-Form*, abgekürzt auch als *BNF* bezeichnet. Sie soll am Beispiel der Definition zulässiger Variablennamen vorgeführt werden. Üblicherweise bestehen in Programmiersprachen Variablennamen aus einer Folge von Buchstaben, Ziffern und dem Zeichen "_", wobei allerdings das erste Zeichen immer ein Buchstabe sein muß. Die BNF zu dieser "sprachlichen" Definition ist in Abb. 3-4-1 wiedergegeben.

Das Zeichen ::= bedeutet dabei "ist definiert als". Das Zeichen | steht für Alternativen. Die zu definierenden Begriffe werden in < > gesetzt. Die eigentlichen Basisbausteine, auf die diese Begriffe letztlich zurückgeführt werden, werden ohne < > geschrieben. Stehen zwei Symbole hintereinander, so werden sie einfach aneinandergehängt.

Im Gegensatz zu der obigen sprachlichen ist diese formale Definition völlig eindeutig. Beispielsweise kann man ihr zweifelsfrei entnehmen, daß keine Großbuchstaben oder Umlaute zugelassen sind. Dies war an der oben angegeben sprachlichen Definition mißverständlich.

Allerdings ist die BNF recht abstrakt und wenig anschaulich. Diesen Nachteil vermeiden die sogenannten *Syntax-Diagramme*, die eine graphische Darstellung der BNF sind. Abb. 3-4-2 zeigt das Syntax-Diagramm für die obige BNF-Definition des Variablennamens.

Die Pfeile geben dabei die möglichen Pfade an, entlang derer man die Basissymbole miteinander kombinieren kann. Abb. 3-4-3 stellt die Symbole der BNF und der Syntax-Diagramme gegenüber.

Syntax-Diagramme sind, wie der Name bereits nahelegt, für die Beschreibung der gesamten Syntax einer Sprache geeignet. Abb. 3-4-4 zeigt einen Ausschnitt aus der Sprachdefinition für Pascal am Beispiel der for-Schleife.

Mit diesem formalen Hilfsmittel läßt sich nun die gesamte Syntax einer Sprache präzise beschreiben. Auf der Basis einer solchen Beschreibung läßt sich daher auch jederzeit prüfen, ob ein gegebenes Programm syntaktisch korrekt ist oder nicht.

Unser Ziel war es, eine Sprache zu definieren, deren Syntax einerseits eine problemorientierte Schreibweise gestattet, andererseits mit Hilfe eindeutiger Regeln in
Maschinencode übersetzt werden kann. Die BNF erlaubt es uns nun, eine Sprache
nach unseren Wünschen zu definieren und formal eindeutig zu beschreiben. Was
jetzt noch fehlt, ist die Umsetzung der Elemente dieser Syntax in Maschinencode,
also die Semantik.

< Variablenname >	::=	< Buchstabe > I
		< Buchstabe > < Zeichenfolge >
< Zeichenfolge >	::=	< Zeichen > I
		< Zeichen > < Zeichenfolge >
< Zeichen >	::=	< Buchstabe > I < Ziffer > I _
< Ziffer >	::=	0 I 1 I 2 I 3 I 4 I 5 I 6 I 7 I 8 I 9
< Buchstabe >	::=	a I b I c I d I e I f I g I h I i I j I k I l I m I
		n I o I p I q I r I s I t I u I v I w I x I y I z

Abb. 3-4-1: Backus-Naur-Form der Definition von Variablennamen

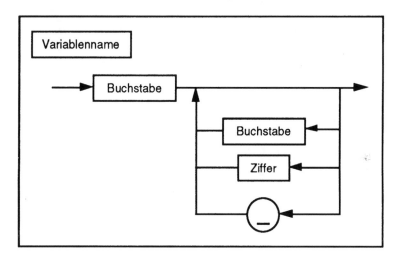

Abb. 3-4-2: Syntax-Diagramm für den Variablennamen

	BNF	Syntaxdiagramm
Basisbaustein	;	⟶(;)⟶
noch zu definie-render Begriff	< a >	⟶[a]⟶
Verkettung	< a >; < b >	⟶[a]⟶(;)⟶[b]⟶
Begriffsdefinition	< x > ::= < a > B	[x] ⟶[a]⟶(B)⟶
Alternative	< a > I < b >	[a] / [b]
Wiederholung	$< a > \{< b >\}_1^n$	⟶[a]⟶[b]⟶

Abb. 3-4-3: Syntax-Diagramm und Backus-Naur-Form

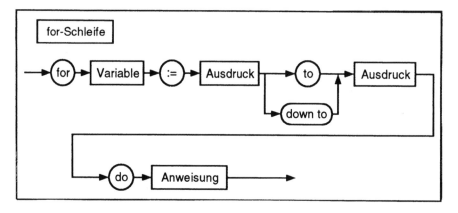

Abb. 3-4-4: Syntax-Diagramm für die for-Schleife in Pascal

Semantik: Umsetzungsregeln für die Syntax finden

Schwierig wird dieses Problem dadurch, daß die Syntax der Sprache problem-orientiert sein soll. Wie wir am Beispiel des Skalarprodukts bereits erfahren haben, beinhaltet eine vermeintlich so einfache Anweisung wie "Errechne das Skalarpro-dukt" eine beachtliche Zahl von Einzelschritten im Maschinencode. Selbst eine so einfache Anweisung wie das Inkrementieren einer Laufvariablen (Abb. 2-5-19) erforderte insgesamt vier Maschinenoperationen. Eine Eins-zu-Eins-Zuordnung zwischen den Anweisungen der Programmiersprache und den Maschinenbefehlen ist daher bei einer problemorientierten Sprache sicher nicht möglich. Statt dessen muß jeder elementaren Operation der Programmiersprache eine ganze Folge von Maschinenanweisungen zugeordnet werden. Prinzipiell stellt jedoch eine solche Zuordnung kein Problem dar. Sie läßt sich wiederum mit Hilfe einer Zuordnungstabelle realisieren.

Damit sind wir aber noch nicht am Ziel angelangt, denn wir müssen noch Regeln dafür angeben, wie Kombinationen der Basisoperationen zu behandeln sind. Dies ist keineswegs eine triviale Aufgabe. Ein arithmetischer Ausdruck beispielsweise sollte beliebige Kombinationen der Grundrechenarten enthalten können, und seine Länge sollte nicht begrenzt sein. Es ist also nicht nur unpraktisch, sondern auch unmöglich, eine Tabelle mit allen möglichen Kombinationen der Operationen und den zugehörigen Folgen von Maschinenbefehlen anzulegen. Statt dessen muß ein solcher Ausdruck schrittweise in seine Bestandteile zerlegt werden, bis man bei elementaren Operationen angelangt ist. Erst für diese kann dann die Zuordnung mit Hilfe der Operationstabelle vorgenommen werden.

Syntaxbaum: Welche Operatoren haben Vorrang?

Bei dieser Zerlegung zusammengesetzter Ausdrücke muß berücksichtigt werden, in welcher Reihenfolge die Operationen auszuführen sind, wenn sie kombiniert auftreten. Ein Beispiel hierfür ist die bekannte Regel "Punktrechnung geht vor Strichrechnung". Dies geschieht dadurch, daß man die möglichen Operationen in einer hierarchischen Struktur anordnet, die angibt, welche Operationen jeweils Vorrang haben. Abb. 3-4-5 zeigt eine solche Liste für die Operatoren der Sprache Pascal.

Mit Hilfe dieser Regeln lassen sich kombinierte Ausdrücke in einen sogenannten *Syntaxbaum* umformen. Die Astknoten eines solchen Baumes bilden die Operationen, die Blätter die Operanden. Abb. 3-4-6 zeigt den Syntaxbaum einer leicht modifizierten Anweisung aus dem Skalarproduktprogramm.

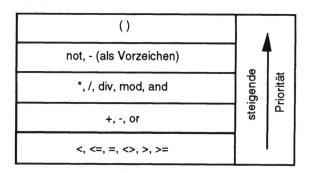

Abb. 3-4-5: Prioritätenliste der Operatoren aus Pascal

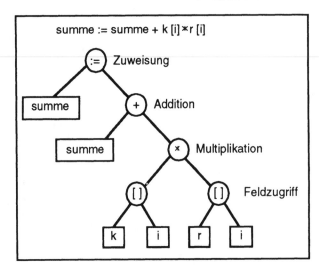

Abb. 3-4-6: Syntaxbaum

Der Syntaxbaum darf nicht mit dem Syntaxdiagramm verwechselt werden. Das Syntaxdiagramm beschreibt **alle** grundsätzlichen Möglichkeiten einer Sprache, also die Eigenschaft einer Sprache an sich. Der Syntaxbaum beschreibt *eine konkrete* Realisierung im Rahmen dieser Möglichkeiten, also die Eigenschaft eines bestimmten Programms.

Der Syntaxbaum beschreibt eine klar definierte Folge von Operationen mit jeweils maximal zwei Operanden. Diesen Einzelelementen des Syntaxbaumes lassen sich nun über eine entsprechende Befehlstabelle, analog zu dem beim Assembler gewählten Vorgehen, die zugehörigen Maschinenbefehle zuordnen.

Damit sind wir nun bei unserem Ziel angelangt, feste und präzise Regeln für die Umsetzung eines Programms, das in einer Programmiersprache geschrieben ist, in den Maschinencode anzugeben. *Somit kann also die Übersetzung eines in einer Programmiersprache geschriebenen Programms ebenfalls dem Rechner übertragen werden.* Die hierfür verwendeten Programme werden als Compiler bezeichnet.

Zwischenbilanz

Fassen wir nun noch einmal die dafür erforderlichen Voraussetzungen zusammen:

1. Die Syntax, d.h. die Grundbausteine der Sprache und die möglichen Kombinationen der Bausteine, müssen präzise definiert sein. Verwendet man hierfür eine formalisierte Beschreibungsform wie die BNF, so läßt sich die syntaktische Korrektheit eines Programmes eindeutig feststellen.
2. Für jede elementare Operation der Programmiersprache muß die zugeordnete Folge von Maschinenbefehlen in Form einer Tabelle angegeben werden.
3. Darüber hinaus muß festgelegt werden, wie Kombinationen von elementaren Operationen in Einzelschritte aufzulösen sind. Dafür ist eine Prioritätenliste der Operationen erforderlich.

Es sei hier noch darauf hingewiesen, daß es im Gegensatz zur Syntax noch keine formalisierte Methodik zur Beschreibung der Semantik einer Sprache gibt. Dies ist nicht nur von theoretischem Interesse, sondern hat in der Praxis die Auswirkung, daß trotz einheitlicher Syntax bei unterschiedlichen Compilern gewisse Abweichungen in der Semantik auftreten können. Dies kann zu Portabilitäts-problemen führen. Im allgemeinen sind solche mehrdeutigen Konstruktionen jedoch bekannt und lassen sich umgehen.

In Pascal ist beispielsweise nicht eindeutig geklärt, wie der Ausdruck

$$x<>0 \text{ and } y/x>z$$

behandelt wird. Werden beide Vergleichs-Ausdrücke berechnet? In diesem Falle könnte im rechten Ausdruck eine Division durch Null auftreten. Im Prinzip kann, wenn bereits der linke Ausdruck nicht erfüllt ist, auf die Auswertung des rechten Ausdrucks verzichtet werden. In diesem Falle würde die Division durch Null ver-mieden. Je nach Compiler kann also die obige Zeile einen Programmabbruch her-vorrufen oder problemlos durchlaufen werden.

Und nun machen wir einen Compilerlauf

Der Ablauf der Übersetzung eines Programms orientiert sich an den oben aufgeführten logischen Schritten. Abb. 3-4-7 gibt die Grobstruktur eines Compiler-laufes wieder.

Lexikalische Analyse

Ausgangspunkt ist das in der Programmiersprache verfaßte Programm, der sogenannte *Quellcode*. Die Aufgliederung des Quellprogramms in Grundelemente und deren Zuordnung zu bestimmten Klassen bildet den ersten Schritt der Übersetzung. Dieser Schritt wird auch als *lexikalische Analyse* bezeichnet. Hierbei wird der Quelltext zeichenweise sequentiell abgeprüft und aufgegliedert. Die Grundelemente werden gleichzeitig entsprechend ihrer Bedeutung klassifiziert. Dabei wird zwischen Namen, Konstanten und Schlüsselwörtern der Programmiersprache unterschieden. Die Symbole werden in einer Tabelle festgehalten, in die weitere Informationen für spätere Zugriffe abgelegt werden können. Außerdem werden bei der Analyse lexikalische Fehler im Programm entdeckt und notiert, z.B. ungültige Zeichen oder nicht erlaubte Namen. Kommentare werden ebenfalls entdeckt und ausgeklammert, da sie für den Programmablauf ohne Bedeutung sind. Ergebnis der lexikalischen Analyse ist die Symboltabelle.

Syntaxanalyse

Nach der Aufgliederung des Programmtextes in Grundelemente hat der Compiler als nächstes Einheiten von syntaktischen Grundelementen aufzuspüren. Zum Erkennen der angesprochenen Einheiten muß auf die Syntax der Sprache zurückgegriffen wer-den. Diese Phase des Übersetzens wird daher auch als Syntaxanalyse bezeichnet. Im Rahmen der Syntaxanalyse werden auch Verstöße gegen die Syntax als Fehler fest-gehalten. Für die Fehlersuche ist eine möglichst detaillierte Fehlermeldung von großer Bedeutung ("Irren ist menschlich, Verzeihen ist göttlich, vernünftige Fehlermeldungen sind himmlisch"). Hier gibt es erhebliche Unterschiede zwischen verschiedenen Compilern. Alternativ dazu wird bei Compilern, die eine Assembler-sprache erzeugen, aus der lexikalischen Analyse der Assemblertext erzeugt. Solche Compiler werden auch Precompiler genannt.

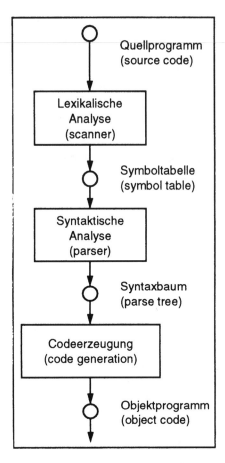

Abb. 3-4-7: Compilerlauf

Codeerzeugung

Ergebnis der Syntaxanalyse ist der Syntaxbaum. Dieser bildet die Grundlage für die
letzte Stufe, die Codeerzeugung. Für jeden Knoten des Syntaxbaumes wird dabei der
entsprechende Maschinencode erzeugt. Die Reihenfolge der Abarbeitung ist bereits
durch den Syntaxbaum festgelegt. Außerdem muß in dieser Phase für die Variablen
des Programms Speicherplatz reserviert werden. Dies erfolgt analog zu der bereits
beim Assembler beschriebenen Vorgehensweise. Ergebnis dieser letzten Phase ist
eine Folge von Anweisungen im symbolisch, binären Maschinencode, die auch als
Objektcode bezeichnet werden.

Über die Qualität von Compilern

Compiler stellen ein sehr wichtiges Hilfsmittel bei der Programmentwicklung dar. Die Qualität eines Compilers kann dabei durchaus erheblichen Einfluß auf die Qualität des Produktes haben. Dies betrifft zum einen die Zuverlässigkeit des Programms: Jeder Fehler im Compiler vervielfältigt sich, da er in vielen der übersetzten Programme auftauchen kann. Trotz ausführlichen Testens sind solche Fehler nicht immer vermeidbar, insbesondere bei selten vorkommenden Kombinationen von Sprachelementen.

Zum zweiten hat der Compiler Auswirkungen auf die Effizienz des erzeugten Codes. Hier kann durch gute Algorithmen und geschickte Optimierung viel erreicht werden. Unterschiede in der Laufzeit zwischen von verschiedenen Compilern erzeugten Objektprogrammen um einen Faktor zwei sind durchaus möglich.

Schließlich beeinflußt der Compiler auch die Portabilität von Programmen. Dies betrifft zum einen Fehler in der Umsetzung der Syntax, zum anderen die bereits oben erwähnten semantischen Zweideutigkeiten.

Die Qualität von Compilern kann mit sogenannten *Validierungsprogrammen* geprüft werden. Für viele Programmiersprachen existieren heute bereits solche Compilervalidierungsprogramme. Beispielsweise müssen Compiler für die Programmiersprache Ada zunächst eine solche Prüfprozedur durchlaufen haben, bevor sie überhaupt den Namen Ada-Compiler tragen dürfen.

3.4.4 Systemprogramme im Überblick

Bisher hatten wir als betriebssystemnahe Software-Werkzeuge
- die Arbeitssystem-Schale (Shell),
- den Compiler und
- den Assembler

kennengelernt (Abschnitte 3.4.2 und 3.4.3). Nun gibt es weitere solcher Werkzeuge, die entweder direkt über die Betriebssystem-Schale oder als Systemprogramme vom Nutzer angesprochen werden können. Dazu gehören z.B. Editoren, Binder, Lader, Interpreter etc.

Im folgenden soll versucht werden, die verschiedenen Systemprogramme nach Ebenen zu sortieren und ihre Funktion kurz zu beschreiben. Dabei spielt es in diesem Zusammenhang keine Rolle, ob die einzelnen Programme in das Betriebssystem integriert, in den Compiler integriert und/oder vom Nutzer explizit aufrufbar sind. Dies ist ohnehin von Rechnersystem zu Rechnersystem verschieden.

In Abb. 3-4-8 ist zu diesem Zweck der Weg vom Nutzer zur Zentraleinheit (Prozessor und Arbeitsspeicher) in folgende Ebenen aufgeteilt:
1. Nutzer mit dem fertigen Algorithmus ("Papierebene")
2. Höhere Programmiersprache
3. Maschinensprache (= Assembler(sprache))
4. Symbolisch binärer Maschinencode (Objektcode) (darin sind bestimmte Adressen noch symbolisch beschrieben (z.B. Adressen von Bibliotheksprogrammen) und bis zum Zusammenbinden aller Unterprogramme unbekannt.)
5. Relativ binärer Maschinencode (verschiebbar binär) (die Adressen sind in Relation zueinander fest, aber als Block noch verschiebbar)

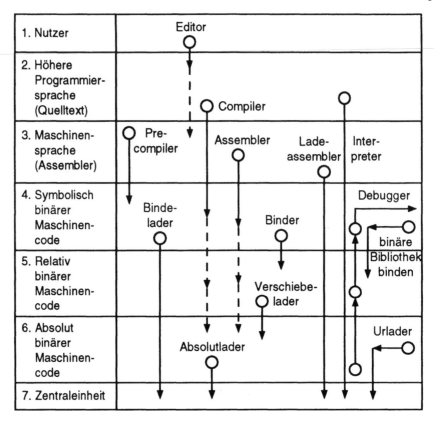

Abb. 3-4-8: Vom Nutzer zur Zentraleinheit...

6. Absolut binärer Maschinencode mit absoluten Adressen
7. Zentraleinheit mit Steuerwerk, Rechenwerk und Arbeitsspeicher.

Für den Übergang zwischen den einzelnen Ebenen stehen zahlreiche Systemprogramme zur Verfügung, von denen die wichtigsten kurz erläutert werden:

Editoren sind Programme, mit deren Hilfe man (Programm-)Texte erstellen und
auf Dateien abgelegte Texte ändern kann. Editoren arbeiten i.a. mit einer Kopie des
zu bearbeitenden Textes. Es sind als Eingaben *Kommandos* und Texte möglich. Die
heutigen Editoren sind meist interaktiv (vgl. Abschnitt 3.6.2.)

Precompiler übersetzen ein Quellprogramm in eine Maschinensprache
(Assembler).

Compiler übersetzen ein Quellprogramm in einen symbolischen, relativen oder
absoluten Maschinencode.

Assembler übersetzen die Maschinensprache (Assembler) in einen symbolischen,
relativen oder absoluten Maschinencode.

Binder (Linker) fügen verschiedene symbolische binäre Maschinencode-Pro-
gramme zu *einem* relativ adressierten Maschinencode zusammen. Dabei verketten
sie die (noch) symbolischen Adressen, indem z.B. *symbolisch binäre Bibliotheks-
programme* dazugebunden werden.

Verschiebelader verschieben relativ adressierten Maschinencode auf die absoluten in der Zentraleinheit auch tatsächlich vorgesehenen Adressen.

Absolutlader befördern den absolut adressierten Maschinencode an die entsprechenden Speicherplätze in der Zentraleinheit.

Urlader laden den Absolutlader (nach dem Start des Rechners) in die Zentraleinheit *(Selbstladetechnik, bootstrap).*

Binderlader binden die symbolisch binär adressierten Programmteile, adressieren absolut und laden diese in die Zentraleinheit.

Debugger sind Hilfsprogramme, die dem Nutzer den absoluten, relativen oder symbolischen Maschinencode z.B. zur Fehlersuche ausgeben.

Interpreter erstellen aus der höheren Programmiersprache direkt einen absolut adressierten Maschinencode, der dann von der Zentraleinheit abgerufen wird. Den vom Interpreter erzeugten Code nennt man eine *abstrakte Maschine.*

3.5 Problemspezifische Software-Werkzeuge

3.5.1 Wer unterstützt mich beim Denken?

Bisher ging es bei der Frage geeigneter Software-Werkzeuge primär darum, wie ein Nutzer mit den rechnerspezifischen Eigenschaften besser zurechtkommen kann. Natürlich kann man auch Software-Programme entwickeln, die den Problemlöseprozeß wesentlich "problemnäher" unterstützen. Dazu gibt es zunächst umfangreiche *Programmbibliotheken* für:
- mathematische und statistische Probleme (z.B. zum Lösen von Differentialgleichungen)
- Textverarbeitung (z.B. Word)
- Tabellenkalkulation (z.B. Multiplan)
- Basiskommunikation
- Finanzbuchhaltung
- Lagerverwaltung usw.

Einige allgemeine problemspezifische Software-Werkzeuge sind - unabhängig von bestehenden Programmbibliotheken - von grundsätzlicher Bedeutung und werden deshalb in den kommenden Abschnitten ausführlich behandelt.

Zunächst geht es um die Unterstützung bei der Verwaltung großer Datenmengen durch *Datenbanken* (Abschnitt 3.5.2). Der Abschnitt 3.5.3 ist exemplarisch dem Einsatz *problemspezifischer Beschreibungsmittel* gewidmet. Daran schließt sich ein kurzer Ausblick auf die sogenannte *Künstliche Intelligenz* an (Abschnitt 3.5.4). Die letzten beiden Abschnitte sind problemorientierten Verbundnetzen gewidmet und behandeln Methoden zur *rechnerunterstützten Produktion* (CAD, CNC, ...) (Abschnitt 3.5.5) und *Software zur Datenfernübertragung* (Abschnitt 3.5.6).

3.5.2 Datenbanken

Zu den wichtigsten problemspezifischen Software-Werkzeugen gehören die Datenbanken. Dabei unterscheidet man zwischen der
- *Datenbasis*, also der Sammlung der betrachteten Informationen, und dem
- *Datenverwaltungssystem* (DBMS = data base management system).

Das DBMS hat eine eigene Sprache (data base language), die aus der
- Datenmanipulationssprache (DML = data manipulation language = Abfragesprache = query language) und der
- Datenbeschreibungssprache (DDL = data description language)

besteht. Die DML-Sprache SQL (structured query language, genormt nach ANSI 1986 und ISO 1988) hat sich dabei am meisten verbreitet. Die wichtigsten Sprachelemente sind :

select	Attribut(e), die aufgeführt werden sollen
from	Relation(en), die bei der Abfrage benutzt werden
where	Bedingung(en), nach denen ausgewählt werden soll
order by	Attribut, nach dem die Antwort geordnet werden soll
into	Name eines Files, in das die Antwort geschrieben werden soll

Die DDL gibt an, wie Datenobjekte und ihre Bezeichungen in einem konkreten Datenbank-System zu definieren sind. Dies kann nach unterschiedlichen Modellen geschehen:
- In den *hierarchischen Modellen* werden die Daten in einer *Baumstruktur* verwaltet. Die Struktur einer solchen Datenbank kann in einem Entitäts-Beziehungs-Diagramm dargestellt werden. Das Diagramm besitzt eine Baumstruktur, wobei eine der Entitäten die Wurzel darstellt. Jede andere Entität läßt sich dann auf einem eindeutigen Weg auf die Entität in der Wurzel zurückführen. Die Entität, die näher an der Wurzel liegt ("Vater-Entität"), erhält immer die Kardinalzahl 1: "Jeder Sohn besitzt genau einen Vater".
- In den *Netzwerkmodellen* sind beliebige Zuordnungen möglich. Auch diese Datenbanken können durch ein Netzwerkmodell veranschaulicht werden. Die Anzahl der Verbindungen und die Kardinalitäten sind nicht durch die Datenbankstruktur vorgegeben und können dem Problem entsprechend gewählt werden.
- Die *relationalen Modelle* enthalten zweidimensionale Tabellen mit *Datensätzen (Zeilen)* und *Feldern (Spalten)*. Bekannte relationale Datenbanken sind UNIFY, ORACLE und INFORMIX. Das relationale Modell hat sich aufgrund seiner Einfachheit und einer klaren theoretischen Grundlage heute weitgehend durchgesetzt. Die Struktur einer relationalen Datenbank wird im folgenden Abschnitt näher beschrieben.

Beispiel mit einer relationalen Datenbank

Die prinzipielle Funktionsweise einer einfachen relationalen Datenbank soll am Beispiel einer Adreßverwaltung eines Unternehmens erläutert werden. Das Beispiel erscheint vielleicht auf den ersten Blick zu einfach, um komplexe Vorgänge wie die Abspeicherung und Verarbeitung von Daten in Rechenanlagen erläutern zu können. Im Grundsatz sind es jedoch die gleichen "einfachen" Prinzipien, die eine solche Verarbeitung ermöglichen.

Wir gehen zur Erläuterung des Beispiels von einem Unternehmen aus, das die Personaldaten in einem Archiv gespeichert hat (Abb. 3-5-1). Die zugehörige *Datenstruktur mit Archiv, Karteikästen und Karteikarten* ist in Abb. 3-5-2 dargestellt.

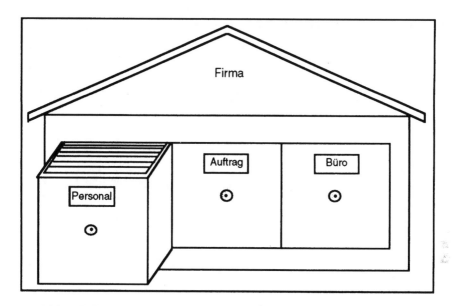

Abb. 3-5-1: Das Archiv der Firma (Quelle der Abbildungen 3-5-1 bis 3-5-6: Siemens AG)

Darunter ist eine entsprechende *Datenbankstruktur mit Datenbank, Tabelle und Satz* wiedergegeben.

Wir gehen nun vom Karteikasten aus (Abb. 3-5-3). Die einzelnen Karteikarten werden bei der Übertragung auf eine Datenbank in einer Tabelle abgelegt. Der *Karteikasten* entspricht also der Tabelle, eine einzelne *Karteikarte* dem einzelnen *Satz* in einer Tabelle.

Im Gegensatz zur Karteikarte kann man nun die einzelnen Sätze der Tabelle über *Felder* einfach miteinander verknüpfen (Abb. 3-5-4).

So erhält man z.B. über den *Feldnamen* "Ort" auf einfache Weise die *Feldinhalte (Werte)* der einzelnen "Karteikarten".

Hiermit ist nun prinzipiell die *Selektion* einzelner Sätze z.B. mit der Bedingung "Ort = München" (Abb. 3-5-5) möglich. In ähnlicher Weise kann man durch eine *Projektion* Gruppen von Feldern auswählen (Abb. 3-5-6) und so z.B. "Nachname, Personalnummer und Ort" unter Ausblendung der Felder "Vorname, Straße und Postleitzahl" in einer neuen Tabelle abspeichern.

Auch die logische Verknüpfung mehrerer Tabellen über *Join-Merkmale* gelingt problemlos. So kann man z.B. über die Personalnummer des Auftragsleiters aus einer Projekttabelle durch Verknüpfung mit der Personalnummer der Personaldatei auf einfache Weise einen Auftrag mit bestimmten Personaldaten verknüpfen (vgl. Abb. 3-5-7).

An diesem einfachen Beispiel wird deutlich, daß die elementare logische Verknüpfung gespeicherter Daten durch ihre schnelle und unproblematische Zu-
ordnungsfähigkeit ein sehr leistungsfähiges Werkzeug darstellt. Im Prinzip können
mit derart einfachen logischen Strukturen mächtige Werkzeuge zur Informations-
verwaltung aufgebaut werden, deren Verwendungszusammenhang immer einer
sorgfältigen Prüfung und Kontrolle bedarf.

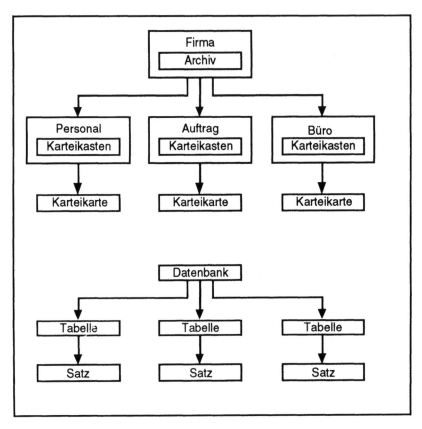

Abb. 3-5-2: Die Datenstruktur des Unternehmens und die Datenbankstruktur

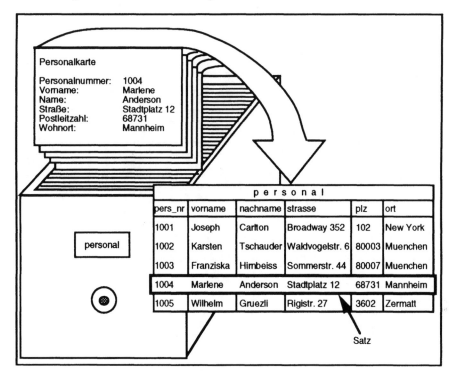

Abb. 3-5-3: Karteikasten und Tabelle

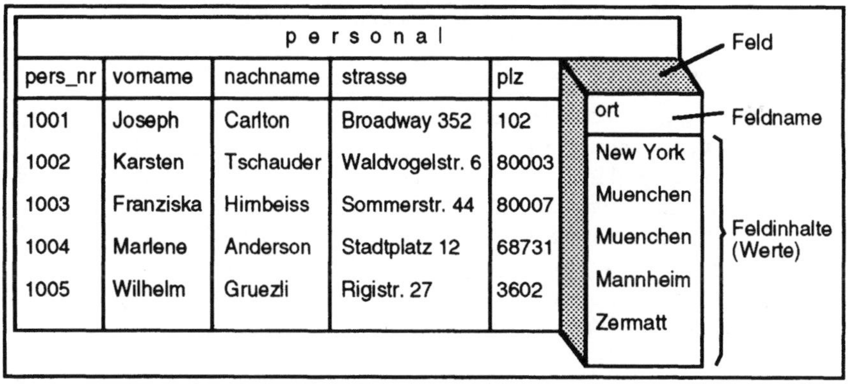

Abb. 3-5-4: Ein Feld einer Tabelle

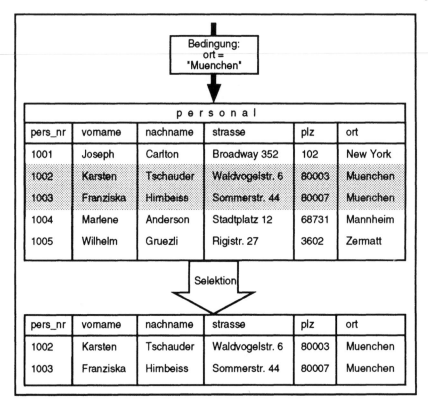

Abb. 3-5-5: Selektion: Sätze auswählen

Datensatzstrukturen

Bei der Behandlung von Datensätzen muß man zunächst zwischen logischen und physischen Datensätzen unterscheiden. Der *logische Datensatz* wird vom Nutzer durch sein Programm definiert und auf einem *physischen Datensatz* wie z.B. den *Spuren* einer Diskette oder den *Blöcke*n eines Magnetbandes abgelegt. Auf jedem der Datenblöcke befinden sich ein oder mehrere logisch *geblockte* oder *ungeblockte* Datensätze variabler oder fester Länge (Abb. 3-5-8). Dabei muß bei den variablen Satzlängen z.B. zu Beginn jedes Blocks und Satzes die tatsächliche Block- bzw. Satzlänge angegeben werden.

Von *linearen Datensätzen* spricht man, wenn alle Felder einer Tabelle gleichgeordnet sind (vgl. Abb. 3-5-3), von *nichtlinearen Datensätzen*, wenn die Felder durch eine bestimmte Struktur (z.B. eine Baumstruktur) aufgeteilt sind.

Häufig werden Daten durch einen Index *verschlüsselt*, z.B. durch einen Klassifikations- und Identifikationsindex (Beispiel Autokennzeichen):

AC   -   LH 12
Klassifikation   -   Identifikation.

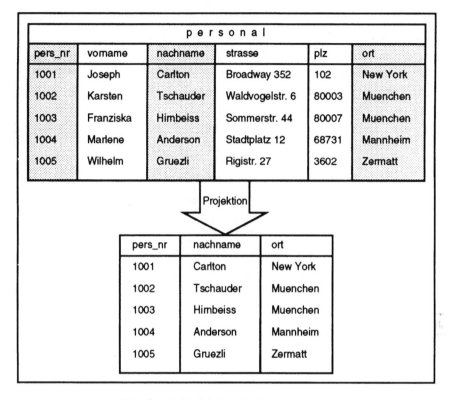

Abb. 3-5-6: Projektion: Felder auswählen

Datenspeicherung

Die Datenspeicherung kann
- sequentiell,
- index-sequentiell,
- index-verkettet (chaining) oder
- gestreut (hash-Verfahren)

erfolgen.

Bei der *sequentiellen* Datenspeicherung werden die Datensätze geblockt oder ungeblockt in adressierbaren oder nicht-adressierbaren Speichern *hintereinander nach Ordnungskriterien* (z.B. Alphabet des Datenschlüssels) abgelegt.

Bei der *index-sequentiellen* Datenspeicherung besteht durch eine Indextabelle eine feste Zuordnung zwischen der Datensatzadresse, einem *Datenindex* und den Daten (Abb. 3-5-9).

Bei der *index-verketteten* Datenspeicherung steht zusätzlich am Ende des Datenblocks ein *Datenzeiger*, der auf den nächsten anzusteuernden Datenindex verweist (Abb. 3-5-10).

Bei der *gestreuten* Datenspeicherung errechnet man aus dem *Datenschlüssel* eine *direkte* oder *indirekte* Datensatzadresse.

Aufbauend auf den verschiedenen Verfahren zur Datenspeicherung sind unterschiedliche Suchverfahren möglich.

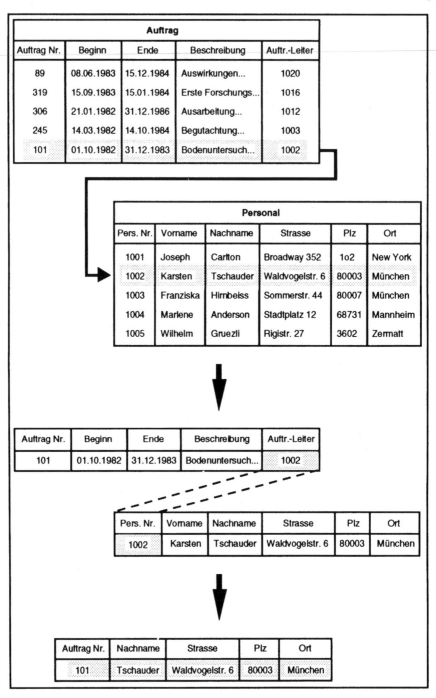

Abb. 3-5-7: Sätze und Felder auswählen

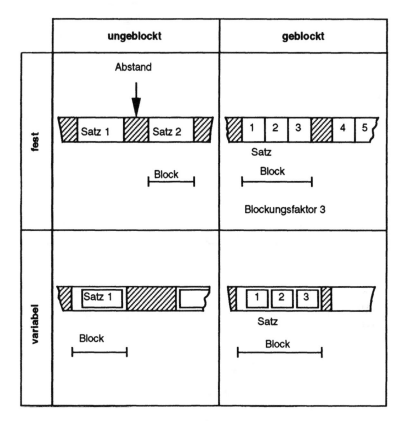

Abb. 3-5-8: Datensatzstrukturen

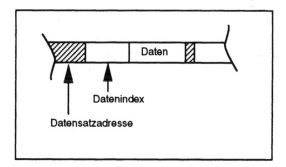

Abb. 3-5-9: Index-sequentielle Datenspeicherung

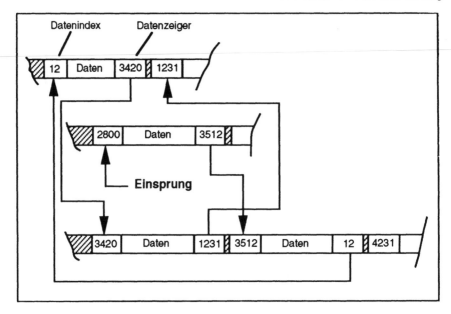

Abb. 3-5-10: Index-verkettete Datenspeicherung

3.5.3 Problemspezifische Beschreibungsmittel

Problemspezifische Beschreibungsmittel dienen der Rechnerunterstützung bei der Software-Entwicklung. Besonders unterstützen sie die frühen Phasen der Software-Entwicklung, also die Problemspezifikation (Analyse) und den Programmentwurf. Je nach Leistungsumfang des Werkzeugs spricht man heute auch von Computer Aided Software Engineering (CASE). Typische Programme sind
- ADW (Application Development Workbench, das heute am weitesten verbreitete CASE-Werkzeug),
- SADT (Structured Analysis and Design Technique), vgl. Abschnitt 2.3.7,
- SARS (System for Application Oriented Requierement Specifications) und
- EPOS (Entwicklungs- und Projektmanagementorientiertes Spezifikationssystem).

Letzteres soll etwas näher erläutert werden. EPOS besteht u.a. aus Komponenten zur Lastenhefterstellung (-R), zum Entwurf (-S) und zum Projektmangement (-M).

EPOS-S enthält dabei recht praktikable Kontrollflußkonstrukte (Abb. 3-5-11). Die erforderlichen Operationen können ebenfalls auf einfache Weise beschrieben werden (Abb. 3-5-12).

Kontrollfluß-konstrukt	Beispiel	Bedeutung	Graphische Darstellung
Folge von Verarbeitungs-vorgängen	A1; A2; A3	A1 gefolgt von A2 gefolgt von A3.	
Nebenläufige Verarbeitungs-vorgänge	PARALLEL (A1,A2); A3	A1 und A2 laufen parallel ab. Wenn beide abge-schlossen sind, folgt A3.	
Bedingte Verzweigung	IF C1 THEN A1 ELSE A2 FI.	Falls Bedingung C1 erfüllt ist, dannA1, sonst A2.	

Abb. 3-5-11: Kontrollfluß-Konstrukte von EPOS-S (Auszug aus Rembold)

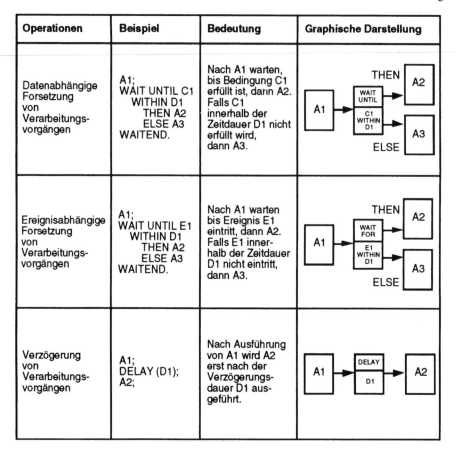

Operationen	Beispiel	Bedeutung	Graphische Darstellung
Datenabhängige Forsetzung von Verarbeitungs- vorgängen	A1; WAIT UNTIL C1 WITHIN D1 THEN A2 ELSE A3 WAITEND.	Nach A1 warten, bis Bedingung C1 erfüllt ist, dann A2. Falls C1 innerhalb der Zeitdauer D1 nicht erfüllt wird, dann A3.	
Ereignisabhängige Forsetzung von Verarbeitungs- vorgängen	A1; WAIT UNTIL E1 WITHIN D1 THEN A2 ELSE A3 WAITEND.	Nach A1 warten bis Ereignis E1 eintritt, dann A2. Falls E1 inner- halb der Zeitdauer D1 nicht eintritt, dann A3.	
Verzögerung von Verarbeitungs- vorgängen	A1; DELAY (D1); A2;	Nach Ausführung von A1 wird A2 erst nach der Verzögerungs- dauer D1 aus- geführt.	

Abb. 3-5-12: Operationen in EPOS-S (Auszug aus Rembold)

3.5.4 Man kann auch intelligenter suchen: Künstliche Intelligenz

Können Maschinen denken?

Seit Mitte der 60er Jahre beschäftigt ein Informatik-Schlagwort häufig die öffentliche Diskussion: Künstliche Intelligenz (KI; artificial intelligence). Zunächst sollte man sich klar machen, daß der deutsche Begriff "Intelligenz" einen Bedeutungsinhalt hat, der dem ursprünglichen englischen Begriff "intelligence" nur zum Teil entspricht. Ein *intelligence service* ist eben kein *Intelligenz-Dienst*, sondern ein *Nachrichten-Dienst*.

In der Tat ist es offensichtlich, daß die Vielzahl der festen und präzisen Regeln, mit denen man Daten speichern und suchen kann, in Kombination mit einer Vielzahl fest und präzise geregelter, logischer Schlußfolgerungen ein erhebliches Potential darstellt, das Denken des Menschen durch "Nachrichten-Dienste" eines Rechners zu unterstützen.

Kann man aber bei solchen Ansätzen noch zwischen Denken des Menschen und "Denken" der Maschine unterscheiden?

Im Prinzip ja, denn wir haben dargestellt, daß sich nur diejenigen Probleme auf einem Rechner abbilden lassen, die sich als *analytische Probleme* beschreiben lassen, während synthetische und dialektische Probleme gerade dadurch charakterisiert sind, daß sie sich nicht durch feste und präzise Regeln beschreiben lassen. Und gerade im Lösen solcher Probleme liegt eine der Stärken des menschlichen Denkens.

Schwieriger wird die Unterscheidungsmöglichkeit, wenn man das *Verhalten* als Kriterium verwendet, wie *Turing* das bereits in den 50er Jahren vorgeschlagen hat. Einen der bekanntesten danach aufgebauten *Turingtests* entwickelte *Weizenbaum* Mitte der 50er Jahre mit dem Programm ELIZA. Dieses Programm bildet eine Psychiatersitzung nach:

1.	HOW DO YOU DO? (Programm)
2.	I never have time for my friends. (Patient)
3.	YOUR FRIENDS?
4.	They are students.
5.	DID YOU THINK THEY MIGHT NOT BE STUDENTS?
6.	They always talk about engineering.
7.	CAN YOU THINK OF A SPECIFIC EXAMPLE?
8.	On the last party they only talked about computers.
9.	DO COMPUTERS WORRY YOU?
10.	I have to work with computers.
11.	WHY DO YOU MENTION COMPUTERS?
12.	It was an example.
13.	EARLIER YOU SAID YOU NEVER HAVE TIME FOR YOUR FRIENDS.
14.	I always have to learn for examinations.
15.	YOU SAY YOU ALWAYS HAVE TO LEARN FOR EXAMINATIONS?
16.	I already dream of mathematics.
17.	WHAT DOES THAT DREAM SUGGEST TO YOU?
18.	I spend too much time learning.
19.	CAN YOU ELABORATE ON THAT?
20.	I am anxious.
21.	IS IT BECAUSE YOU ARE ANXIOUS THAT YOU CAME TO ME?
22.	I want your help.
23.	WHAT WOULD IT MEAN TO YOU IF YOU GOT MY HELP?
24.	Perhaps I could become better.
25.	YOU DON'T SEEM TO BE QUITE CERTAIN.
26.	Can you help me?
27.	YOU BELIEVE I CAN HELP YOU DON'T YOU?
28.	Bye.
29.	I'VE ENJOYED TALKING WITH YOU.

Bei aller Verwandtschaft mit manchen (rein analytisch) geführten Beratungsgesprächen zeigt sich bei näherer Analyse, daß dem Programm nichts anderes als

einige feste und präzise, logische Schlußfolgerungen unterlegt sind. So wird z.B.
der Satz

22.   I want your help

durch eine Programmregel
            wenn Patient sagt, "I want"
            forme um in "if you got"
in

23.   ... IF YOU GOT MY HELP?

umgeformt. Anschließend wird dieser Satz mit einem statistischen Suchverfahren
mit "vorformulierten" Datensätzen kombiniert und ergibt den Antwortsatz:

23.   WHAT WOULD IT MEAN TO YOU IF YOU GOT MY HELP?

Falls kein vorformulierter Datensatz *(Schablone)* aus einer entsprechenden
Datentabelle *(Skript)* mit einer gewissen Auftrittswahrscheinlichkeit von
Patientenäußerungen kombiniert werden kann, hat das Programm einige
"Reserveäußerungen", um z.B. der Einschlägigkeit des Patienten (*kurzer* Datensatz!)
zu begegnen, wie z.B. mit dem Satz:

19.   CAN YOU ELABORATE ON THAT?

Schließlich muß das Programm so strukturiert sein, daß einmal erfolgte
Äußerungen des Programms möglichst nicht wiederholt werden.

Bei der Bewertung von künstlicher Intelligenz ist also entscheidend, daß alle
Anworten des Rechners auf - ggf. statistisch - ausgewählten festen und präzisen
Regeln beruhen, ohne daß das Rechnerprogramm je ein *inneres Verständnis* für den
Vorgang entwickeln könnte: Lieben, (mit)leiden, fühlen, streicheln ...

Wissensreproduktion

Der Kern der Programmierung solcher "Nachrichten-Dienste" besteht darin, Wissen
von Menschen in analytischer Weise zu strukturieren *(Wissens-Produktionssystem)*:

*Jedes Wissenselement wird dabei durch eine <u>Wenn-dann-Regel</u> festgelegt: Wenn
die Bedingung vom Typ X erfüllt ist, dann führe die Handlung Y aus. Die
Handlung ist dabei durch ein "Wann?" und ein "Wie?" festgelegt.*

Die Wissenselemente werden nun von *arbeitenden Speichern (working-memory)*
über den aktuellen Zustand der "Welt" informiert und führen folgende
Programmabläufe durch:

Wiederhole
> Wähle eine Bedingung X_i aus, die mit der Information im *working memory* übereinstimmt.
> Führe die zugehörige Handlung Y_i *immer* aus.

Falls also ein Wissens-Produktionssystem der Bedingung
> X_1 = Mensch

die Handlung
> Y_1 = behaupte immer "sterblich"

zugeordnet hat und im working memory die Information
> Mensch Sokrates

anliegt, besteht die "Leistung" der Wissenspräsentation darin, daß dem *working memory* das Wissenselement $X_1 Y_1$ hinzugefügt wird:
> Mensch Sokrates sterblich.

Nach diesem Prinzip lassen sich recht komplizierte und leistungsfähige Regelwerke entwickeln.

Expertensysteme

Die einzigen bisher in der industriellen Praxis eingeführten Regelwerke sind die sogenannten Expertensysteme, die folgende Komponenten enthalten (Abb. 3-5-13):
- Mittels einer *Wissenserwerbskomponente* liefert der *Experte* Wissen, das durch den *Wissensingenieur* erhoben und mittels fester und präziser Regeln implementiert wird.
- Das gewonnene Wissen wird in einer *Wissensbank (knowledge base)* gesammelt.
- Mittels eines *Folgerungssystems (reasoning)* werden aus den möglichen Schlußfolgerungen der Wissensbank gültige und sinnvolle Folgerungen abgeleitet.
- Schließlich wird in einem *Ein-/Ausgabe-System* ein für den *Anwender* interpretierbarer "Dialog" erzeugt *(generating explanations)*.

Expertensysteme werden heute zunehmend im Bereich der Produktions-, Verfahrens- und Medizintechnik eingesetzt.

Ausblick

Die weitere Entwicklung anwendungsreifer KI-Systeme ist recht unsicher. Zwei Entwicklungslinien erscheinen z.Z. erfolgversprechend:
- Mit Regeln der *Fuzzy Logic* sind erste Erfolge mit einer effizienten Suchstrategie bei großen optischen Datenspeichern erzielt worden.
- Mit sogenannten *Neuronalen Netzen* gelingt es, Schaltprinzipien von biologischen Neuronennetzen z.B. zur verbesserten Muster-Erkennung einzusetzen.

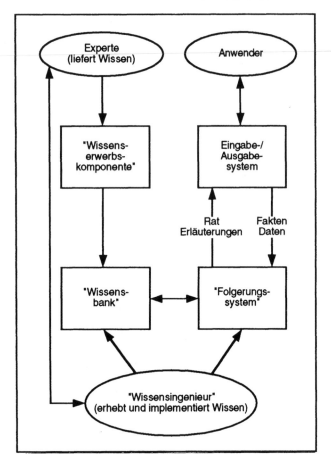

Abb. 3-5-13: Expertensystem

3.5.5 Software-Werkzeuge zur rechnergestützten Produktion

Wir wollen uns nun in den letzten beiden Abschnitten problemspezifischen
Software-Werkzeugen zur *Vernetzung* von Software-Leistungen zuwenden. Im
Abschnitt 3.5.5 werden dazu am Beispiel der Produktionstechnik Anwendungstrends
dargestellt.

Gerade der Einsatz von CAD (computer aided design) bringt schon heute besonders starke Veränderungen des Ingenieurberufs mit sich.

Der Entwicklungsingenieur (oder die Ingenieurin) hatte seine Ausbildung und
Berufserfahrung daraufhin orientiert, an Zeichenbrettern seine Entwurfsarbeit durch-
zuführen. Dabei wechselten sich Phasen der individuellen Arbeit mit Phasen des
Austausches und der Kooperation mit den Kolleginnen und Kollegen ab. Der ge-
samte Entwurf befand sich für alle Partner sichtbar auf dem Zeichenbrett.
Notwendige Daten konnten in Ordnern, Zeichendokumentationen etc. nachge-

schlagen werden. Auch über persönliche Gespräche konnte auf Erfahrungen und Vorgaben zurückgegriffen werden.

Mit dem Einsatz von CAD ändert sich die Situation grundlegend. Der Entwicklungsingenieur sitzt vor dem Bildschirm, "zeichnet" mit Hilfe von Maus und Menüfeldern, ruft Daten und Zeichnungen aus verschiedenen Datenbanken ab und sieht das Gesamtbild des Entwurfs erst auf dem Computerausdruck, da der Bildschirm nur Ausschnitte (mit und ohne Zoom) zeigt.

Gegenwärtig wird von verschiedenen Gruppen in Europa diskutiert, ob ein CAD-System entwickelt werden könnte, dessen Eingabe über einen reißbrettgroßen Schirm mit einer dem herkömmlichen Zeichnen ähnlichen Zeichentechnik erfolgen könnte. Die so eingegebenen Daten sollten elektronisch weiterverarbeitet werden. Damit wäre es möglich, die vertrauten Arbeitsbezüge von Ingenieuren/innen weitgehend zu erhalten, und zugleich die Stärken der Datenverarbeitung und des Computereinsatzes für den kreativen Prozeß der Ingenieurarbeit zu nutzen.

Rechnergestützte Produktion wird unter den Schlagworten CIM und CAI diskutiert. Zur besseren Übersicht ist dazu in Abb. 3-5-14 eine Begriffshierarchie dargestellt.

Betrachtet man die Datenflüsse zwischen den einzelnen CA-Komponenten, so ergibt sich z.B. zwischen dem Produktionsplanungssystem (PPS) und der Konstruktion (CAD) bzw. der Fertigung (CAP, CAM) der in Abb. 3-5-15 dargestellte Zusammenhang.

Bereits hieraus zeigt sich, daß die Frage der Vernetzung von Software-Komponenten untrennbar mit der Frage der dabei wegfallenden, entstehenden bzw. veränderten Arbeitsplätze verknüpft ist (vgl. Abb. 2-6-3). Deshalb haben sich in den letzten Jahren verstärkt Bemühungen abgezeichnet, *vor* dem Einsatz von Rechnern zunächst
- die Gestaltung von Arbeitsinhalten und -strukturen und
- die daraus abgeleiteten - möglichst flexiblen - Organisationsformen
zu gestalten und dann die Rechner-Netze optimal an die Fähigkeiten und Bedürfnisse der Nutzer anzupassen (und nicht umgekehrt). Siehe auch den Dualen Entwurf in Kapitel 2.6.3.

Dabei spielen zunehmend Fragen der dezentralen und örtlich verteilten Produktion eine Rolle. Dies führt andererseits zu einem erhöhten Bedarf an Software-Unterstützung für den Datentransfer zwischen (örtlich verteilten) Rechnern. Deshalb ist der nächste Abschnitt dieser Frage gewidmet.

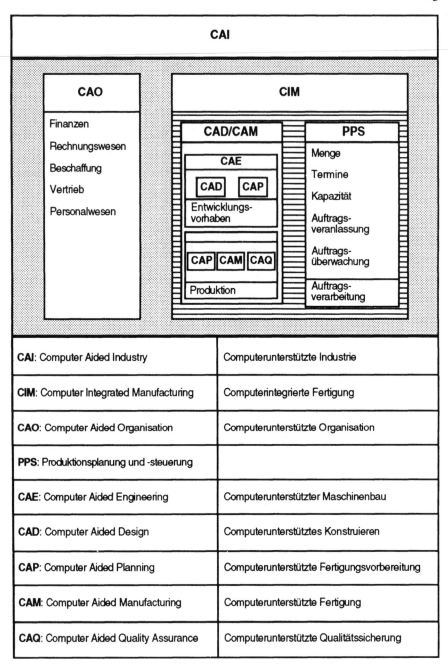

CAI: Computer Aided Industry	Computerunterstützte Industrie
CIM: Computer Integrated Manufacturing	Computerintegrierte Fertigung
CAO: Computer Aided Organisation	Computerunterstützte Organisation
PPS: Produktionsplanung und -steuerung	
CAE: Computer Aided Engineering	Computerunterstützter Maschinenbau
CAD: Computer Aided Design	Computerunterstütztes Konstruieren
CAP: Computer Aided Planning	Computerunterstützte Fertigungsvorbereitung
CAM: Computer Aided Manufacturing	Computerunterstützte Fertigung
CAQ: Computer Aided Quality Assurance	Computerunterstützte Qualitätssicherung

Abb. 3-5-14: CAI-Begriffe

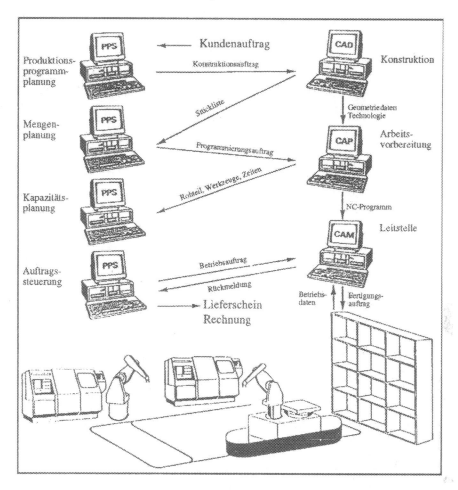

Abb. 3-5-15: Datenflüsse zwischen den CA-Komponenten

3.5.6 Software-Werkzeuge zur Datenfernübertragung

Um zwischen den (örtlich verteilten) Rechnersystemen eine genormte - aber an
spezielle Bedürfnisse anpaßbare - Datenkommunikation zu ermöglichen, hat bereits
Anfang der 80er Jahre ein *Sieben-Schichten-Modell* (ISO - OSI - Referenzmodell)
weite Verbreitung gefunden, auf das sich verschiedene Normungsbehörden inter-
national verständigt haben: DIN (Deutsche Industrie-Norm), ISO (International
Standardisation Organisation) und CCITT (Comité Consultatif International
Télégraphique et Téléphonique; 150 Staaten). Dieses Modell beschreibt einen
standardisierten Rahmen, in dem die Kommunikation abläuft. Genaue Dienste und
Protokolle sind jedoch nicht festgelegt, so daß eine hohe Flexibilität gegenüber
Erweiterungen und Wünschen besteht (Abb. 3-5-16).

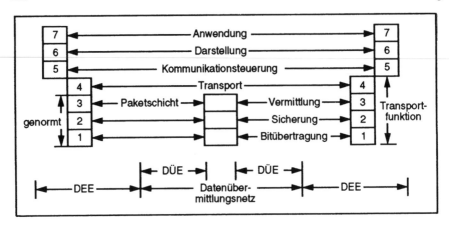

Abb. 3-5-16: Sieben-Schichten-Modell

Die *Bitübertragungsschicht* (1) ermöglicht den noch ungesicherten Datentransport. Sie stellt die physikalische Verbindung zwischen zwei Teilnehmern einer Kommunikation her. In der *Sicherungsschicht* (2) wird aus einer ungesicherten Übertragung eine gesicherte. Durch spezielle Prüfmethoden, wie z.B. das Mitführen von Kontrollsummen aus den zu übertragenden Bits, wird es möglich, Fehler zu erkennen und zu beheben. Die *Vermittlungsschicht* (3) stellt die Verbindung zwischen den Hauptanschlüssen zweier Datenendeinrichtungen (DEE) innerhalb von Netzen her, die miteinander kommunizieren wollen. In der *Transportschicht* (4) wird die Verbindung zwischen den Anwendern der Datenendeinrichtungen mit Hilfe des Handshakemechanismus aufgebaut. Sie regelt z. B. auch die Mehrfachnutzung einer Leistung durch mehrere Datenströme (Multiplexing). Diese ersten vier Schichten sind für die Transportfunktionen zuständig. Die *Kommunikationsschicht* (5) (auch Sitzungsschicht genannt) sorgt für die Synchronisation der Kommunikation und ermöglicht z.B. den Dialogverkehr zwischen zwei Rechnern. Es wird festgelegt, welche Art von Nachricht übertragen wird. In der *Darstellungsschicht* (6) werden die Sprachmittel zur Darstellung und Benennung von Informationen - also die Syntax - zur Verfügung gestellt. Bei Telex ist hier z.B. das gesamte Charakter-Repertoire beschrieben. Die *Anwenderschicht (7)* ermöglicht dem Nutzer den Zugang zu einem offenen Kommunikationssystem über die Datenendeinrichtungen. Hier sind beispielsweise die Eigenschaften verschiedener Terminalarten festgelegt.

Die Schichten sind hierarchisch angeordnet, d.h., die Dienstleistung einer Schicht an die nächsthöhere umfaßt den Dienst der jeweils niedrigeren Schicht, erweitert um die eigene Funktion. Je nach Anwendungsfall können, wie in den folgenden Beispielen, verschiedene Schichten eingesetzt werden:

- Das *MAP-Protokoll* (Manufacturing Automation Protocol) wird z.B. in der Fertigungstechnik eingesetzt und verwendet die Schichten 1-5 sowie eine eigene Normung für die Schichten 6 und 7.
- Das *TOP-Protokoll* (Technical and Office Protocols) wird vorwiegend für administrative Zwecke eingesetzt. Es verwendet wie MAP die ersten fünf Schichten genormt (aber teilweise anders genormt als bei MAP!) und eine eigene Norm für die siebente Schicht.

Das Sieben-Schichten-Modell kann dabei sowohl in
- lokalen Inhouse-Netzen (LAN Lokal Area Network), als auch
- in Netzen zur Datenfernübertragung (DFÜ)
betrieben werden. Ein Beispiel für eine Verknüpfung beider Netze ist in
Abb. 3-5-17 dargestellt.
Abschließend sind in Abb. 3-5-18 aus der Vielfalt von Abkürzungen im Bereich
der Datenfernübertragung einige wichtige zusammengestellt.

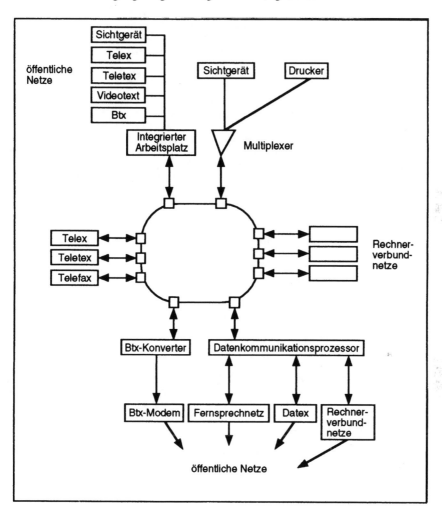

Abb. 3-5-17: LAN-DFÜ-Kopplung

Telematik:	(zusammengesetzter Begriff aus "**Tele**kommunikation" und "Infor**matik**") Informations- und Kommunikationstechnologien
Telex:	Fernschreiber
Teletex:	Bürofernschreiber, Fernübertragung zwischen Textautomaten
Telefax:	Fernkopierer
Btx:	Bildschirm**text**, Informationsdienst über dasTelefonnetz
Videokonferenz:	Beidseitige Fernsehbildübertragung zwischen zwei Konferenzstudios
Elektronische Post:	Übersendung von Nachrichten und Daten, die in der "Mailbox" des Empfängers gespeichert werden und nur von autorisierten Personen abgerufen werden können oder, bei entsprechender Kennzeichnung, allen Systembenutzern zugänglich sind
Mailbox:	"Postfach", Briefkasten für Elektronische Post, Schwarzes Brett
Datex-L:	Post-Dienst im öffentlichen Netz (Leitungsvermittlung, Leitung bleibt für die Dauer der Übertragung exklusiv reserviert)
Datex-P:	Post-Dienst im öffentlichen Netz (Paketvermittlung, Leitung wird von mehreren Benutzern genutzt, die abwechselnd jeweils Datenpakete à 1024 bit absenden können)
ISDN:	Integrated Services Digital Network, engl.: diensteintegrierendes digitales Fernmeldenetz oder Integriertes schmalbandiges digitales Fernmelde-Netz, Post-Dienst
BIGFON:	Breitbandiges integriertes Glasfaser-Fernmeldeortsnetz
Modem:	"**Mo**dulator-**Dem**odulator", dient zum Anschluß von Rechnern für die Datenübertragung an das Telefonnetz
Multiplexer:	Anschlußteil für Datenendgeräte (z.B.: Bildschirm, Drucker, ...), zeitlich verschachtelte Übertragung auf einem Kanal, quasi-simultane Gerätebenutzung
Server:	engl.: "Bediener", Anschlußteil für Datenübertragung, insb. zur Umwandlung bei unterschiedlichen Datenformaten oder Übertragungsmerkmalen
LAN:	Local Area Network, engl.: Lokales Netzwerk, lokaler Rechnerverbund
Gateway:	engl.: "Toreinfahrt", Anschluß von LANs an einen externen (Groß-) Rechner (oder Netz), ggf. mit Format-Konvertierung
Router:	Verbindung auf der Vermittlungsschicht
Bridge:	engl.: "Brücke", Verbindung auf der Sicherungsschicht zwischen LANs mit gleichen Datenformaten
Repeater:	Verstärkerstation, d.h. Verbindung zwischen LANs auf Bitübertragungsschicht

Abb. 3-5-18: Einige Abkürzungen aus der Datenfernübertragung

3.6 Arbeitsplatzspezifische Mensch-Rechner-Schnittstellen

3.6.1 Wer paßt sich an?

"Der Klügere gibt nach ... ", ist ein weitverbreitetes Motto, um Konflikte zu vermeiden. Leider führt es häufig dazu, daß gleichzeitig der/die Betroffene die Verantwortung verweigert. Gerade dieser Effekt tritt beim Einsatz von komplexen Rechnerstrukturen sehr schnell auf, wenn man die Nutzer zwingt, sich an den Rechner anzupassen und in diesem Sinne "der Klügere" zu sein.

Im Umgang mit Rechenanlagen hat das aber keinen Sinn. Durch einen Abkopplungseffekt der Menschen vom Rechner können für ein Unternehmen verhängnisvolle Folgen mit erheblichen Produktivitätseinbußen entstehen. Es kommt dann schnell zu einer Zwei-Welten-Struktur: Die Vorgänge im Rechner werden unkontrollierbar, und die Menschen entweichen in eine verborgene, informelle Datensubkultur unterhalb der offiziellen Rechnerwelt. Dies ist dann meist der Anfang vom Ende eines sinnvollen Rechnereinsatzes.

Wie wir bereits bei der Reflexion in Kapitel 2.6 gesehen haben, kann ein Mensch-Rechner-System nur dann optimal eingesetzt werden, wenn es
- an seiner Oberfläche optimal an die betreffenden Nutzer angepaßt ist und
- in seinem Inneren optimal an die Möglichkeiten des Rechners angepaßt ist.

Im Grunde genommen gibt es zu diesem Ansatz keine sinnvolle Alternative. Trotzdem werden in der heutigen Praxis der Software-Entwicklung die Rechneroberflächen immer noch allzu häufig optimal an die Möglichkeiten des Rechners angepaßt. Dadurch wird der Nutzer zu mehr oder minder "digitalisiertem" Denken und Handeln gezwungen. Im folgenden Abschnitt 3.6.2 sollen deshalb einige Grundlagen zur menschorientierten Gestaltung von Rechner-Oberflächen (Software-Ergonomie) gelegt werden. Dem schließen sich praktische Beispiele zur Gestaltung von Oberflächen an (Abschnitte 3.6.3 und 3.6.4).

3.6.2 Methoden der Software-Ergonomie

IFIP-Modell

Bei der Software-Ergonomie geht es um mehr als eine "nutzerfreundliche" Software; es geht um die *Gestaltung rechnerunterstützter geistiger Arbeit*. Dabei lassen sich nach einem Normungsvorschlag der IFIP (International Federation of Information Processing) die software-ergonomischen Problemstellungen in vier Schnittstellen gliedern (Abb. 3-6-1).

Die *Ein-/Ausgabe-Schnittstelle* ist durch die Regeln für die Eingaben des Benutzers bzw. der Benutzerin und die Ausgaben des Systems definiert. Die Eingaberegeln legen fest, auf welche Weise Zeichen eingegeben werden, womit die Schreibmarke auf dem Bildschirm positioniert wird, wie Aufträge beschrieben sind und wie sie in das System eingegeben werden (z.B. mittels Kommandoname oder Funktionstaste). Die Ausgaberegeln legen fest, auf welche Weise Daten und mögliche Operationen dem Benutzer dargestellt werden, wie die auszugebenden Daten gruppiert, formatiert und codiert werden.

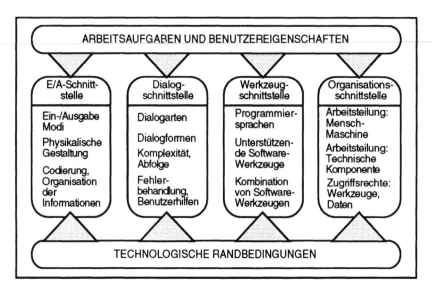

Abb. 3-6-1: IFIP-Modell für Benutzerschnittstellen

Die Regeln der *Dialogschnittstelle* legen den Dialog zwischen Benutzer bzw. Benutzerin und Softwaresystem fest. Mit Hilfe des Dialoges kann sich der Benutzer z.B. Erklärungshilfen geben lassen, Aufträge erteilen oder die Auftragsbearbeitung durch das System beeinflussen, unterbrechen, fortführen oder abbrechen.

Die *Werkzeugschnittstelle* wird dadurch bestimmt, welche Software-Werkzeuge zur Verfügung stehen, wie diese kombinierbar sind und wie auf sie zugegriffen werden kann.

Die *Organisationsschnittstelle* schließlich wird durch die Regeln bestimmt, die den Zusammenhang der Arbeitsaufgaben zwischen den Benutzerinnen bzw. Benutzern und anderen Personen festlegen. Diese sind z.B. die Arbeitsteilung, die Kooperationsregeln oder der Dienstweg, der sich teilweise aus der Kopplung mit anderen Systemen ergibt.

Dialogform

Für den "Dialog" zwischen Mensch und Rechner haben wir bereits zahlreiche Varianten kennengelernt. Dabei ist unter Dialog nicht ein zwischenmenschlicher Dialog zu verstehen, sondern lediglich ein Ablauf, bei dem der Benutzer zur Abwicklung einer Arbeitsaufgabe - in einem oder mehreren Schritten - Daten eingibt und jeweils Rückmeldung über die Verarbeitung dieser Daten erhält (DIN 66234, Teil 8).

Die für die Mensch-Rechner-Kommunikation eingesetzten Ein- und Ausgabegeräte sind in Abb. 3-6-2 den entsprechenden Dialogformen gegenüber gestellt. Im folgenden sollen die Vor- und Nachteile der heute überwiegend eingesetzten Dialogformen

Ein-/Ausgabegeräte	Dialogform
- Eingabe über Lochkarten bzw. Lochstreifen - Ausgabe über Ausdrucke	- Batchbetrieb (Stapelverarbeitung) - 'Closed Shop'
- Anschluß von Fernschreibern an Rechnersysteme	- Zeilenorientierte Ein-/Ausgabe - Kommandoorientierter Dialog
- Zeilenorientierte Bildschirm mit 24 bis 25 Zeilen à 80 Zeichen - Tastatur mit Cursortasten zur Positionierung einer Schreibmarke auf dem Bildschirm	- Dialogformen der Menü-, Masken- und Formulartechniken
- Grafikbildschirme mit Fenstersystemen, die die Definition von Bildschirmausschnitten als virtuelle Ausgabegeräte erlauben - Spezielle Zeigerinstrumente zur beliebigen Positionierung des Cursors auf dem Bildschirm	- Dialogform der direkten Manipulation

Abb. 3-6-2: Mensch-Rechner-Kommunikation

- Kommandosprache,
- Menü-Verfahren und
- direkte Manipulation

beschrieben werden.

Kommandosprache

Die Eingabe von Kommandokürzeln über eine Tastatur (*Kommandosprache*) ist die "klassische" Methode. Diese Kommandos können aus einzelnen Kommandowörtern oder -buchstaben und ggf. weiteren Angaben aufgebaut sein. Bei manchen Systemen werden bestimmte Anweisungen durch Betätigung einer speziellen Funktionstaste gegeben.

Der *Vorteil* dieser Dialogform besteht darin, daß geübte Benutzer zumindest mit Kurzkommandos sehr *schnell arbeiten* können und daß die Menge möglicher Kommandos weniger Beschränkungen unterliegt als etwa bei der Menüauswahl.

Nachteilig hierbei ist eine *hohe Gedächtnisbelastung*, da eine Vielzahl von Kommandos im Gedächtnis behalten werden müssen. Die Wahl englischer Abkürzungen als Kommandoname führt häufig zu zusätzlicher Belastung: ein typischer Fall schlechten Systemdesigns (siehe Beispiel in Abb. 3-6-3).

Menü-Verfahren

Beim Menü-Verfahren werden mögliche Kommandos in einer Liste (einem sogenannten *Menü*) auf dem Bildschirm dargeboten und *vom Nutzer ausgewählt* (Abb. 3-6-4). Diese Auswahl kann nun entweder durch einen Tastendruck auf der Tastatur erfolgen oder - in der Regel sinnvoller - durch ein spezielles Zeigerinstrument. Dazu dient etwa eine "Maus", mit der eine Zeigermarke (Cursor) auf dem Bildschirm bewegt werden kann (vgl. Abb. 3-1-19).

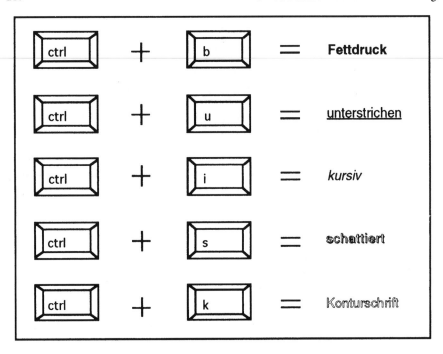

Abb. 3-6-3: Komplizierte Kommandosprache

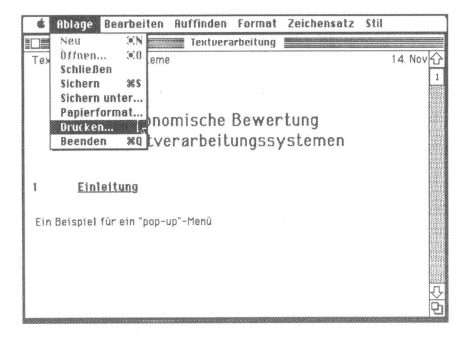

Abb. 3-6-4: Menü-Verfahren

Die *Gedächtnisbelastung* bzw. der Lernaufwand wird hierdurch *äußerst gering* gehalten. Andererseits kann die Suche nach dem jeweiligen Kommando und dessen Auswahl vergleichsweise lange dauern, weswegen diese Dialogform von Personen mit Erfahrung im Umgang mit einem kommandoorientierten System oft als *umständlich* empfunden wird. Weiterhin sind der Anzahl der darzubietenden Kommandos durch die beschränkte Oberfläche des Bildschirms Grenzen gesetzt. Als Gegenmaßnahme werden neuerdings *pop-up-Menüs (aufspringende Menüs)* verwendet (vgl. Abb. 3-6-4). Dabei wird nur die "Überschrift" einer nach Funktionen geordneten Gruppe von Kommandos auf dem Bildschirm in einer Kopfleiste dargeboten. Wählt man einen dieser Oberbegriffe aus, wird ein "Fenster" eingeblendet, das die einzelnen Kommandos enthält.

Direkte Manipulation

Eine vergleichsweise neue Gestaltung der Mensch-Rechner-Schnittstelle ist die sogenannte *Direkte Manipulation* (Abb. 3-6-5). Sie ist seit dem Erscheinen des "Macintosh"-Computers der Firma Apple sehr populär geworden und ist mittlerweile auch auf IBM- bzw. IBM-kompatiblen Rechnern möglich (GEM-Software). Die Grundidee besteht darin, daß dem System nicht mehr *"indirekt"* durch Kommandos mitgeteilt wird, was es zu tun hat, sondern daß die beabsichtigte Handlung *"direkt"* am Objekt mit Hilfe der "Maus" vorgenommen wird. Bei einem solchen System wird z.B. ein bestimmtes Dokument durch "Daraufzeigen" mit der durch die Maus bewegten Zeigermarke zur weiteren Bearbeitung ausgewählt.

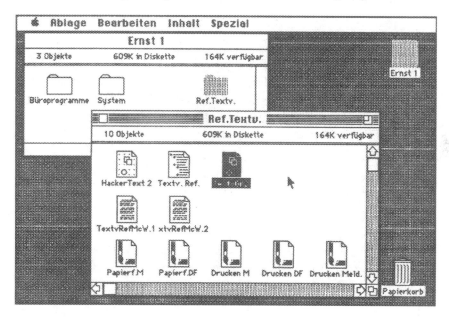

Abb. 3-6-5: Direkte Manipulation

Gestaltungskriterien für die Dialogschnittstelle

Aufgabenangemessenheit

Nach DIN 66234, Teil 8, S. 2, ist ein Dialog

"aufgabenangemessen, wenn er die Erledigung der Arbeitsaufgabe des Benutzers unterstützt, ohne ihn durch Eigenschaften des Dialogsystems unnötig zu belasten".

Die Norm nennt als Beispiele aufgabenangemessener Dialoggestaltung

- die automatische Platzierung der Positionsmarke, wie es vom Arbeitsablauf her zweckmäßig erscheint,
- überschreibbare Eingabevorbelegungen mit Standardwerten,
- Anpaßbarkeit des Dialogablaufs an wiederkehrende Abläufe,
- die Möglichkeit, bei Änderungen von Daten die alten Werte zu Vergleichszwecken präsentiert zu bekommen und ggf. wiederherstellen zu können, und
- die aufgabengerechte Gliederung komplexer Dialogabläufe und Informationsmengen.

Selbstbeschreibungsfähigkeit

"Ein Dialog ist selbstbeschreibungsfähig, wenn dem Benutzer auf Verlangen Einsatzzweck sowie Leistungsumfang des Dialogsystems erläutert werden können und wenn jeder einzelne Dialogschritt unmittelbar verständlich ist oder der Benutzer auf Verlangen dem jeweiligen Dialogschritt entsprechende Erläuterungen erhalten kann.

In Ergänzung zur Benutzerschulung sollen diese Erläuterungen dazu beitragen, daß sich der Benutzer für das Verständnis und für die Erledigung der Arbeitsaufgabe zweckmäßige Vorstellungen von den Systemzusammenhängen machen kann, z.B. über Umfang, Aufgaben, Aufbau und Steuerbarkeit des Dialogsystems, über Benutzung dieser Erläuterungen und über Umgang mit Fehlermeldungen" (DIN 66234, Teil 8, S. 2).

Steuerbarkeit

"Ein Dialog ist steuerbar, wenn der Benutzer die Geschwindigkeit des Ablaufs sowie die Auswahl und Reihenfolge von Arbeitsmitteln oder Art und Umfang von Ein- und Ausgaben beeinflussen kann" (DIN 66234, Teil 8, S. 3).

Beeinflußbarkeit der Auswahl von Arbeitsmitteln kann z.B. die Möglichkeit der Wahl und des Wechsels zwischen verschiedenen Programmerstellungsarten bedeuten. Eine Unterbrechung einer Aufgabenbearbeitung zugunsten anderer Aufgaben (z.B. Unterbrechung der Programmerstellung für Maschinendiagnosen) und Wiederaufnahme im Stadium des Abbruchs soll möglich sein. Mindestens der jeweils letzte Dialogschritt soll reversibel sein. Vor Ausführen einer Verarbeitung mit größerer Tragweite (z.B. Löschen einer Datei) soll eine ausdrückliche Bestätigung abgefragt werden.

Erwartungskonformität

"Ein Dialog ist erwartungskonform, wenn er den Erwartungen der Benutzer entspricht, die sie aus Erfahrung mit bisherigen Arbeitsabläufen oder aus der Benutzerschulung mitbringen, sowie den Erfahrungen, die sich während der Benutzung des Dialogsystems und im Umgang mit dem Benutzerhandbuch bilden" (DIN 66234,Teil 8, S. 4).

Dies verlangt insbesondere
- einheitliches Dialogverhalten,
- gleiche Funktionsaufrufe für einander entsprechende Funktionen in unterschiedlichen Anwendungen und
- gleiche Informationen am gleichen Ort bei der Maskengestaltung.

Erwartungen bezüglich der Wirkung von Eingaben sollen durch prompte und ausführliche Rückmeldungen (Klartext und/oder Graphik) auch bei Kurzeingaben unterstützt werden (z.B. durch graphische Darstellung des jeweiligen Zwischenstandes bei der Konturerstellung). Bei längeren Verarbeitungszeiten des Systems sollen Zwischenmeldungen über den Zustand des Systems ausgegeben werden.

Fehlerrobustheit

"Ein Dialog ist fehlerrobust, wenn trotz erkennbar fehlerhafter Eingabe das beabsichtigte Arbeitsergebnis mit minimalem oder ohne Korrekturaufwand erreicht wird. Dazu müssen dem Benutzer die Fehler zum Zwecke der Behebung verständlich gemacht werden". (DIN 66234, Teil 8, S. 5)

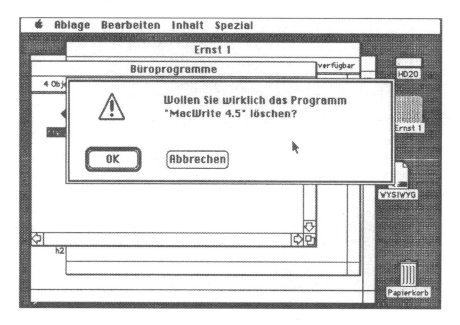

Abb. 3-6-6: Fehlerrobustheit

Eingaben dürfen nicht zu Systemzusammenbrüchen führen. Fehlermeldungen sollen verständlich, sachlich und konstruktiv sein. Es soll auf den Ort des Fehlers, z.B. durch Markierung der Fehlerstellen, hingewiesen werden. Verschiedene Grade der Ausführlichkeit von Fehlermeldungen sollen wählbar sein. Eindeutig korrigierbare Fehler können automatisch behoben werden, dies muß deutlich mitgeteilt werden. Diese Automatik muß abschaltbar sein.

Ein weiterer Aspekt ist die Vermeidung schwerwiegender Fehler, wie etwa das unbeabsichtigte Löschen von Programmen. Für solche Fälle ist eine Löschbestätigung notwendig (Abb. 3-6-6).

Gestaltung des Bildschirmaufbaus

Die unmittelbare Gestaltung eines Bildschirmaufbaus ist heute eine der häufigsten Anwendungsfälle, in denen Maschinenbauingenieure software-ergonomische Fragen berücksichtigen müssen. Dabei sollten die Bildschirmmasken vier Teile enthalten (Abb. 3-6-7)

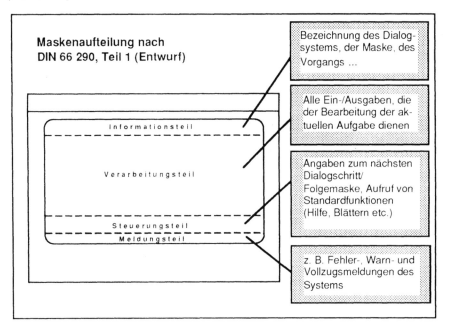

Abb. 3-6-7: Bildschirmaufbau

Der *Informationsteil* enthält alle für die Fortsetzung der Bearbeitung notwendigen Angaben zum aktuellen Dialogschritt und damit zu den im Verarbeitungsteil stehenden Daten. Er besteht aus mindestens einer Zeile und soll mindestens
- die Bezeichnung des Dialogsystems und
- die Bezeichnung der Maske, des Dialogschritts oder des Vorgangs
enthalten.

Der *Verarbeitungsteil* enthält alle Eingabe- und Ausgabefelder, die der aktuellen Bearbeitung der Aufgabe dienen.

Im *Steuerungsteil* erfolgen die Eingaben zur Steuerung des Dialogablaufs, z.B.:

- Angaben zur Auswahl der Folgemaske bzw. des nächsten Dialogschritts
- Angabe von Parametern für den nächsten Dialogschritt
- Angaben zur Unterbrechung der Verarbeitung, z.b. zum Starten einer parallelen Verarbeitung
- Aufruf von Standardfunktionen, z.b. Hilfe-Funktionen oder Blättern einschließlich der dazu benötigten Parameter

Der *Meldungsteil* enthält die Ausgabefelder für die Anzeige von Meldungen des Dialogsystems (z.b. Fehler-, Warn- und Vollzugsmeldungen). Er umfaßt mindestens eine Zeile (DIN 66290, Teil 1 (Entwurf), S. 6f.).

3.6.3 Anwendungsbeispiel CNC-Werkzeugmaschine

Als Anwendungsbeispiel soll nun die Benutzeroberfläche einer numerisch gesteuerten Werkzeugmaschine (CNC = computerized numerical control) auf Grundlage der im vorhergehenden Kapitel aufgestellten software-ergonomischen Prinzipien überprüft werden.

Hierzu ist zunächst eine kurze Einführung in das Thema erforderlich (Abb. 3-6-8). Die CNC-Arbeitsorganisation hat sich zunächst von der manuell gesteuerten Werkzeugmaschine über NC-Werkzeugmaschinen zu den heutigen CNC-Steuerungen entwickelt. Dabei wurden zunehmend Arbeitsprozesse aus der Werkstatt in die Arbeitsvorbereitung verlagert. Dies erfolgte nicht zuletzt wegen der erheblichen Anforderungen für spezielle maschinenorientierte Programmiersprachen. Erst die Entwicklung von Menü- und Manipulationsoberflächen für die CNC-Steuerung hat dann eine effektive werkstattprogrammierbare Steuerung ermöglicht, in die gleichzeitig das Vor-Ort-Erfahrungswissen der Facharbeiter einfließt.

Auch hier ist also erkennbar, daß eine oberflächen-orientierte Software-Entwicklung die Dezentralisierung von Entscheidungen, Verantwortung und Arbeitsstrukturen ermöglicht und der "Zerteilung" von Arbeitsinhalten entgegenwirkt.

Eingeleitet wurde diese Entwicklung zunächst durch den zunehmenden Ersatz von "Hardware" durch Software-Komponenten (Abb. 3-6-9). Entscheidend war jedoch die Entwicklung bei der CNC-Programmerstellung. Um ein Werkstück automatisch bearbeiten zu können, muß die NC-Werkzeugmaschine Steuerbefehle in maschinenlesbarer Form erhalten. Früher geschah dies ausschließlich über Lochstreifen, die auf einem gesonderten Programmiersystem in einem starr festgelegten Format erstellt wurden. Heutige CNC-Steuerungen verfügen über integrierte Mikroprozessoren und Speicher. Damit sind verschiedene, mehr oder weniger komfortable Formen der *Programmerstellung und -korrektur* auch an der Maschine möglich. Die Art der Programmeingabe hängt von den zur Verfügung stehenden *Software-Werkzeugen* und der *Benutzeroberfläche* ab. Insbesondere kann die Programmerstellung inzwischen im *Dialog*, mit *graphischer Unterstützung* oder sogar mit der Möglichkeit zur anschließenden *Simulation* erfolgen.

Im folgenden sollen Entwicklungsstufen der CNC-Programmierung von der Programmierung auf Maschinenebene über höhere Programmiersprachen zur graphisch-interaktiven Programmerstellung dargestellt werden (Abb. 3-6-10)

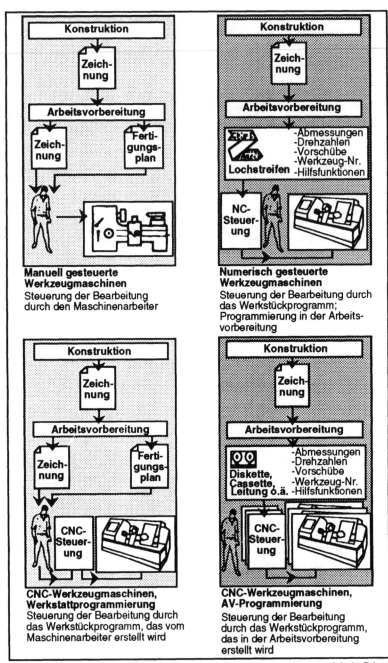

Grafiken nach: Zimmermann, Humane Arbeit, Bd. 3

Abb. 3-6-8: CNC-Arbeitsorganisation

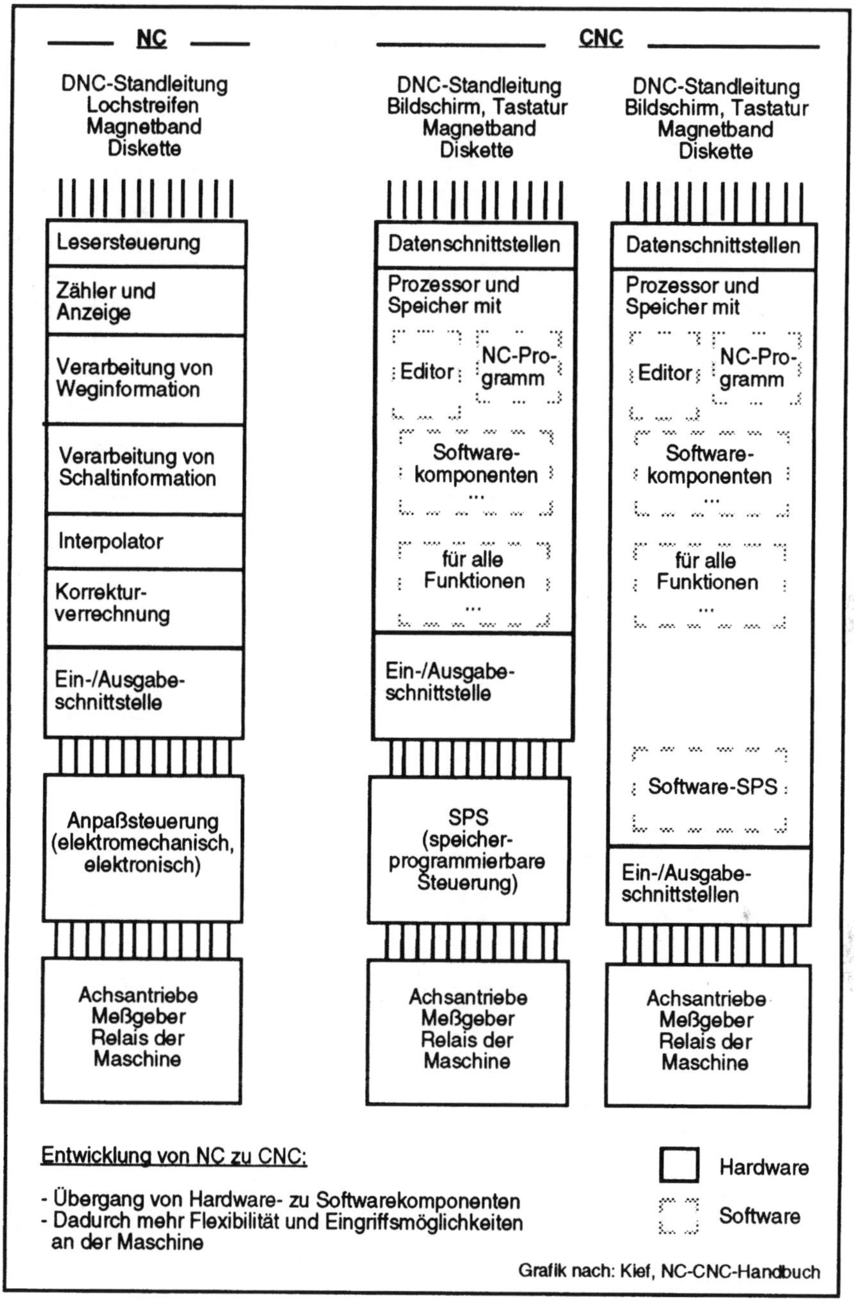

NC ——   ———— **CNC** ————

NC	CNC	
DNC-Standleitung Lochstreifen Magnetband Diskette	DNC-Standleitung Bildschirm, Tastatur Magnetband Diskette	DNC-Standleitung Bildschirm, Tastatur Magnetband Diskette

Lesersteuerung	Datenschnittstellen	Datenschnittstellen
Zähler und Anzeige	Prozessor und Speicher mit	Prozessor und Speicher mit
Verarbeitung von Weginformation	Editor NC-Pro-gramm	Editor NC-Pro-gramm
Verarbeitung von Schaltinformation	Software-komponenten ...	Software-komponenten ...
Interpolator	für alle Funktionen ...	für alle Funktionen ...
Korrektur-verrechnung		
Ein-/Ausgabe-schnittstelle	Ein-/Ausgabe-schnittstelle	
		Software-SPS
		Ein-/Ausgabe-schnittstellen
Anpaßsteuerung (elektromechanisch, elektronisch)	SPS (speicher-programmierbare Steuerung)	
Achsantriebe Meßgeber Relais der Maschine	Achsantriebe Meßgeber Relais der Maschine	Achsantriebe Meßgeber Relais der Maschine

Entwicklung von NC zu CNC:

- Übergang von Hardware- zu Softwarekomponenten
- Dadurch mehr Flexibilität und Eingriffsmöglichkeiten an der Maschine

☐ Hardware

⌐ ¬ Software

Grafik nach: Kief, NC-CNC-Handbuch

Abb. 3-6-9: Aufbau von NC- und CNC-Steuerungen

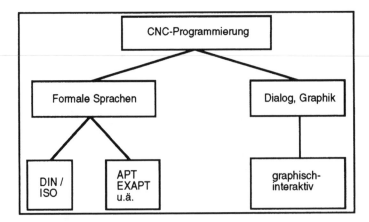

Abb. 3-6-10: Ausgewählte Möglichkeiten der CNC-Programmierung

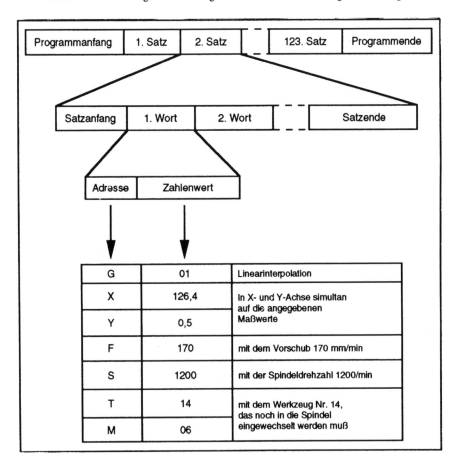

Abb.   3-6-11: DIN-Satz-orientierte maschinennahe CNC-Programmierung
(DIN 66025)(nach Kief, 1988)

DIN-Satz-orientierte Programmierung

Das Teileprogramm wird in einer Form erstellt, wie es direkt von der NC-Steuerung verarbeitet werden kann, d.h. satzweise mit einem festen Satzaufbau unter Verwendung von *normierten, teilweise maschinenspezifischen Kurzbefehlen* (nach DIN 66025) für Schaltbefehle, Weginformationen, Wegbedingungen usw. (Abb. 3-6-11). Dazu wird die Bearbeitung in einzelne, in richtiger Reihenfolge angeordnete Schritte zerlegt. Diese werden auf einem Programmierblatt aufgeschrieben und von Hand über einen Lochstreifenstanzer oder direkt in die NC-Steuerung eingegeben. Gelegentlich müssen dabei auch fehlende Werte aus den Maßangaben der Zeichnung berechnet werden.

Die DIN-Satz-orientierte Programmierung ist die maschinennächste Programmierart. Vor dem Aufkommen komfortabler, werkstattgeeigneter Programmiersysteme wurde auch in dieser Form in der Werkstatt programmiert.

Auszug aus einem EXAPT-Teileprogramm	
nach: Weck, Werkzeugmaschinen, Bd. 3	
xxxEXAPT 2-PROCESSORxxx	Uberschrift / Meldung des Prozessors
1 PARTNO/DREHTEIL	Kennzeichnung des Werkstücks
2 MACHIN/EX2PP	Postprozessoraufruf
3 CLPRNT	Kontrollausdruck der Zwischenausgaben soll erfolgen
4 MACHDT/30,150,0.1,10,5, 3000,0.8	Kenndaten der Maschine (Spindelleistung 30 kW, Drehmoment 150 mkp, Vorschubbereich von 0.1 bis 10 mm/Umdr., Drehzahlbereich von 5 bis 3000 /min, Korrekturfaktor für die Rauhtiefe 0.8)
5 CONTUR/BLANCO	Beginn der Rohteilkonturbeschreibung (umfahren im Uhrzeigersinn)
6 BEGIN/-5.0,YLARGE, PLAN,-5	Beginn bei Punkt (X=-5, Y=0) in positiver Y-Richtung mit Planfläche bei X=-5
7 RGT/DIA,70	nach rechts; Zylinder mit Durchmesser 70
8 RGT/PLAN,165	nach rechts; Planfläche bei X=165
9 RGT/DIA,0	nach rechts; Zylinder mit Durchmesser 0; Schließen des Konturzugs
10 TERMCO	Ende der Rohteilkonturbeschreibung
11 SURFIN/FINE	Oberflächengüte (Surface finish)
12 CONTUR/PARTCO	Beginn der Fertigteilkonturbeschreibung
13 M1,BEGIN/0,0,YLARGE, PLAN,0,BEVEL,2	Beginn bei Punkt M1 (X=0, Y=0) in positiver Y-Richtung mit Planfläche bei X=0. Am Ende des Konturelements befindet sich eine Fase (BEVEL) von 2 mm Breite.
14 RGT/DIA,40,ROUND,1.5	nach rechts; Zylinder mit Durchmesser 40. Am Ende des Konturelements befindet sich ein Radius (ROUND) von 1,5 mm.
15 LFT/PLAN,40	nach links; Planfläche bei X=40
16 RGT/DIA,60	nach rechts; Zylinder mit Durchmesser 60
...	...

Abb. 3-6-12: Spezielle höhere Programmiersprache für die CNC-Steuerung

Programmierung mit Spezialsprachen (APT, EXAPT u.ä.)

Die Beschreibung der Kontur, des Materials und der Bearbeitung kann auch (mittels Editor) in einer speziellen *Programmiersprache* - ähnlich wie die Sprachen C, Pascal oder Fortran - erfolgen (Abb. 3-6-12) . Anschließend wird das Teileprogramm durch den *Haupt- oder NC-Prozessor* in eine maschinennähere, aber immer noch maschinenunabhängige Zwischenform, die *CL-DATA* (Cutter Location Data

= Werkzeugpositionsdaten), übersetzt. Diese wird wiederum durch ein weiteres Übersetzungsprogramm nach *DIN 66025* in Teilprogramme übersetzt, die auf die jeweilige Werkzeugmaschine und die jeweilige Steuerung passen.

Spezielle Sprachen wie APT wurden entwickelt, um auch komplizierte Bearbeitungen wie simultanes Fräsen in drei bis fünf Achsen programmieren zu können. Sie fordern vom Programmierer das Denken in den Strukturen einer höheren Programmiersprache und Programmierkenntnisse. Die Programmierung erfolgt auf jeden Fall auf separaten Kleinrechnern oder sogar auf Großrechnern. Programmierung in APT-ähnlichen Sprachen findet daher meist in der Arbeitsvorbereitung und nicht in der Werkstatt statt.

Graphisch-interaktive Programmerstellung

Bei der *graphisch-interaktiven Programmerstellung* werden Konturen und Bearbeitungsart interaktiv, "im *Dialog*" mit dem Programmiersystem gewählt. Der Benutzer wird durch den Dialog geführt (Abb. 3-6-13).

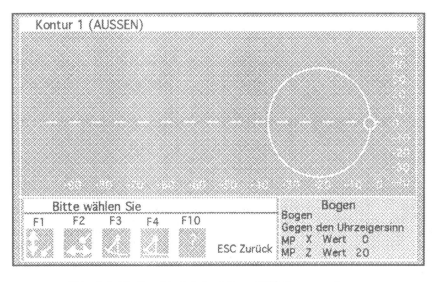

Abb. 3-6-13: Graphisch-interaktive CNC-Programmierung

Er bekommt z.B. in Form von Bildsymbolen, Piktogrammen oder Klartext Alternativen (z.B. *Menütechnik*) angeboten (Abb. 3-6-14). Anschließend wird im Klartext nach bestimmten Zahlenwerten gefragt (Dialogform *Computerabfrage)*, oder man kann mit einer beweglichen Zeigermarke bestimmen, welche Feinkonturelemente angebracht werden sollen (Dialogform *Direkte Manipulation*) (Abb. 3-6-15). Komplizierte Umrechnungen werden vom System vorgenommen: Wenn statt des Endpunkts einer Linie die Länge bekannt ist, wird diese eingegeben und vom System wird der Endpunkt automatisch ermittelt.

Nach Eingabe der Geometriedaten werden im weiteren Dialog technologische Daten (wie Geschwindigkeiten oder Spanbreite) eingegeben, Bearbeitungsfolgen festgelegt und Werkzeuge zugeordnet. Nach genauer Festlegung der Technologiedaten zur Bearbeitung wird in einem weiteren Dialogschritt aus den ge-System ein NC-Programm erzeugt.

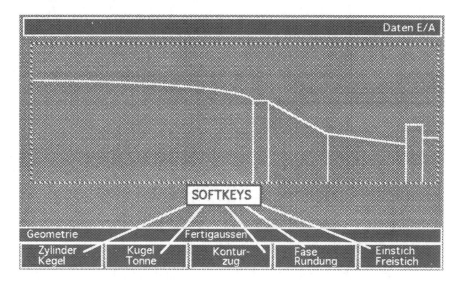

Abb. 3-6-14: Menü-Technik bei der CNC-Programmierung

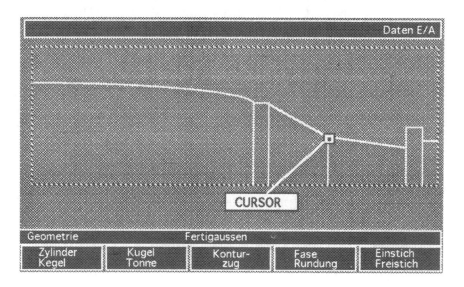

Abb. 3-6-15: Direkte Manipulation bei der CNC-Programmierung

4 Auswirkungen des wachsenden Rechner-einsatzes

Nun sind wir auf unserem "Parabel-Weg" wieder an der "Oberfläche" angekommen und wollen zum Abschluß einige übergeordnete Aspekte behandeln (vgl. Abb. 1-6).

Datenschutz

Zunächst gibt es ein aus dem Rechnereinsatz selbst erwachsendes Problemfeld: *Datensicherung* und *Datenschutz*. Steht uns der *gläserne Mensch* bevor?

Einerseits ja, denn immer mehr Informationen werden parallel zur menschlichen Tätigkeit abgespeichert, kontrolliert und modifiziert. Diese Informationen sind auf immer kompliziertere Art und Weise miteinander vernetzt.

Andererseits wird die zu erfassende Datenflut immer größer. So wird es immer schwieriger, die angesammelten Daten *gezielt* auszuwerten. Dafür wird die Frage ihres willkürlichen Mißbrauchs (Computerkriminalität) zunehmend drängender. (Dabei kann das Ziel solcher Einbrüche sowohl Spionage als auch die Veränderung von Daten sein. Dadurch werden Datenschutz und Datenintegrität gefährdet.) Ein Beispiel dafür liefert der in den Medien sehr intensiv behandelte Fall von Computerspionage durch einen deutschen sogenannten "Hacker" für den sowjetischen Geheimdienst KGB.

In Abb. 4-1 sind die von ihm gewählten Netzverbindungen vereinfacht dargestellt. Als Ausgangspunkt wählte der "Hacker" einen einfachen PC, der in seiner Wohnung stand. Ein Modem ermöglichte ihm, mit Hilfe einer Telefonverbindung über das DATEX-P-Netz der Bundespost in die Außenwelt vorzudringen. Von dort aus gelangte er über die Universität Bremen bzw. das Kernforschungszentrum Karlsruhe in das internationale DATEX-P-Netz. So konnte er seine Aktivität auf internationale Ebenen ausdehnen. Sein nächstes Ziel war das amerikanische TYMNET und der Rechner der Lawrence Berkeley Laboratories in Kalifornien.

Von dort aus gelangte er in den Internet-Knoten und konnte sich Zugang zu über 100 Rechnern in den USA, Japan und Deutschland verschaffen. Besonders interessierte ihn ein Teil des INTERNET, das sogenannte MILNET, das alle amerikanischen Militärbasen miteinander vernetzt. In diesem Bereich des Netzes konnte er für seinen Auftraggeber KGB interessante Daten erhalten. Bei seinem Angriff auf die Rechner machte er sich sowohl technische als auch organisatorische Mängel der Sicherung von Daten zunutze.

Zum einen hatte der "Hacker" Kenntnisse über Schwachstellen der Betriebssysteme UNIX und VAX/VMS. Zum anderen nutzte er den unsachgemäßen Gebrauch von Passworten. Diese Codeworte, die jedem Benutzer mit einem Spezialschlüssel den Zugang zu einem definierten Teil des Rechners erlauben, unterliegen strengen Geheimhaltungsbestimmungen. Diese werden jedoch häufig nicht eingehalten. Die Wahl von phantasielosen Passworten, der zu nachlässige Umgang mit ihnen und der zu seltene Wechsel des Passwortes führen zu Schlupflöchern für "Hacker".

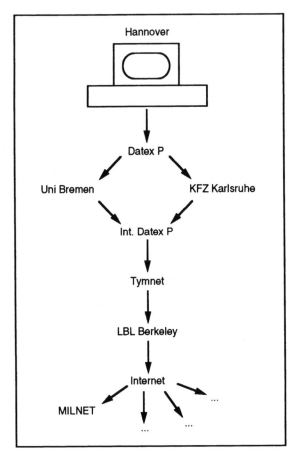

Abb. 4-1: Netzverbindungen des KGB-Hackers (Ausschnitt nach Stoll, 1989)

Aufgedeckt wurde der Fall von einem Astrophysiker in den Lawrence Berkeley Laboratories (Stoll, 1989). Eine Differenz von 75 Cent in der Telephonkostenabrechnung ließ ihn aufhorchen. Er ging der Ursache mit großer Hartnäckigkeit auf die Spur und verfolgte den "Hacker" weltweit durch die Netze.

Die Geschichte dieser Verfolgung liest sich nicht nur wie ein spannender Kriminalroman., sie sollte uns vor allem nachdenklich machen. Da es absoluten Datenschutz und Sicherheit nicht geben wird, sind Computer von Militärbasen, Atomkraftwerken oder Chemiewerken immer auch potentielle Ziele von Sabotageakten.

Viren

Viren-Programme werden gezielt, häufig aber auch mit unbestimmten Zielsystem mit dem Zweck der Sabotage in die Welt gesetzt. Viren-Programme und deren Auswirkungen bilden ein weiteres nicht zu unterschätzendes Risiko für den zukünftigen Einsatz von Rechnersystemen. Computer-Viren treten mittlerweile nicht nur in Datennetzen, sondern vermehrt auch in nicht vernetzten Software-Programmen auf. Sie entstehen prinzipiell dadurch, daß Virenprogramme über Quellprogramme in Maschinencode übersetzt werden. Anschließend werden die "Spuren" der Quellpro-

gramme und der daraus abgeleiteten Maschinenprogramme "verwischt" und gelöscht. Solche Viren sind dann meist so programmiert, daß sie unter bestimmten
zeitlichen Bedingungen und/oder durch entsprechend verschlüsselte Befehle über eine
Datenfernübertragung ausgelöst werden.

Mit der Auslösung des Virus laufen sich selbst vermehrende Programme ab, die
z.B. mit Endlosschleifen u.U. in kürzester Zeit ganze Rechenzentren lahmlegen,
Adreßregister zerstören und in Dateien "herumschreiben" können.

Man kann bei einem Virus vier Grundfunktionen unterscheiden: die Erkennungs-
funktion, die Infektionsfunktion, die Bedingungsprüffunktion und die Wirkungs-
funktion. Diese Funktionen sind in Abb. 4-2 näher beschrieben.

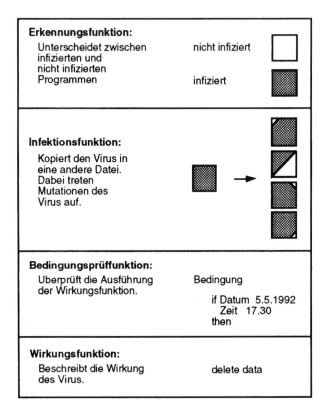

Abb. 4-2: Prinzipieller Aufbau eines Computervirus (nach Seegmüller, 1989)

Die Auswirkungen sind also verheerend. Ihre Bekämpfung allerdings gestaltet
sich zunehmend ähnlich schwierig wie bei biologischen Viren in lebenden Wesen.

Qualifizierung

Der zunehmende Einsatz von Rechenanlagen führt heute zu wachsender Automatisierung, Dynamik der Technikentwicklung und Vernetzung. In diesem Dreiecks-
verhältnis steigt die Formalisierung von Arbeitsabläufen tendenziell an (vgl. Abb.
4-3).

Dies hat Auswirkungen auf
- unser Denken und unsere Sprache,
- unsere Wahrnehmung (Realitätsverlust, Zwangs- und Suchtcharakter) und
- unsere Handlungs- und Entscheidungsspielräume.

Hauptursachen hierfür sind
- die computerbedingte Reduktion der Wirklichkeit,
- die Anpassung der Sprache an Maschinenbedingungen,
- die Wenn-dann- und Ja/nein-Strukturen,
- der Kontextverlust durch Datenüberflutung und
- die scheinbare Objektivierung durch quantitative Rechnerdaten.

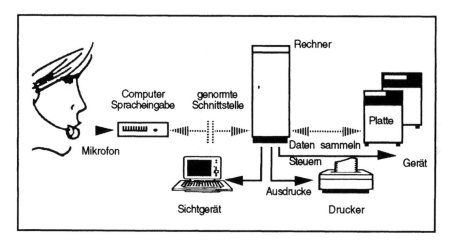

Abb. 4-3: Formalisierung von Arbeitsabläufen

Hieraus ergeben sich folgende Problemstellungen und Auswirkungen (Abb. 4-4):
- Durch die Automatisierung werden Tätigkeitsstrukturen geändert.
- Die hohe Dynamik ermöglicht eine hohe Innovationsrate.
- Die Vernetzung beeinflußt die Autonomie von Arbeitsgruppen aller Hierarchie-
  ebenen.
- Die Formalisierung hat unmittelbare Auswirkungen auf die Kommunikations-
  strukturen zwischen Menschen.

Der dafür erforderliche Qualifizierungsprozeß muß die in Kapitel 2.1 beschrie-
benen Problemtypen (analytisch, synthetisch, dialektisch) verknüpfen. Aus dieser
Verknüpfung läßt sich dann für eine konkrete Problemstellung ein angemessenes
Maß für Automatisierung, Dynamik, Vernetzung und Formalisierung finden.

Dies bedeutet für Software-Entwicklungsprojekte, daß erst die Integration der
nicht in analytische Probleme überführbaren Aspekte synthetischer und dialektischer Art einen angemessenen Einsatz von Rechenanlagen ermöglicht.

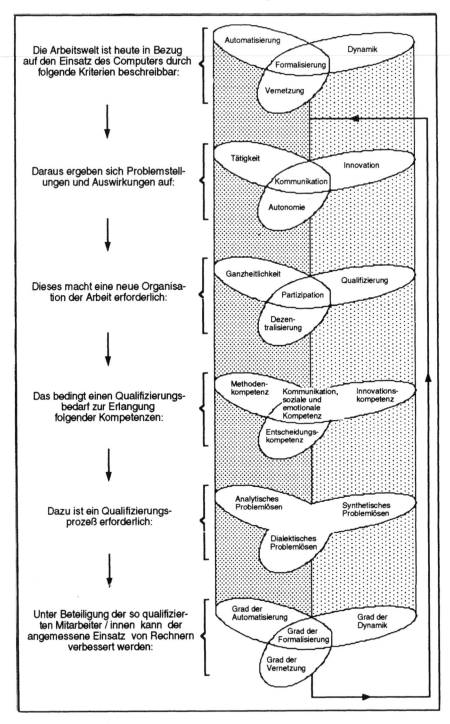

Abb. 4-4: Überfachlicher Qualifikationsbedarf (nach Sell/Fuchs, 1990)

Anders ausgedrückt: Reduziert man eine gegebene Problemstellung auf ihre analytischen Aspekte, damit sie in festen und präzisen Regeln auf einem Computer abgebildet werden kann, erkauft man sich mit dieser reduzierten Betrachtungsweise i.d.R. einen nicht angemessenen Einsatz von Rechenanlagen. Erst die Integration der nicht durch feste und präzise Regeln beschreibbaren Aspekte eines Vorganges schafft eine "Problemsicht", die es erlaubt, Rechner angemessen einzusetzen.

Chancen versus Risiken

Eine entscheidende Frage bei den Auswirkungen des wachsenden Rechnereinsatzes ist dessen Einfluß auf die Arbeitswelt. Dabei ist eine Ambivalenz von Chancen und Risiken - wie bei den meisten neuen Technologien - offensichtlich (Abb. 4-5). Für den konkreten Einsatz der Informatik im Maschinenbau wird dabei auf jeden Fall die Gestaltung des gesamten Umfeldes des Informatikeinsatzes eine immer größere Bedeutung gewinnen. Diese Chance gilt es, im positiven Sinne zu nutzen.

Schlußbemerkung

Wir sind am Ende unseres "Parabelweges" angekommen. Dabei haben wir versucht, zuerst in die "Denkstrukturen" einer binären Welt einzuführen und sind von der allgemeinen Problemstellung in die Tiefen einer 0-1-Welt und ihrer Eigengesetze "hinabgestiegen". Mit Absicht haben wir erst dann die zahlreichen Hardware-Elemente und Software-Werkzeuge eingeführt, die einen leistungsfähigen Einsatz von Rechnern ermöglichen.

Dabei sind wir aus der Welt der Adressen und Register über die Unterbrechungs-strukturen zu softwaremäßigen Organisationen der Rechner-Interna (Betriebssystem) "aufgestiegen" und haben uns dann den problemspezifischen Software-Werkzeugen zugewandt. Natürlich sind wir dann bei der "Rückkehr" an die Oberfläche auf die besonderen Probleme der Mensch-Rechner-Schnittstellen und deren Integration in die Arbeitswelt gestoßen.

Wir hoffen, daß Sie durch die Anwendungs-Bezüge (Mechanik, Klimaanlage, Krananlagen, Logistikprobleme, CNC-Werkzeugmaschinen etc.) einen ersten Einblick in die Bedeutung der Informatik für den Maschinenbau gewonnen haben und würden uns freuen, wenn Ihnen die Vorlesungs- und Übungsunterlagen - auch über die Prüfung hinaus - für Ihr weiteres Studium bzw. Ihren Beruf von Nutzen sind.

Chancen	Rechnerpotentiale	Risiken
In Abhängigkeit von der Anwendung und begleitenden Maßnahmen besteht für bestimmte Gruppen die Möglichkeit z. B. für	**Der Rechnereinsatz erfordert/ermöglicht**	In Abhängigkeit von der Anwendung und begleitenden Maßnahmen kann dies für bestimmte Gruppen z. B. führen zu
- höhere Einkommen - geringere Arbeitsintensität - mehr Freizeit - mehr innerbetriebliche Weiterbildung - mehr betriebliche Mitbestimmung	**Produktivitäts-steigerungen/** ◄───────► **Qualitäts-verbesserungen**	- Entlassungen - Neueingruppierungen - Schichtarbeit - Arbeitsintensivierung/ Leistungsintensivierung - stärkeren Belastungen
- Arbeitsvereinfachung - Arbeitsanreicherung - Belastungsabbau - Eigensteuerung - erweiterte Handlungsspielräume - Höherqualifizierung - Abbau der Arbeitsteilung	**Neugestaltung von Arbeitsinhalten** ◄───────► **und Arbeitsorganisation**	- erhöhter Monotonie - Dequalifizierung - Belastungsverstärkungen - Leistungsverdichtung - Überforderung oder Unterforderung - gesundheitlichem Verschleiß - verstärkte Arbeitsteilung
- Eigenkontrolle - verbesserten Informationszugang - verbesserte Erreichbarkeit von Kommunikationspartnern - verbesserte Zusammenarbeit	**Neugestaltung von Information** ◄───────► **und Kommunikation im Betrieb**	- verstärkten Leistungs- und Verhaltenskontrollen - Abhängigkeit von unüberschaubaren Systemen - Abbau von sozialer Isolierung / Kommunikations- und Kooperationsmöglichkeiten
- Delegation von Kompetenzen - Transparenz von Entscheidungsprozessen - Dezentralisierung von Entscheidungen - weniger autoritäre, stärker kooperative Beziehungen - neue Formen überschaubarer betrieblicher Organisationseinheiten - neue Formen der bedürfnisgerechten Verbindung von Beruf und Freizeit	**Neugestaltung von Entscheidungs-** ◄───────► **strukturen im Betrieb**	- Begrenzung von persönlichen Entfaltungs- und Entwicklungsmöglichkeiten - Verstärkung der Kontrollen - Vergrößerung des Informations- und Wissensvorsprungs des Arbeitgebers - Einschränkung von Verantwortung - Isolierung, Vereinzelung

Abb. 4-5: Auswirkungen des Rechnereinsatzes auf die Arbeitswelt

Inhaltsverzeichnis zu den Übungen

5 Übungen

1. Übung: Simulation eines Doppelpendels

Gegeben sei das in der folgenden Abbildung dargestellte idealisierte Doppelpendel. Zwei Punktmassen gleicher Masse m, die an zwei masselosen Stangen der Länge l aufgehängt sind, bewegen sich unter dem Einfluß der Schwerkraft. Der Luftwiderstand, die Reibung der Lager und andere Störungen werden vernachlässigt. Die Lage des inneren Körpers bezüglich der z-Achse gibt der Winkel $\alpha(t)$ an; die Lage des äußeren Körpers bezüglich der z-Achse wird durch den Winkel $\gamma(t)$ beschrieben.

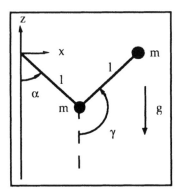

Abb. 1: Idealisiertes Doppelpendel

Ziel der Übung ist die Simulation der Bewegung des Pendels. Damit soll eine Langzeitvorhersage der Winkel $\alpha(t)$ und $\gamma(t)$ möglich sein. Als Anfangsbedingung sei die in der Abbildung dargestellte Ausgangsposition gegeben.

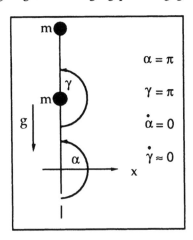

Abb. 2: Ausgangsposition des Doppelpendels

Die Vorgehensweise bei der Simulation soll entsprechend dem Problemlöseschema in Orientierungsteil, Ausführungsteil und Kontrollteil aufgeteilt sein.

Orientierungsteil

1.1   Nehmen Sie eine Ist-Analyse vor. Betrachten Sie sowohl die Größen zur Beschreibung des Doppelpendels in der Physik als auch die Simulationsdaten.

1.2   Nehmen Sie eine Soll-Analyse vor.

Ausführungsteil

1.3   Stellen Sie dimensionslose Differentialgleichungen zur Berechnung der Bewegung auf. Fassen Sie dazu zunächst die Bewegung des Pendels in feste und präzise Regeln. Formulieren Sie daraus zwei Differentialgleichungen 2. Ordnung.

Diese Differentialgleichungen werden nun mit Hilfe des Euler-Cauchy-Integrationsverfahrens numerisch integriert.

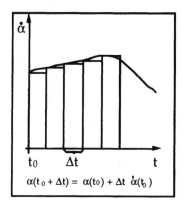

Abb. 3: Euler-Cauchy-Integrationsverfahren

1.4   Programmieren Sie die Simulation. Strukturieren Sie zunächst den Ablauf des Programmes.Übersetzen Sie den Algorithmus in eine Programmiersprache.

In Abb. 4 ist die so berechnete Bewegung des Winkels für 20 Zeiteinheiten in einem Plot dargestellt.

Kontrollteil

Die Simulation ging von einem idealisiertem Doppelpendel aus. Es stellt sich die Frage, inwieweit eine Störgröße - etwa die Experimentatorin oder der Experimentator neben dem Pendel - die Bewegung verändert. Betrachten Sie dazu eine Masse, die sich auf der x-Achse befindet. Die von diesem Einfluß verursachte Beschleunigung g' steht im Verhältnis $g / g' = 10^7$ zur Erdbeschleunigung g.

1.5   Nehmen Sie eine Ist-Analyse dieser Situation vor. Stellen Sie analog zur
      Aufgabenstellung 1.3 die Differentialgleichungen auf.

1.6   Programmieren Sie analog zur Aufgabenstellung 1.4 die Simulation.

In der Abb. 5 ist die so berechnete Bewegung des Winkels γ(t) nach 20 Zeiteinheiten unter dem Einfluß der Erdanziehungskraft und der Störgröße dargestellt.

1.7   Vergleichen Sie die beiden Plots. Was bedeutet das Ergebnis dieser
      Kontrolle für die Aufgabenstellung? Muß sie revidiert werden?

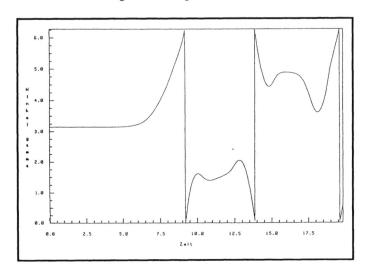

Abb. 4: Veränderung des Winkels γ(t)

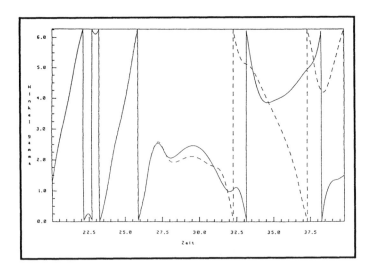

Abb. 5: Veränderung des Winkels γ(t) mit Störgröße

2. Übung: Kleingruppenübung zur Projektaufgabe

Im Rahmen der Lehrveranstaltung "Informatik im Maschinenbau" wird zusätzlich zu Vorlesung und Übung eine Projektaufgabe angeboten. Die Einführung dazu findet im Rahmen einer Kleingruppenübung statt.

Ziel dieser Veranstaltung ist es, eine Einführung in das Thema zu geben und Arbeitsgruppen zu je 5 Personen zu bilden, die während des Semesters die Projektaufgabe bearbeiten. Am Ende der Veranstaltung soll sich jede Arbeitsgruppe für ein Modul entscheiden.

Anmerkung zur Projektaufgabe

Da das Thema der Projektaufgabe regelmäßig wechselt, sind die Unterlagen nicht Bestandteil dieses Buches.

Die Projektaufgabe enthält eine praxisnahe Aufgabenstellung zur Informatik-Anwendung im Maschinenbau. Entsprechend der späteren beruflichen Praxis soll die Aufgabe in Gruppen von je ca. fünf Studierenden während des Semesters bearbeitet werden.

Im Gegensatz zu sonst üblichen und bekannten Übungsaufgaben enthält die Projektaufgabe die Möglichkeit, zahlreiche z.T. sehr unterschiedliche Lösungen zu entwickeln.

Für die Projektaufgabe werden Beispiele gewählt, die sich in mehrere Themenbereiche, sogenannte Module, untergliedern lassen. Die Studierenden können frei entscheiden, welches Modul sie bearbeiten möchten.

Ziel der Projektaufgabe ist es, daß die Studierenden den exemplarischen Umgang mit einer komplexen, realen Aufgabenstellung aus der Informatik-Anwendung kennenlernen. Dies beinhaltet zum einen das Üben einer hilfreichen Vorgehensweise, um von einer unscharfen Problembeschreibung zu einem konkreten Lösungsvorschlag zu gelangen. Zum anderen sollen die Methoden, die die Projektbearbeitung unterstützen, eingeübt werden. Ein weiteres Ziel dieser Projektaufgabe ist das Üben von Projektarbeit in Gruppen, das ein wesentlicher Bestandteil ingenieurmäßiger Arbeit in der Praxis ist. Als Entwickler und Betreuer dieser Aufgabe ist es unser Wunsch, daß die Studierenden bei angemessenem Zeitaufwand diese Ziele erreichen können.

3. Übung: Programmentwurf I

Teil A

Die 3. und 4. Übung sollen den Vorgang des Programmentwurfs anhand zweier
Fallbeispiele (Teil A und Teil B) verdeutlichen.

Teil A ist ein Beispiel aus der Programmiertechnik: die numerische Berechnung
der Phasengeschwindigkeit von Wellen in Flüssigkeiten. Die mathematischen
Formeln zur Berechnung der Phasengeschwindigkeit c (allgemein), cl (lange
Wellen) und ck (kurze Wellen) sind in Abhängigkeit von den Parametern
- Wellenlänge lambda,
- Wassertiefe tiefe,
- Dichte rho und
- Oberflächenspannung sigma

gegeben. Das zu entwickelnde Programm soll die vier Parameter einlesen und
prüfen, ob sie in den vorgegebenen Wertebereichen liegen. Die Wellenlänge
lambda kann dabei Werte von 0,1 bis 10 annehmen. Weiterhin soll das Programm
c, cl und ck für verschiedene lambda-Werte berechnen und ausgeben. Das
Programm soll darüberhinaus prüfen, ob der relative Fehler zwischen c und cl bzw.
c und ck kleiner als 5% ist und eine entsprechende Ausgabe machen.

Lösung A (Ausschnitt):

```
   .
   .
   .
writeln('Geben Sie die Wellenlänge ein [m]: ');
readln(lambda);

if (lambda ≥ 0.1) and (lambda ≤ 10) then
begin

   while lambda > 0 do
   begin

      c  := Phasengeschwindigkeit (tiefe, rho, sigma, lambda);
      cl := c_Lange_Welle(tiefe, rho, sigma, lambda);
      ck:= c_Kurze_Welle(tiefe, rho, sigma, lambda);
      writeln('Exakte Phasengeschwindigkeit :',c:3:6);
      writeln('Genäherte Geschwindigkeit für lange Wellen :',cl:3:6);
      writeln('Genäherte Geschwindigkeit für kurze Wellen :',ck:3:6);

      Abweichung_c_cl:= 100*abs (1-cl/c);
      Abweichung_c_ck:= 100*abs(1-ck/c);
      if (Abweichung_c_cl < 5) then
          writeln('Abweichung Näherung lange Wellen kleiner 5%');
      if (Abweichung_c_ck < 5) then
          writeln(Abweichung Näherung kurze Wellen kleiner 5%');

      writeln('Geben Sie ein erneutes lambda ein [0 = Ende]: ');
      readln(lambda);
      if (lambda < 0.1) or (lambda > 10) then exit

   end
end.
```

Die Programmstruktur dieses Programmausschnitts soll mit Hilfe eines Nassi-
Shneiderman-Diagramms verdeutlicht werden.

3A.1   Entwickeln Sie zu dem Code ein Nassi-Shneiderman-Diagramm. Wo
        kann das Programm eleganter gestaltet werden?
3A.2   Mit Hilfe eines Nassi-Shneiderman-Diagramms soll nun ein verbesserter
        Entwurf erfolgen. Entwickeln Sie ein neues Nassi-Shneiderman-
        Diagramm, um das Problem eleganter zu lösen.
3A.3   Das Schema zur Modellbildung (vergl. Bild 2-1-1) beschreibt die ver-
        schiedenen Stufen der Abstraktion. Ordnen Sie die bisherige Vorgehens-
        weise in das Schema zur Modellbildung ein.

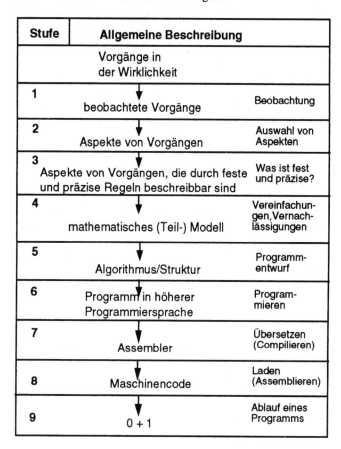

Stufe	Allgemeine Beschreibung	
	Vorgänge in der Wirklichkeit	
1	↓ beobachtete Vorgänge	Beobachtung
2	↓ Aspekte von Vorgängen	Auswahl von Aspekten
3	↓ Aspekte von Vorgängen, die durch feste und präzise Regeln beschreibbar sind	Was ist fest und präzise?
4	↓ mathematisches (Teil-) Modell	Vereinfachungen, Vernachlässigungen
5	↓ Algorithmus/Struktur	Programmentwurf
6	↓ Programm in höherer Programmiersprache	Programmieren
7	↓ Assembler	Übersetzen (Compilieren)
8	↓ Maschinencode	Laden (Assemblieren)
9	↓ 0 + 1	Ablauf eines Programms

Abb. 1: Schema zur Modellbildung

Teil B

Als zweites Fallbeispiel zur Verdeutlichung des Vorgangs des Programmentwurfs dient eine Klimaanlage. Sie soll untersucht werden, um eine Prozeßsteuerung programmieren zu können. Die Anlage besteht aus einer Heizungs- und einer Belüftungsanlage.

Die Heizungsanlage enthält als zentrales Element einen Brennofen. Von diesem aus wird über ein Rohrsystem heißes Wasser im Haus verteilt. Die Heizkörper sind jeweils mit Ventilen versehen, die je nach Heizbedarf geregelt werden. In jedem Raum kann die gewünschte Temperatur durch den Benutzer bzw. die Benutzerin eingestellt werden. Nachts wird die Raumtemperatur automatisch um 5° gegenüber der eingestellten Temperatur verringert. Die tatsächliche Temperatur wird in jedem Raum mit einem Sensor gemessen.

Ergänzt wird diese Heizungsanlage durch eine Außenluftaufbereitungsanlage, welche den Räumen angemessen temperierte und nicht zu trockene Frischluft zuführt. Um die Frischluftmenge bei konstantem Luftmassenstrom der Anlage zu regulieren, wird sie intermittierend betrieben. Dieses bedeutet, daß zwischen Frischluftzufuhr und Ruhe abgewechselt wird. Der Luftstrom wird von der Anlage aus zu allen Räumen geleitet. Die Luftfeuchtigkeit wird in jedem Raum kontrolliert, während die Luftaustrittstemperatur direkt an der Anlage gemessen wird. Die Frischluft soll dabei auf eine festgelegte Temperatur aufgeheizt werden, so daß den Bewohnern bzw. Bewohnerinnen kein kalter Wind um die Nase weht. Die Wärmequelle zum Aufheizen der Luft ist wieder der Brennofen. Von diesem wird heißes Wasser in die Erhitzer der Außenluftaufbereitungsanlage geleitet. Je nach Sollabweichung der Temperatur wird die Wasserzufuhr über Ventilstellungen reguliert. Die gesamte Klimaanlage kann durch ein zentrales Bedienungselement ein- und ausgeschaltet werden und ist ihrerseits mit einer Anzeige über den Zustand der Anlage versehen.

Insgesamt besteht die Klimaanlage also aus folgenden Elementen:

- Haus (die zu klimatisierenden Räumlichkeiten)
- Benutzerschnittstelle (für den zentralen Zugriff)
- Prozeßsteuerung
- Heizungsanlage
- Lüftungsanlage

Die Verknüpfung dieser Elemente kann wie in der folgenden Abbildung dargestellt werden:

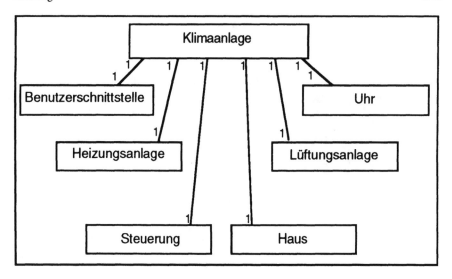

Abb. 2: Entitäts-Beziehungs-Diagramm der Klimaanlage

3B.1 Nun soll das Haus näher betrachtet werden. Es besteht aus n Räumen. Welche Elemente sind den einzelnen Räumen zuzuordnen? Welche Ereignisse können dort auftreten? Wodurch werden sie ausgelöst und wovon verarbeitet? Diese Fragen können Ihnen bei der Suche nach Entitäten hilfreich sein. Erstellen Sie das Entitäts-Beziehungs-Diagramm des Hauses.

3B.2 Das Entitäts-Beziehungs-Diagramm enthält teilweise einander ähnliche Elemente, die gemeinsame Eigenschaften haben. Dieses ist jedoch mit dem datenorientierten Entitäts-Beziehungs-Diagramm nicht darstellbar. Durch den Vererbungsmechanismus der objektorientierten Methodik brauchen die gemeinsamen Eigenschaften nur einmalig implementiert zu werden.

a) "Übersetzen" Sie daher das unter 3B.1 entwickelte Entitäts-Beziehungs-Diagramm in ein Klassendiagramm.

b) Erweitern Sie das bisherige Diagramm durch Verwendung des Vererbungsmechanismus an geeigneter Stelle.

3B.3 Das Anlagenschema der Lüftungsanlage könnte Ihnen beispielsweise durch eine Dokumentation des Produzenten wie abgebildet bekannt sein. Fassen Sie die Elemente des Anlagenschemas in ein Entitäts-Beziehungs-Diagramm.

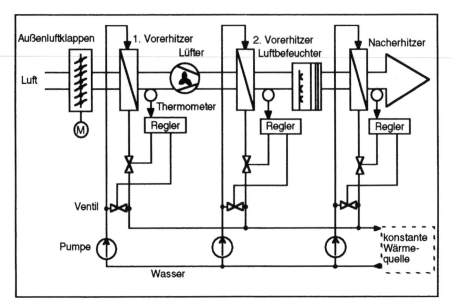

Abb. 3: Vereinfachtes Anlagenschema der Außenluftaufbereitungsanlage

Wenn auch die Abläufe in der Anlage betrachtet werden sollen, kommt ein anderes Entwurfshilfsmittel zum Tragen - das Petri-Netz.

3B.4 Die Lüftungsanlage arbeitet im intermittierenden Betrieb, wie am Anfang beschrieben. In welchen Zuständen kann sich die Anlage befinden?

3B.5 Stellen Sie diese Zustände mit den entsprechenden Zustandsübergängen in einem Petri-Netz dar.

4. Übung: Programmentwurf II

Es sollen die Abläufe der Außenluftaufbereitungsanlage als Teil der Klimaanlage aus Übung 3, Teil B, untersucht werden. Hierzu soll das Petri-Netz weiterentwickelt und ein Nassi-Shneiderman-Diagramm entworfen werden.

Die Abläufe in der Anlage müssen überwacht und gesteuert werden. Daraus ergibt sich eine grobe Einteilung in Anlagenüberwachung und Schaltbetriebssteuerung. Mit Hilfe der Anlagenüberwachung wird die Einhaltung von kritischen Grenzwerten überprüft, während die Schaltbetriebssteuerung den normalen Ablauf in Gang hält. Der Schaltbetriebssteuerung können weitere Elemente wie folgt zugeordnet werden:

- Konfliktvermeidung
- Abfahrsteuerung
- Hochfahrsteuerung
- Parameterberechnung

Im Zentrum der Schaltbetriebssteuerung steht das Petri-Netz aus Aufgabenteil 3B.5. Über diese Steuerung läuft auch die Kommunikation der Unterelemente. Im folgenden soll der Hochfahrvorgang näher untersucht und in einem Petri-Netz dargestellt werden.

Der Hochfahrvorgang gliedert sich in zwei Phasen:

I. Frostschutz- und Komfortvorheizen
    Während des Vorheizens ist der Lüfter noch nicht in Betrieb. Das Frostschutzvorheizen ist bei niedrigen Außentemperaturen notwendig. Ohne Vorheizen würde beim Anschalten des Lüfters das abgekühlte Wasser in den Heizschlangen gefrieren. Das Komfortvorheizen dient dem Komfort der Hausbewohner/innen. Damit bei Inbetriebnahme keine kalte Luft in die Zimmer geblasen wird, wird die Luftmasse auf eine gewählte Temperatur aufgeheizt.

II. Einschwingvorgang der Luftaustrittstemperatur
    Der Lüfter wird eingeschaltet. Während des Einschwingens der Luftaustrittstemperatur darf die Temperaturregelung nicht in Betrieb sein. Andernfalls würden die Temperaturschwankungen verstärkt.

    4.1   Überlegen Sie, welche Meldungen für den Eintritt des Hochfahrvorgangs notwendig sind und welche Meldungen am Ende des Hochfahrvorgangs an andere Anlagenteile weitergegeben werden müssen. Das Ergebnis dieser Überlegungen stellt die Schnittstelle zwischen Schaltbetriebssteuerung und Hochfahrsteuerung dar. Zeichnen Sie diese Schnittstelle in das Petri-Netz aus Aufgabenteil 3B.5 ein.

    4.2   Entwerfen Sie das Petri-Netz der Hochfahrsteuerung. Beachten Sie dabei folgende Punkte:

- Die Ventile für den Heißwasserdurchlauf müssen den Erfordernissen entsprechend eingestellt werden.
- Der Einschwingvorgang gilt dann als beendet, wenn die Schwankung der Luftaustrittstemperatur klein genug ist.

4.3   Stellen Sie den Wechsel der Anlagenzustände in einem Nassi-Shneiderman-Diagramm dar.

4.4   Entwickeln Sie das Nassi-Shneiderman-Diagramm für den Hochfahrvorgang.

4.5   Welche Eigenschaften der beiden Entwurfshilfsmittel Nassi-Shneiderman-Diagramm und Petri-Netz können Sie erkennen?

Die Luftfeuchtigkeit wird in jedem Raum gemessen. Anschließend wird der Mittelwert der Meßwerte gebildet. Dieser Mittelwert liegt als Ist-Wert einem Ist/Soll-Vergleich zugrunde. Basierend auf diesen Vergleich wird die Regelung der Befeuchtung bestimmt.

4.6   Stellen Sie die Mittelwertbildung und die Regelung der Befeuchtung in einem Nassi-Shneiderman-Diagramm dar. Betrachten Sie ein Haus mit n Räumen. Die Luftfeuchtigkeit darf um einen festgelegten Betrag schwanken.

5. Übung: Programmierung in Assembler und Maschinensprache

Gegeben sei die Formel zur Berechnung der folgenden Summe:

$$S = \sum_{i=1}^{10} i = 1 + 2 + \ldots + 10$$

Das zugehörige Nassi-Shneiderman-Diagramm wurde in der letzten Übung entwickelt. Hier soll die Summe über i - statt über $\varphi(i)$ - berechnet werden.

zaehler := 1
summe := 0
schrittweite := 1
zaehlgrenze := 10
summe := summe + zaehler
zaehler := zaehler + schrittweite
zaehler <= zaehlgrenze

Abb. 1: Nassi-Shneiderman-Diagramm: Summenbildung

5.1   Gegeben ist ein Rechner samt Befehlsliste, wie er Ihnen in der Vorlesung vorgestellt wurde. In der Speicherzelle *zaehler* steht die Zahl 1, in *summe* die Zahl 0, in der Speicherzelle *schrittweite* die Zahl 1 und in der Speicherzelle *zaehlgrenze* die Zahl 10. Diese Zahlen sind bereits eingelesen und in der jeweiligen Speicherzelle abgespeichert worden. Erstellen Sie ein Assemblerprogramm, das die Summe berechnet.

5.2   Im folgenden wird nur die Anweisung *zaehler := zaehler + schrittweite* betrachtet. Stellen Sie diese Anweisung im Maschinencode dar. Dabei steht der erste Befehl dieser Anweisung unter der Speicherzellenadresse 00100 des Programmspeichers.

Befehlsliste	
ASSEMBLERBEFEHLE	MASCHINENCODE
ADDIERE	000
SUBTRAHIERE	001
MULTIPLIZIERE	010
DIVIDIERE	011
SETZE_OP1 (VARIABLE)	100 SPEICHERZELLENADRESSE
SETZE_OP2 (VARIABLE)	101 SPEICHERZELLENADRESSE
KOPIERE_ERGEBNIS (VARIABLE)	110 SPEICHERZELLENADRESSE
FALLS_$\geq$0_NACH (MARKE)	111 SPRUNGADRESSE

Variablenliste	
VARIABLE	ADRESSE
zaehler	1 0000
summe	1 0001
schrittweite	1 0010
zaehlgrenze	1 0011

Abb. 2: Maschinencode und Variablenadressierung

5.3   Welche internen Abläufe setzt die Anweisung *zaehler := zaehler + schrittweite* in Gang? Zeichnen Sie diese Abläufe in das Rechnerschema ein (siehe folgende Seiten).

Arbeitsblatt zu Übung 5

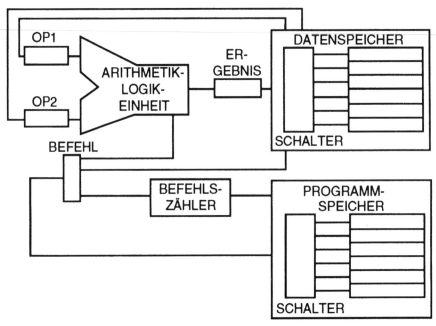

Abb. 3: Rechnerschema

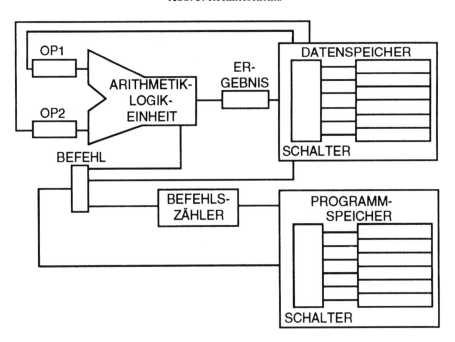

Abb. 4: Rechnerschema

Arbeitsblatt zu Übung 5

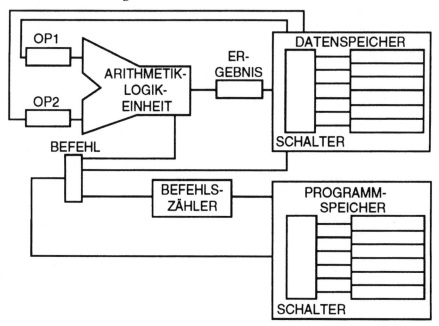

Abb. 5: Rechnerschema

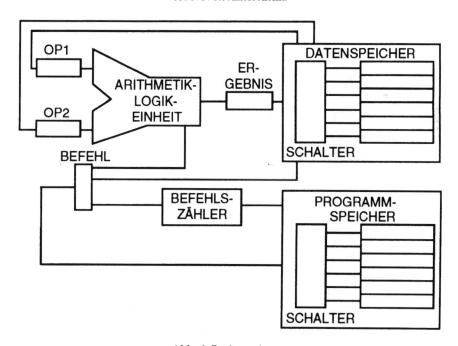

Abb. 6: Rechnerschema

6. Übung: Von der Arithmetik-Logik-Einheit zur Gatterebene

Gegeben ist das Assemblerprogramm zur Berechnung der Summe

$$S = \sum_{i=1}^{10} i = 1 + 2 + \dots + 10$$

und der Rechner samt Befehlsliste aus Übung 5.

6.1   Untersuchen Sie, welche Elemente in der Arithmetik-Logik-Einheit erforderlich sind, um die Addition der Anweisung *zaehler := zaehler + schrittweite* auszuführen. Benutzen Sie Voll- und Halbaddierer sowie UND, ODER und XODER. Zeichnen Sie die entsprechenden Logikschaltungen auf.

6.2   Benutzen Sie die Logikschaltung aus 6.1, um die Addition für den ersten Durchlauf der Programmschleife zu berechnen. Addieren Sie die beiden Dualzahlen 0001 + 0001, und tragen Sie die Zwischenergebnisse der einzelnen Elemente in die Logikschaltung ein.

Zur Überprüfung der Sprungbedingung *zaehlgrenze - zaehler* ≥ *0* wird eine Subtraktion durchgeführt. Läßt sich diese Subtraktion mit den Elementen aus 6.1 ausführen?

6.3   Führen Sie die Subtraktion der beiden Dezimalzahlen 10 - 5 auf die Addition zweier Dezimalzahlen zurück.

6.4   Zeichnen Sie die Logikschaltung zur Subtraktion zweier 4-Bit-Dualzahlen auf. Subtrahieren Sie mit Hilfe dieser Schaltung die beiden Zahlen aus 6.3, und tragen Sie die Zwischenergebnisse ein.

6.5   Zeichnen Sie Logikschaltung und Gatterschaltung (Transistorschaltung) zur Bildung des Stellenkomplements auf.

6.6   Zeichnen Sie die Gatterschaltung der XODER-Verknüpfung auf. Benutzen Sie dazu die folgenden Gatterschaltungen:

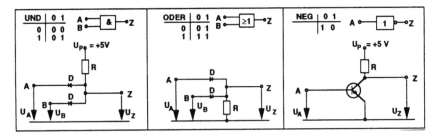

Abb. 1: Gatterschaltungen

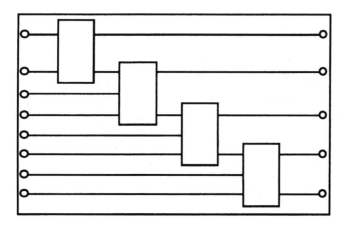

Abb. 2: 4-bit-Addierer

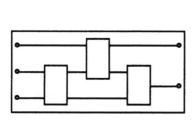

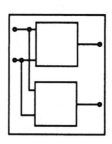

Abb. 3: Volladdierer   **Abb. 4:** Halbaddierer

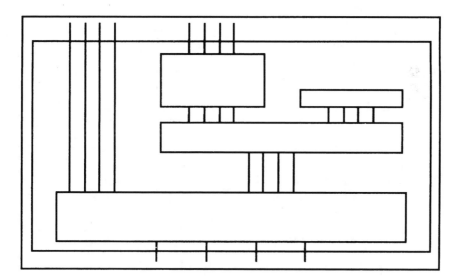

Abb. 5: Subtraktion

7. Übung: Echtzeitverarbeitung

Echtzeitverarbeitung bedeutet, daß ein sich real abspielender Vorgang unmittelbar von einem Rechner verarbeitet wird. Echtzeitverarbeitung ist in der Prozeßsteuerung häufig notwendig. Oft müssen große Datenmengen in relativ kurzer Zeit bearbeitet werden. Die Daten werden aufgenommen und unmittelbar verarbeitet.

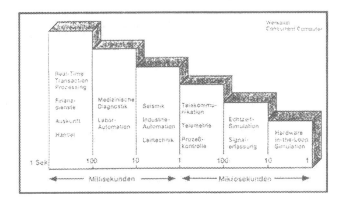

Abb. 1: Anwendungsbereiche mit unterschiedlichen Echtzeitanforderungen
(aus: UNIX-Magazin, Juni, 1991)

Als Beispiel für die Übung dient die Regelung eines Hydraulikzylinders, wie sie im folgenden Bild skizziert ist.

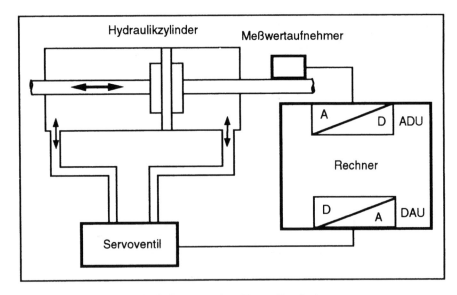

Abb. 2: Regelung eines Hydraulikzylinders

Die Gesamtanordnung wird zunächst kurz erläutert. Anschließend werden die einzelnen Elemente ausgehend vom Hydraulikzylinder dem Signalverlauf folgend näher betrachtet.

Der Hydraulikzylinder bewegt einen Stempel beim Tiefziehverfahren zur Blechumformung. Der Meßwertaufnehmer erfaßt die örtliche Lage des Kolbens. Die Meßwerte werden über einen Analog-Digital-Umsetzer (ADU) an einen Rechner weitergegeben. Der Rechner ermittelt daraus die Stellgröße für das Servoventil. Damit das Servoventil die Ergebnisse verwerten kann, müssen sie in einem Digital-Analog-Umsetzer (DAU) wieder in analoge Signale umgesetzt werden. Das Servoventil kann dann schließlich den Hydraulikzylinder mit dem entsprechenden Druck beaufschlagen.

Diese Anordnung läßt sich auch in einem Signalflußplan der Regelungstechnik darstellen (Bild 3-2-5 des Vorlesungsmanuskriptes).

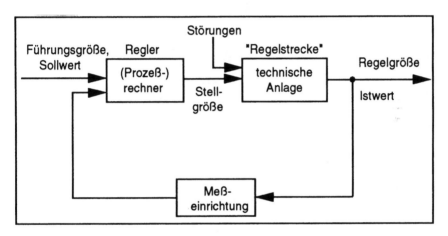

Abb. 3: Signalflußplan

Im folgenden sollen die Bearbeitungszeiten, die die einzelnen Elemente des Regelkreises benötigen, und die entsprechenden internen Abläufe betrachtet werden. Begonnen wird dabei mit dem Meßwertaufnehmer.

Meßwertaufnehmer

Beim Meßwertaufnehmer handelt es sich um ein "Differential-Potentiometer". Der Widerstand ändert sich entsprechend der Lage des Abnehmers. Dadurch liegen am ADU unterschiedliche Spannungen an, die proportional zum Abstand des Aufnehmers vom Nullpunkt sind. Die Spannung liegt zwischen 0 und 5 Volt. Zur Regelung des Stempels darf ein maximaler Fehler von 0,0005 % auftreten. Der Meßwertaufnehmer benötigt ca. 0,02 ms für eine Messung.

7.1   Geben Sie die maximal zulässige Abweichung des Meßwertes in Volt an.

Analog-Digital-Umsetzer

Die analogen Meßwerte werden in digitale Werte umgesetzt, damit der Rechner sie verarbeiten kann. Durch einen intern gegebenen Takt wird gewährleistet, daß die

Umsetzung durch den ADU in bestimmten Abständen erfolgt. Der ADU wiederum leitet durch einen Interrupt beim Rechner die weitere Verarbeitung der Meßwerte ein.

Die folgende Tabelle enthält eine Auswahl verschiedener ADUs.

Bauteil	Genauigkeit in bit	Umsetzzeit	Technologie	ca. Preis in DM
AD 7821	8	0,66 µs	2x4 bit Direkt	31,90
AD 7579	10	20 µs	sukzessive Approximation	44,90
AD 7870	12	10 µs	- " -	70,50
AD 7578	12	100 µs	- " -	65,90
AD 679	14	10 µs	- " -	103,-
AD 1376	16	15 µs	- " -	327,-
AD 1170	7- 18	1000-350000 µs	Zwei-Rampen-Verfahren	371,-

7.2 Berechnen Sie zunächst die Anzahl der Werte, die der ADU mindestens umsetzen muß. Bestimmen Sie daraus die geforderte Genauigkeit des ADU in Bit.

7.3 Wählen Sie einen geeigneten ADU aus. Begründen Sie Ihre Wahl. Wie lange dauert schätzungsweise die Umsetzung eines Wertes?

Rechner

Aus dem Signalflußplan läßt sich erkennen, daß der Rechner den Istwert mit dem Sollwert vergleicht, die Stellgröße berechnet und an das Servoventil übermittelt. Allerdings soll der Rechner, wie es meist der Fall ist, nicht nur die Stellgröße bestimmen. Es kann z.B. erforderlich sein, die in unserem Beispiel aufgenommenen Meßwerte zu protokollieren. Im folgenden wird das Programm P1 zur Berechnung der Stellgröße und ein anderes Programm P2 zum Protokollieren der Meßwerte benutzt.

Von Rechnerherstellern werden wie in der folgenden Tabelle Zeiten für Elementaroperationen angegeben.

	80386	IBM 30/90E
Addition ganzer Zahlen	150 ns	17,2 ns
Addition reeller Zahlen	450 ns	17,2 ns
Multiplikation	3300 ns	17,2 ns
Speicherzugriff	70 ns	80 ns

7.4   Überlegen Sie, welche Abläufe zur Verarbeitung eines Meßwertes im
       Rechner notwendig sind.

7.5   Berechnen Sie anhand der Tabelle die Bearbeitungszeit des Programmes
       P1 auf einem 80386 Prozessor.

7.6   Eine experimentelle Messung ergibt für einen 80386 eine
       Bearbeitungszeit von 830 ns. Woher stammt die Differenz zwischen
       errechnetem und experimentell bestimmten Wert?

7.7   Verdeutlichen Sie sich die Interrupt-Steuerung der beiden Programme mit
       Hilfe eines Petri-Netzes.

7.8   Wie müssen die Prioritäten der beiden Programme gewählt werden?
       Zeichnen Sie qualitativ einen möglichen Zeitverlauf mit Interrupt-
       Steuerung. Berücksichtigen Sie dabei die Umsetzzeit des ADUs, P1, P2
       und die Interrupts. Ein Interrupt kann durch einen Pfeil dargestellt
       werden.

7.9   Die Unterbrechungserkennungszeit beträgt 160 ns, die Prozeßwechselzeit
       1020ns. Welche Zeit bei der Verarbeitung durch den Rechner beeinflußt
       den gesamten Kreislauf?

Digital-Analog-Umsetzer

Bei DAUs muß das physikalische Problem des Einschwingvorgangs berücksichtigt
werden. Der analoge Wert darf erst abgenommen werden, wenn er innerhalb des
gewünschten Toleranzbereiches liegt. In unserem Beispiel darf der Wert um
maximal 0,002% vom korrekten Wert abweichen.

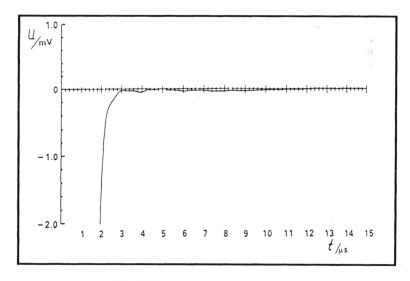

Abb. 4: Einschwingverhalten eines DAU

7.10 Bestimmen Sie mit Hilfe des Bildes die Einschwingzeit des D-A-Um-
       setzers.

Servoventil

Typische Ansteuerzeiten für ein Servoventil liegen bei 0,2 ms.

7.11 Berechnen Sie die gesamte für einen Zyklus benötigte Zeit.

Hydraulikzylinder

Zur Regelung der Bewegung des Kolbens ist eine Taktrate von 1000
Messungen/Sekunde notwendig.

7.12 Berechnen Sie die insgesamt zur Verfügung stehende Zeit zwischen zwei
       Messungen. Ist diese Zeit mit den gewählten Elementen einzuhalten?

7.13 Überlegen Sie, wie das zeitliche Verhalten verbessert werden könnte.

8. Übung: Schon wieder ein PC-Angebot

Sie finden in der Mensa das druckfrische Angebot von einem der zahlreichen Händler, in dem zwei Personalcomputer unbekannter Herkunft und Bauart angeboten werden (s. Abb. 1).

Was enthalten die Angebote, und wie unterscheiden sie sich?

8.1   Was ist der Unterschied zwischen den Angeboten?

8.2   Was bedeutet "486-DX-33 / 256kB Cache 8MB"?

8.3   Was ist der Unterschied zwischen Hauptspeicher und Cache?

8.4   Untersuchen Sie für vier typische Anwendungen, welche Komponenten die Leistung des Gesamtsystems beeinflussen.

8.5   Was ist der größte Vorteil und gleichzeitig das größte Handicap der Personal-Computer aus der 80x86-Familie?

8.6   Was ist faul an der Kombination aus Graphikkarte und Monitor? Prüfen Sie anhand des Datenblattes Lochmaskenabstand und Bildwiederholfrequenz.

Datenblatt:

Name	: Megamulti 33SSI™
Typ	: Farb-Monitor
Bildröhre	: 14", diagonal gemessen
Lochmaskenabstand	: 0,31 mm Dot Trio-Dichte
Abtastfrequenz	: H: 31,47 kHz; V: 59,95 / 70,08 Hz
Spannungsversorgung	: Netz 220-240 V, 50 Hz
Leistungsaufnahme	: 0,6 A
Abmessungen (BxHxT)	: 356 x 349 x 396 mm
Gewicht	: 14,4 kg

K OMPUTER
D AUERHAFT UND
I NNOVATIV

EDV-Vertriebsgesellschaft mbH

Super-
Sonder-
Angebot

Unsere Juniangebote

286-16 /2MB	486 DX-33 / 256kB Cache 8MB
- 80286-16 MHz	-80486 DX-33 MHz 256kB Cache
-2 MB RAM	-8 MB RAM
-1,2 MB 5,25" Floppy	-1,2 MB 5,25" Floppy
-1,44 MB 3,5" Floppy	-1,44 MB 3,5" Floppy
-40 MB Festplatte	-120 MB Festplatte
-1 par./ 2 ser./ 1 game	-1 par./ 2 ser./ 1 game
-VGA 1MB/ 70 Hz 1024 x 768	-VGA 1MB/ 70 HZ 1024 x 768
-VGA Monitor Megamulti 33SSI strahlungsarm	-VGA Monitor Megamulti 33SSI strahlungsarm
-Desktop Gehäuse	-Desktop Gehäuse
-MF2-Standard-Tastatur	-MF2-Standard-Tastatur
-DOS 6.0	-DOS 6.0 und Windows 3.2
-2 l Cola/ 3 Tüten Chips	-2 l Cola/ 3 Tüten Chips
-3 Jahre Vollgarantie	-3 Jahre Vollgarantie
999,-DM	2799,-DM

Abb. 1: Computer-Sonderangebot

9. Übung: Datenbankmodelle, Datenschutz

Betrachten Sie die folgenden Ausschnitte aus Karteikarten des zentralen Prüfungsamtes, des Bafög-Amtes bzw. der Personalabteilung:

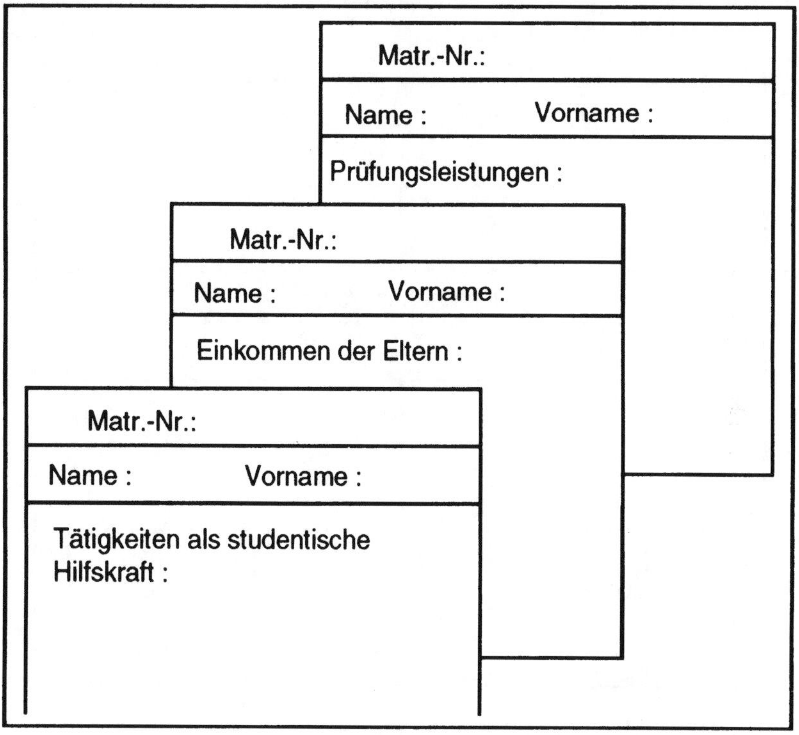

Abb. 1: Karteikarten

9.1   Entwerfen Sie eine Datenbank nach dem hierarchischen Modell. Stellen Sie das Entitäts-Beziehungs-Diagramm auf.

9.2   Erweitern Sie das obige Datenbankmodell zum Netzwerkmodell.

9.3   Ordnen Sie die Daten nach dem Relationenmodell in eine Tabelle.

9.4   Erläutern Sie anhand des Relationenmodells die Problematik des Datenschutzes.

Um den Mißbrauch der Daten zu verhindern, sollen Datenschutzmaßnahmen eingeführt werden. Dazu sollen die Zugriffsrechte jedes Benutzers eingeschränkt werden. Gilt das Prinzip der Abschottung, darf jede Abteilung nur auf die für sie wichtigen Daten zugreifen.

9.5   Welche Felder darf jede Abteilung durch Projektion auswählen, um das
       Prinzip der Abschottung zu gewährleisten?

Die Zugriffsrechte müssen vor Inbetriebnahme der Datenbank durch den
Systemprogrammierer verankert werden.

9.6   Verdeutlichen Sie auf Grund der folgenden Skizze die Organisations-
       struktur einer Datenbank.

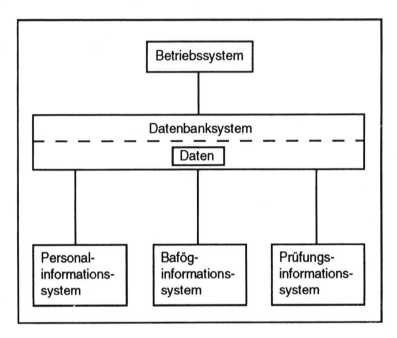

Abb. 2: Organisationsstruktur einer Datenbank

9.7   Welche Maßnahme gewährleistet, daß die Anwender die Abschottung
       nicht selbst aufheben können?

9.8   Welche Maßnahme schützt die Daten vor den Systemprogrammierern?

9.9   Bieten diese Maßnahmen genügenden Datenschutz?

10. Übung: Problemspezifische Softwarewerkzeuge

In dieser Übung wird ein Softwarepaket zur Programmierung von CNC-Maschinen vorgeführt. Der Hersteller dieses Produktes ist persönlich anwesend und entwickelt gemeinsam mit den Studierenden ein Dreh- oder Frästeil. Der Fertigungsprozeß kann anschließend als Simulation auf dem Rechner verfolgt werden. Das programmmierte Teil wird nach der Übung in einer Werkstatt gedreht bzw. gefräst.

6 Lösungen zu den Übungen

1. Übung

zu 1.1:   Zwei Punktmassen gleicher Masse
Zwei masselose Stangen gleicher Länge
Erdbeschleunigung
Rotation und Schwingung

zu 1.2:   Das Ziel der Simulation ist die Vorhersage des
Langzeitverhaltens der Winkel $\alpha(t)$ und $\gamma(t)$.

zu 1.3:   Geometrie:

$$\vec{r}_1 = l \begin{pmatrix} \sin\alpha \\ 0 \\ -\cos\alpha \end{pmatrix} \qquad \vec{r}_2 = l \begin{pmatrix} \sin\alpha + \sin\gamma \\ 0 \\ -\cos\alpha - \cos\gamma \end{pmatrix}$$

Energieerhaltungssatz:

$$E = \dot{\alpha}^2 + \frac{1}{2}\dot{\gamma}^2 + \dot{\alpha}\dot{\gamma}\cos(\gamma - \alpha) - 2\cos\alpha - \cos\gamma$$

Drallsatz:

$$\frac{d\vec{L}_A}{dt} = \begin{pmatrix} 0 \\ 2\sin\alpha + \sin\gamma \\ 0 \end{pmatrix}$$

Differentialgleichungen:

$$\ddot{\alpha} = \frac{-2\sin\alpha + \dot{\gamma}^2\sin(\gamma - \alpha) + \cos(\gamma - \alpha)\left(\sin\gamma + \dot{\alpha}^2\sin(\gamma - \alpha)\right)}{2 - \cos^2(\gamma - \alpha)}$$

$$\ddot{\gamma} = \frac{-2\sin\gamma - 2\dot{\alpha}^2\sin(\gamma - \alpha) + \cos(\gamma - \alpha)\left(2\sin\alpha - \dot{\gamma}^2\sin(\gamma - \alpha)\right)}{2 - \cos^2(\gamma - \alpha)}$$

zu 1.4:   Struktur des Programmablaufs:

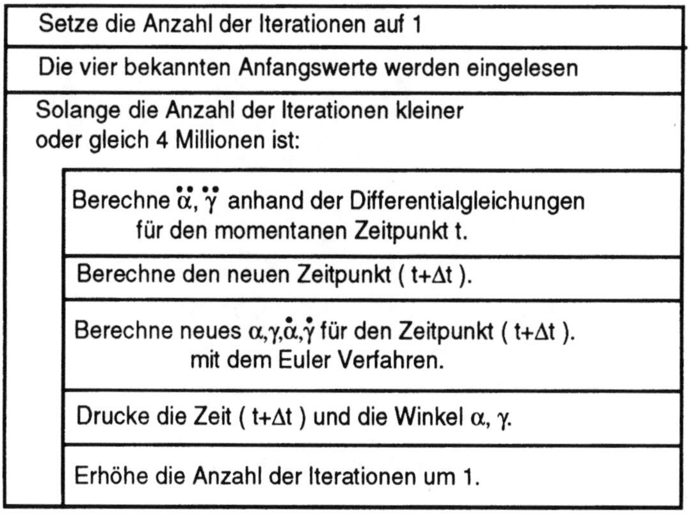

Setze die Anzahl der Iterationen auf 1
Die vier bekannten Anfangswerte werden eingelesen
Solange die Anzahl der Iterationen kleiner oder gleich 4 Millionen ist:

> | Berechne $\ddot{\alpha}, \ddot{\gamma}$ anhand der Differentialgleichungen
für den momentanen Zeitpunkt t. |
> | --- |
> | Berechne den neuen Zeitpunkt (t+Δt). |
> | Berechne neues $\alpha, \gamma, \dot{\alpha}, \dot{\gamma}$ für den Zeitpunkt (t+Δt).
mit dem Euler Verfahren. |
> | Drucke die Zeit (t+Δt) und die Winkel α, γ. |
> | Erhöhe die Anzahl der Iterationen um 1. |

Abb. 1

Ausschnitt aus dem C-Code:

```
#define SIMULATIONSDAUER 40
#define SCHRITTWEITE 0.00001

...
anzahl_schritte = SIMULATIONSDAUER / SCHRITTWEITE ;
alpha = pi ;
gamma = pi ;
alpha_p = 0.0 ;           /* 1.Ableitung von alpha */
gamma_p = 0.00001 ;       /* 1.Ableitung von gamma */
i = 1;

while ( i <= anzahl_schritte )
   {
   alpha_2p = +alpha_p*alpha_p*sin(gamma-alpha)*cos(gamma-alpha)
             +sin(gamma)*cos(gamma-alpha)-2.0*sin(alpha)
             +gamma_p*gamma_p*sin(gamma-alpha);

   alpha_2p = alpha_2p
           / (2.0-cos(gamma-alpha)*cos(gamma-alpha));
   ...
   i = i+1;
   }                /* Ende der while-Schleife */
```

zu 1.5:   Zwei Punktmassen gleicher Masse
           Zwei masselose Stangen gleicher Länge
           Erdbeschleunigung
           Störgröße
           Rotation und Schwingung

Geometrie:

$$\vec{r}_1 = l\begin{pmatrix} \sin\alpha \\ 0 \\ -\cos\alpha \end{pmatrix} \qquad \vec{r}_2 = l\begin{pmatrix} \sin\alpha + \sin\gamma \\ 0 \\ -\cos\alpha - \cos\gamma \end{pmatrix}$$

Energieerhaltungssatz:

$$E = \dot{\alpha}^2 + \frac{1}{2}\dot{\gamma}^2 + \dot{\alpha}\,\dot{\gamma}\cos(\gamma-\alpha) - 2\cos\alpha - \cos\gamma$$
$$+ 10^{-7}(2\sin\alpha - \sin\gamma)$$

Drallsatz:

$$\frac{d\vec{L}_A}{dt} = \begin{pmatrix} 0 \\ 2\sin\alpha + \sin\gamma \\ 0 \end{pmatrix} - 10^{-7}\begin{pmatrix} 0 \\ 2\cos\alpha + \cos\gamma \\ 0 \end{pmatrix}$$

Differentialgleichungen:

$$\ddot{\alpha} = \frac{-2\sin\alpha + \dot{\gamma}^2\sin(\gamma-\alpha) + \cos(\gamma-\alpha)\left(\sin\gamma + \dot{\alpha}^2\sin(\gamma-\alpha)\right)}{2 - \cos^2(\gamma-\alpha)}$$
$$+ 10^{-7}\frac{\cos\gamma\cos(\gamma-\alpha) - 2\cos\alpha}{2 - \cos^2(\gamma-\alpha)}$$

$$\ddot{\gamma} = \frac{-2\sin\gamma - 2\dot{\alpha}^2\sin(\gamma-\alpha) + \cos(\gamma-\alpha)\left(2\sin\alpha - \dot{\gamma}^2\sin(\gamma-\alpha)\right)}{2 - \cos^2(\gamma-\alpha)}$$
$$+ 10^{-7}\frac{2\cos\alpha\cos(\gamma-\alpha) - 2\cos(\gamma-\alpha)}{2 - \cos^2(\gamma-\alpha)}$$

zu 1.6:   Ausschnitt aus dem C-Code:

```
#define SIMULATIONSDAUER 40
#define SCHRITTWEITE 0.00001
#define STOERGROESSE 0.0000001
...
anzahl_schritte = SIMULATIONSDAUER / SCHRITTWEITE ;
alpha = pi ;
gamma = pi ;
alpha_p = 0.0 ;           /* 1.Ableitung von alpha */
gamma_p = 0.00001 ;       /* 1.Ableitung von gamma */
i = 1;

while ( i <= anzahl_schritte )
      {
  alpha_2p = +alpha_p*alpha_p*sin(gamma-alpha)*cos(gamma-alpha)
             +sin(gamma)*cos(gamma-alpha)-2.0*sin(alpha)
             +gamma_p*gamma_p*sin(gamma-alpha)
             +STOERGROESSE*cos(gamma-alpha)*cos(gamma)
             -STOERGROESSE*2.0*cos(alpha);
  alpha_2p = alpha_2p
    / (2.0-cos(gamma-alpha)*cos(gamma-alpha));
  ...
  i = i+1;
  }                /* Ende der while-Schleife */
```

zu 1.7:   Eine Simulation kann nur über diejenigen Aspekte eine Aussage treffen, die auf dem Computer tatsächlich abgebildet wurden.

3. und 4. Übung

Die 3. und 4. Übung haben den Entwurfsprozeß zum Thema. Da ein solcher Vorgang aber niemals eine einzige richtige Lösung zur Folge haben kann, ist es an dieser Stelle nicht sinnvoll, Lösungen anzugeben. Im folgenden werden einige Hinweise zu den verwendeten Entwurfshilfsmitteln gegeben.

Beziehungen im Entitäts-Beziehungs-Diagramm:

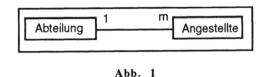

Abb. 1

Eine Abteilung hat Beziehungen zu m Angestellten.
Ein Angestellter hat Beziehungen zu einer Abteilung.

Beziehungen im Klassendiagramm:

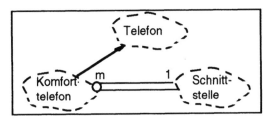

Abb. 2

Ein Komforttelefon hat eine Schnittstelle.
Eine Schnittstelle gehört zu m Komforttelefonen.
Ein Komforttelefon ist ein Telefon.

Prinzipielle Verknüpfungsmöglichkeiten im Petri-Netz:

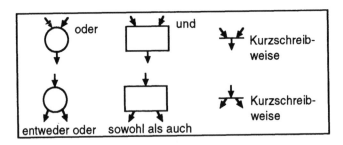

Abb. 3

5. Übung

zu 5.1

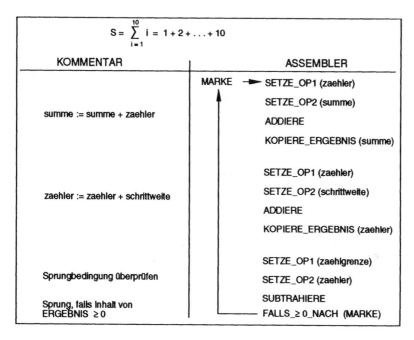

$$S = \sum_{i=1}^{10} i = 1 + 2 + \ldots + 10$$

KOMMENTAR		ASSEMBLER
	MARKE →	SETZE_OP1 (zaehler)
		SETZE_OP2 (summe)
summe := summe + zaehler		ADDIERE
		KOPIERE_ERGEBNIS (summe)
		SETZE_OP1 (zaehler)
zaehler := zaehler + schrittweite		SETZE_OP2 (schrittweite)
		ADDIERE
		KOPIERE_ERGEBNIS (zaehler)
		SETZE_OP1 (zaehlgrenze)
Sprungbedingung überprüfen		SETZE_OP2 (zaehler)
		SUBTRAHIERE
Sprung, falls Inhalt von ERGEBNIS ≥ 0		FALLS_≥ 0_NACH (MARKE)

Abb. 1

zu 5.2:

Adresse der Speicherzelle im Programmspeicher	Operation	Adresse
0 0100	100	1 0000
0 0101	101	1 0010
0 0110	000	
0 0111	110	1 0000

Assembler (symbolische Namen)	→ 1 : 1 → Textübersetzer und Verwaltung der Adressen	Maschinensprache (Binärcode)

Abb. 2

zu 5.3:

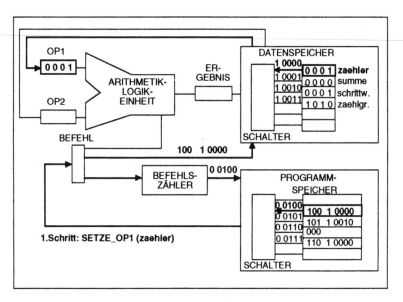

Abb. 3

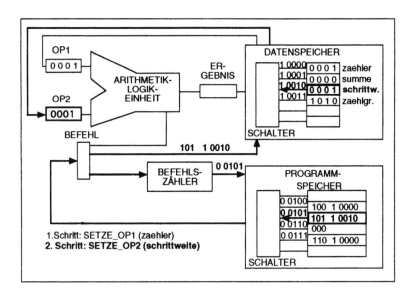

Abb. 4

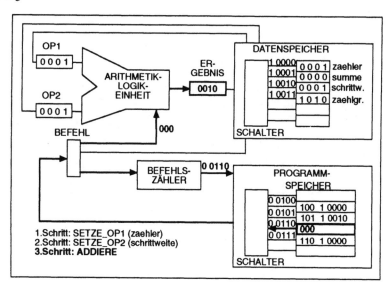

Abb. 5

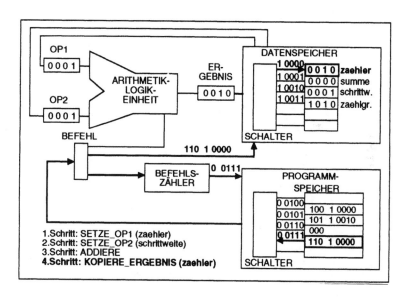

Abb. 6

6. Übung

zu 6.1:

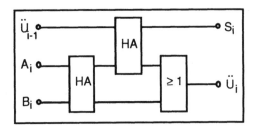
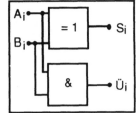

Abb. 1: Volladdierer   **Abb. 2:** Halbaddierer

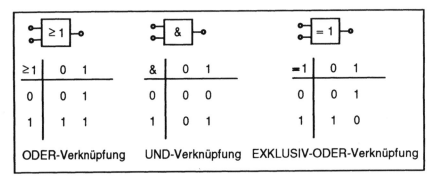

Abb. 3: Wahrheitstabellen

zu 6.2:

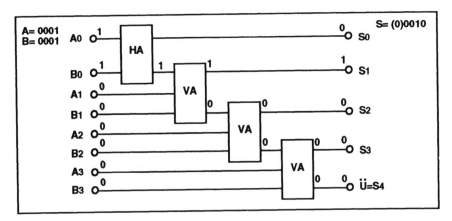

Abb. 4: 4-bit-Addierer

zu 6.3:   Berechnung von 10 - 05:

a) Stellenkomplement von 05 bilden: 99 - 05 = 94 (Neunerkomplement)
b) Addition von 1   + 1
                                                     95 (Zehnerkomplement)
c) Addition des ersten Operanden
zu diesem Zwischenergebnis   10 + 95 = (1)05

Die führende 1 besagt, daß das Ergebnis ein positives Vorzeichen besitzt,
bei einem negativen Ergebnis steht an dieser Stelle eine 0.

Entsprechend kann diese Rechnung auch im Binärsystem durchgeführt
werden:

• Berechnung von 1010 - 0101:

a) Stellenkomplement von 0101 bilden: 1111- 0101 = 1010 (Einerkmp.)
b) Addition von 1   + 0001
                                                   1011 (Zweierkmp.)

c) Addition des ersten Operanden
   zu diesem Zwischenergebnis   1010 + 1011 = (1) 0101

zu 6.4:

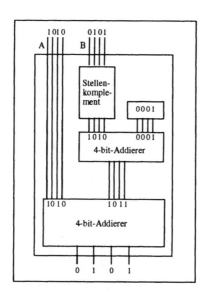

Abb. 5: Subtraktion

zu 6.5:

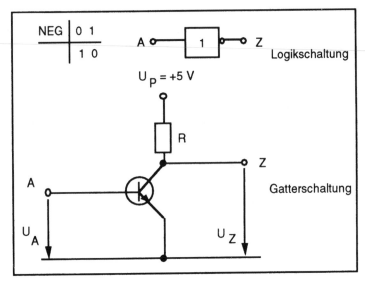

Abb. 6: Logik- und Gatterschaltung Stellenkomplement

zu 6.6:

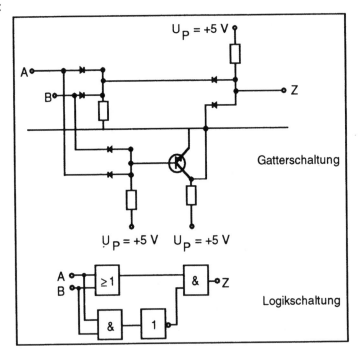

Abb. 7: Logik- und Gatterschaltung XODER

7. Übung

zu 7.1: $\Delta U = 0{,}025\,mV$ ist die maximal zulässige Abweichung.

zu 7.2:   17 bit Genauigkeit

zu 7.3:   Nur AD 1170 weist die geforderte Genauigkeit auf. Die maximale Um-
          setzzeit beträgt bei 17 bit ca. 300ms.

zu 7.4:   1. Hole U_{Soll} aus Speicher in OP1
          2. Hole U_{Ist} aus ADU in OP2
          3. Subtrahiere
          4. Gib Ergebnis an DAU
          5. Speichere U_{Ist}

zu 7.5:   4 * Speicherzugriff und 1 * Addition
          Dauer: 430ns

zu 7.6:   Die von Rechnerherstellern angegebenen Werte gelten unter den für die
          jeweilige Elementaroperation günstigsten Bedingungen.

zu 7.7:

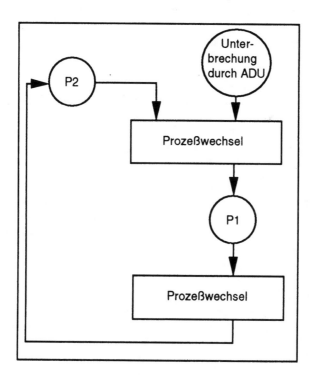

Abb. 1

zu 7.8:   P1 muß die höchste Priorität haben.

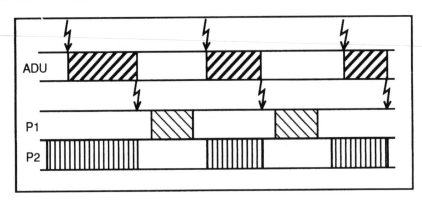

Abb. 2

zu 7.9:   Die relevante Verarbeitungszeit beträgt T = 2,01μs = 830ns + 160ns +
           1020ns.

zu 7.10:   T ≈ 2,7 μs

zu 7.11:   T (Zyklus) ≈ 300ms
           Die Zykluszeit wird im wesentlichen vom ADU bestimmt.

zu 7.12: $T_{(Mess)}$ = 1ms. Die Zykluszeit ist bei der geforderten Abtastrate zu
           groß.

zu 7.13:   Da der ADU das kritische Element ist, sollte bei ihm nach Verbesser-
           ungsmöglichkeiten gesucht werden. Der Tabelle läßt sich entnehmen,
           daß alle anderen Technologien schneller als der ADU mit Zwei-Rampen-
           Verfahren sind. Bereits AD1376 ist für diese Anwendung schnell genug.
           Allerdings sinkt mit der Geschwindigkeit und dem Preis auch die
           Genauigkeit (und zwar um die Hälfte)..

           In diesem Fall besteht auch die Möglichkeit, das Differential-Potentio-
           meter durch ein inkrementales Wegmeßsystem zu ersetzen und damit den
           ADU einzusparen. In diesem Kreislauf war eindeutig nicht der Rechner
           der Engpaß. Es ist wichtig, auch alle anderen Elemente mit in die Kalku-
           lation einzubeziehen.

8.Übung

zu 8.1:

	286-16	486 DX-33
Erscheinungsbild: Tastatur Monitor Gehäuse	rein äußerlich sind die beiden Geräte identisch	
Speicher: RAM Festplatte Floppy	2 MB ~ 130,- DM 2 MB ~ 200,- DM identisch ~ 200,- DM	8 MB ~ 520,- DM 120 MB ~ 480,- DM
Mainboard	286-16 ~120,- DM	486 DX-33 ~800,- DM

Der wesentliche Unterschied hinsichtlich Preis und Leistung liegt im Mainboard.

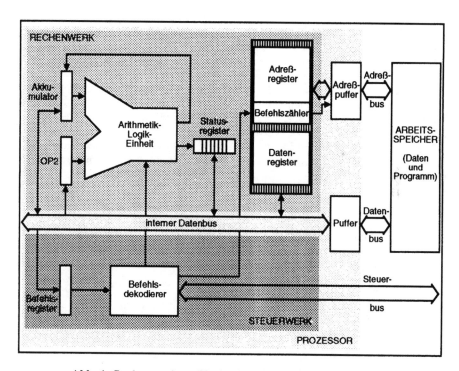

Abb. 1: Rechnerstruktur (Umdruck: Abb. 3-1-2)

zu 8.2:

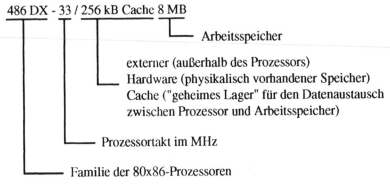

486 DX - 33 / 256 kB Cache 8 MB

└── Arbeitsspeicher

externer (außerhalb des Prozessors)
Hardware (physikalisch vorhandener Speicher)
Cache ("geheimes Lager" für den Datenaustausch
zwischen Prozessor und Arbeitsspeicher)

Prozessortakt im MHz

Familie der 80x86-Prozessoren

Typ	Wortbreite	Adreßbus	max. adressierbarer Bereich	
8086	16 bit	20 bit	1 MB	
80286	16 bit	24 bit	16 MB	
386SX	16 bit	24 bit	16 MB	Multitasking
386DX	32 bit	32 bit	4 GB	
486SX	32 bit	32 bit	4 GB	interner 8kB Cache
486DX	32 bit	32 bit	4 GB	interner Koprozessor

Der 486-Prozessor besitzt einen prozessor-internen Cache-Speicher von 8 kB, um
den Datenaustausch zwischen Prozessor und Arbeitsspeicher zu beschleunigen.
Zusätzlich stellt das Mainboard aus diesem Angebot einen prozessor-externen
Cache-Speicher von 256 kB zur Verfügung.

Die Daten, die am häufigsten zwischen Prozessor und Arbeitsspeicher
ausgetauscht werden, können so in unmittelbarer Nähe des Prozessors
bereitgehalten werden. Die Verarbeitungsgeschwindigkeit steigt um den Faktor 2
bis 4.

zu 8.3:   Ein Rechner mit einer Taktfrequenz von 33 MHz arbeitet mit einer
Zyklusdauer T=1/f von 30 ns. Theoretisch kann der Rechner pro Zyklus
einen Befehl abarbeiten und somit alle 30 ns auf den Speicher zugreifen
(praktisch braucht ein Maschinenbefehl in der Regel zwischen 1 und 150
Zyklen).

Die Standardtechnologie für den Arbeitsspeicher ist das

Dynamische RAM (DRAM)
• Speicherung mittels Kondensatorschaltung
• "Auffrischen" der Kondensatorladung erforderlich
• ~60 ns Zugriffszeit
• günstiger Preis

Für schnelle Prozessoren reicht diese Zugriffszeit nicht aus. Der Prozessor wartet (im schlechtesten Fall) 2 Zyklen auf einen Speicherzugriff. Abhilfe bietet hier eine andere Speichertechnologie:

Statisches RAM (SRAM)
• Speicherung mittels Transistorschaltung
• kein Auffrischen erforderlich
• ~15ns Zugriffszeit
• hoher Preis

Bedingt durch den hohen Preis der SRAM-Bausteine ist es nicht wirtschaftlich, den gesamten Arbeitsspeicher mit dieser Technologie auszurüsten. Daher werden die SRAM-Bausteine nur im Cache eingesetzt, um den Flaschenhals des Datenaustausches zumindest für die am häufigsten genutzten Daten zu entschärfen.

zu 8.4:

Anforderungen von — an	Prozessor	Speicher	Bildschirmausgabe
Textverarbeitung	-	o	o/+
CAD	++	+/++	++
Datenbank	+	++	-
Programmieren	+	+	-

Legende: ++ extrem hoch   + hoch   o normal   - niedrig

Die Leistung des Gesamtsystems wird nicht allein durch die Prozessorleistung bestimmt, sondern ist abhängig vom Zusammenspiel der verschiedenen Komponenten.

Eine aussagekräftige Vergleichsbasis bieten sogenannte Benchmark-Tests, die mit genormten Aufgaben die tatsächlichen Verarbeitungszeiten verschiedener Systeme ermitteln (z.B.: Suche aus einer Datenbank mit 10.000 Sätzen alle "Maier" aus "Aachen" heraus).

zu 8.5:

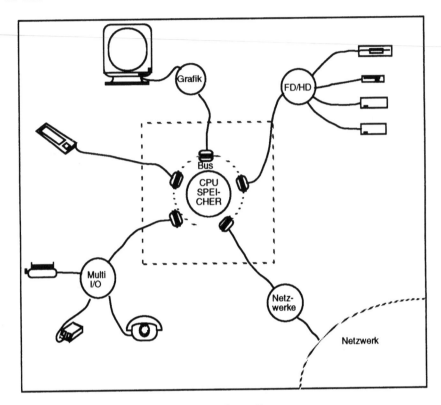

Abb. 2: ISA - Bus - Konzept

Die Stärke des PCs liegt in der festgelegten Schnittstelle nach außen -
dem Bus. In der Industrie Standard Architektur (ISA) wurde festgelegt,
auf welche Art und Weise Daten über den Bus nach außen übertragen
werden (16 bit parallel).

An diesen Bus können beliebige Steckkarten angeschlossen werden.
Z.B.:

- Multi I/O   für Maus, Drucker, Modem etc.
- Graphikkarte   für den Monitor
- Controller   für Festplatte (HD) und Diskettenlaufwerk (FD)

oder andere Steckkarten für Spezialanwendungen:

- Anschluß an Netzwerke
- Steuerung von Prozessen
- Meßdatenerfassung
- Digitalisierung von Videobildern etc.

Dabei ist die Wahl des Rechners aus der 80x86 Familie im Prinzip völlig frei, da die Schnittstelle festgelegt ist. Die Stärke der PCs liegt in ihrer universellen Verwendbarkeit.

Im Vergleich der beiden Angebote fällt dabei auch das Handicap in´s Auge: obwohl sich beide Mainboards hinsichtlich Preis und Leistungsfähigkeit um Größenordnungen unterscheiden, besitzen sie den gleichen Bus(!) – der Preis für die universelle Einsetzbarkeit des Systems. Trotzdem ist es schwierig, eine Weiterentwicklung des ISA-Bus-Konzeptes am Markt zu etablieren. Ein Versuch in diese Richtung ist die Erweiterte Industrie Standard Architektur (EISA), die 32 bit parallel überträgt und voll kompatibel zum ISA-Bus bleibt. Ein weiteres Konzept, der VESA-Local-Bus, zeigt ebenso weite Verbreitung auf dem Markt.

zu 8.6:

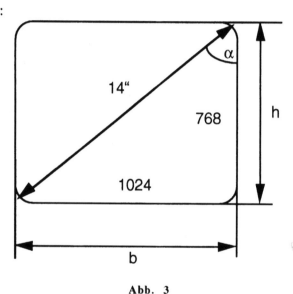

Abb. 3

a) Lochmaskenabstand

$\tan\alpha = 1024 / 768 = 1,33 \Rightarrow \alpha = 53,13°$

$b = 14“ \sin\alpha = 28,44$ cm

$h = 14“ \cos\alpha = 21,34$ cm

mit $14“ \approx 35,56$ cm

Lochmaskenabstand:

$a = b / 1024$
$= h / 768$
$= 0,278$ mm

b) Bildwiederholfrequenz: Anzahl vollständiger Bilder pro Sekunde
   Zeilenfrequenz: Anzahl der Bildzeilen pro Sekunde

Anzahl Zeilen * Bildwiederholfrequenz = Zeilenfrequenz
$$768 * 70Hz = 53,7 \text{ kHz}$$

Die Grafikkarte aus dem Angebot liefert 1024*768 Bildpunkte mit 70Hz. Diese Auflösung kann der Monitor mit dem Lochmaskenabstand von 0,31 mm und der Zeilenfrequenz von 31,47 kHz nicht darstellen.

Welche Auflösung kann der Monitor maximal mit 70 Hz darstellen?

9. Übung

zu 9.1:

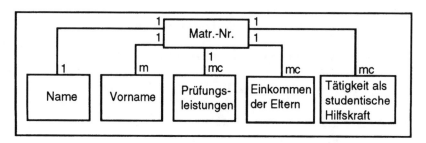

Abb. 1

zu 9.2:

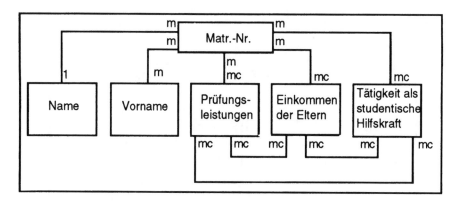

Abb. 2

zu 9.3:

Matrikel-nummer	Name	Vorname	Prüfungs-leistungen	Einkommen der Eltern	Tätigkeit als studentische Hilfskraft

Abb. 3

zu 9.4: Durch Projektion auf die Felder Matr. -Nr., Einkommen der Eltern, Prüfungsleistungen können Beziehungen zwischen dem Studienerfolg und der sozialen Stellung der Eltern hergestellt werden.

Durch die Projektion auf die Felder Matr. -Nr., Prüfungsleistungen, Tätigkeit als studentische Hilfskraft lassen sich die Studenten ermitteln, die auf Grund ihrer Tätigkeit ihr Studium in den letzten Semestern vernachlässigt haben.

zu 9.5:   Zentrales Prüfungsamt:
          Matr. -Nr., Name, Vorname, Prüfungsleistungen
          Bafög -Amt:
          Matr. -Nr., Name, Vorname, Einkommen der Eltern
          Personalabteilung:
          Matr. -Nr., Name, Vorname, Tätigkeit als studentische Hilfskraft

zu 9.6:

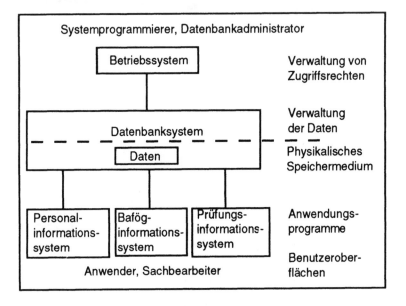

Abb. 4

zu 9.7:   Die Anwender sollten keinen Zugriff auf das Betriebssystem haben.

zu 9.8:   Die Systemprogrammierer sollten keinen Zugriff auf Echtdaten haben.

zu 9.9:   Nein. Absoluter Datenschutz ist unmöglich, da technische Maßnahmen immer durch organisatorische unterstützt werden müssen.

7 Literatur

Allgemeine Lehrbücher (Auswahl)

Ameling, W.: Digitalrechner - Grundlagen und Anwendungen. Technische
    Informatik 1. 300 S., Braunschweig 1990; 39,80 DM[1] (für
    Elektrotechniker)
Dworatschek, S.: Grundlagen der Datenverarbeitung. 8. Aufl., 600 S., Berlin-New
    York 1989 (Grundlagen-Buch)
Goldschlager, L., Lister, A.: Informatik. Eine moderne Einführung. 3. Aufl., 366
    S., München-Wien-London 1990; 38,- DM[1] (Relativ theoretisch
    orientierte Einführung)
Rembold, U. (Hrsg.): Einführung in die Informatik für Naturwissenschaftler und
    Ingenieure. 2. Aufl., 436 S., München-Wien 1991; 48,- DM[1] (Sehr
    ausführliches, in die Tiefe gehendes Grundlagenbuch)
Schumny, H.: Digitale Datenverarbeitung. 2. Aufl., 306 S., Braunschweig 1989;
    52,- DM[1] (Hardware- und geräteorientierte Einführung)
Sell, R.: Angewandtes Problemlöseverhalten. Denken und Handeln in komplexen
    Zusammenhängen. Berlin-Heidelberg 1988; 38,- DM[1] (Vertiefung zu
    Kapitel 2.1)
Wirth, N.: Systematisches Programmieren. 3. Aufl., Stuttgart 1978; 26,80 DM[1]

Software Engineering

Booch, G.: Object Oriented Design. Redwood City, California: The
    Benjamin/Cummings Publishing Company, Inc. 1991
Brooks, F.: No Silver Bullet: Essence and Accidents of Software Engineering.
    IEEE Computer, vol. 20 (4) 1974
Denert, E.: Software Engineering. Berlin-Heidelberg 1991
Gewald, K., Haake, G., Pfadler, W.: Software Engineering. Grundlagen und
    Technik rationeller Programmentwicklung. 4. Aufl. München-Wien 1985
Hering, E.: Software Engineering. 3. Auflage, 168 Seiten; Braunschweig/
    Wiesbaden 1992, Vieweg
Myers, G.: Composite/Structured Design. New York: Van Nostrand Reinhold
    Company, Inc. 1978
Nagl, M.: Softwaretechnik: Methodisches Programmieren im Großen. 385 S.,
    Berlin-Heidelberg-New York 1990
Schneider, G.M., Weingart, S., Perlman, D.: An Introduction to Programming and
    Problem Solving with Pascal. New York: John Wiley & Sons, Inc. 1982

---

[1] unverbindliche Preisempfehlung, Stand Dezember `93

Literatur zu Einzelfragen

Dahl, O., Dijkstra, E., Hoare, C.A.R.: Structured Programming. London, England:
    Academic Press 1972
Henning, K.: Spuren im Chaos. Olzog-Verlag, München 1993
Henning, K. Marks, S.: Kommunikations- und Organisationsentwicklung.
    Vorlesungsmanuskript, Aachen 1993
Jackson, M.: Principles of Program Design. Orlando, Fl: Academic Press 1975
Kief, H.B.: NC/CNC Handbuch 88, NC-Handbuchverlag, Michelstadt
    1988
Kosy, D.W.: Processing in the 1980's: Trends in Software Technology. Air Force
    Command and Control Information. Santa Monica: Rand (1974), NTIS
    AD-A017 128
Ledgard, H.F., Nagin, P.A., Hueras, J.F.: Pascal with Style. Programming
    Proverbs. Hasbrouk Heights, NJ/Berkeley, Cal.: Hayden Book Company
    1975
Meyer-Ebrecht: Grundzüge der Elektrotechnik. 4. Auflage, 162 S., Aachen 1990
Miller, G.: The Magical Number Seven, Plus or Minus Two: Some Limits on Our
    Capacity for Processing Information. The Psycological Review, vol. 63 (
    2) 1956 S. 86
Odgin, J.L.: Designing Reliable Software. Datamation (July 1972) S. 71-78
Ritter, H., Martinez, T., Schulten, K.: Neuronale Netze. Addison-Wesley
    Publishing Company, 251 Seiten, Bonn, München, 1990
Schmitt, G.: Mikrocomputertechnik mit den Prozessoren der 68000-Familie. 392
    S., Wien-München 1991
Sell, R., Fuchs, P.: Arbeiten mit dem Computer - ein Modell zur
    Beteiligungsqualifizierung. Technische Rundschau, Hellweg-Verlag, Bern,
    Heft 10, 1990, S.20-27
Seegmüller, G.: Computersicherheit - Viren im Computer, Hacker im Netz.
    Vortragsmanuskript; AGF-Vortragsreihe "Zeitfragen-Forschungsfragen",
    Bad Godesberg, 1989
Tanenbaum, A. S.: Computer-Netzwerke. 801 S., 1992
Stoll, C.: Kuckucksei, Die Jagd auf die deutschen Hacker, die das Pentagon
    knackten. 463 S., Wolfgang Krüger Verlag, 1989
Verein Deutscher Ingenieure: Handlungsempfehlung zur sozialverträglichen
    Technikgestaltung von Automatisierungsvorhaben. Düsseldorf, 1989
Weck, M.: Werkzeugmaschinen Band 3. VDI Verlag Düsseldorf 1989
Wirth, N.: Algorithms and Data Structures. Englewood Cliffs, NJ: Prentice-Hall
    1986
Wirth, N.: Program Development by Stepwise Refinement. Communications of
    the ACM, vol. 26 (1) 1983
Yourdon, E., Constantine, L.: Structured Design. Englewood Cliffs, NJ: Prentice-
    Hall 1979
Zimmermann, L. (Hrsg.): Humane Arbeit - Leitfaden für Arbeitnehmer. Band 3

Anwendungsliteratur

Haft, F.: Klipp und Klar, 100 x Computer. 200 S., Mannheim 1979

Hoffmann, E.: Dynamische Prozesse - computergesteuert am Beispiel einer Modellbahn mit Bildschirmstellwerk. München 1988

Koller, R.: CAD, Automatisiertes Zeichnen, Darstellen und Konstruieren. Berlin-Heidelberg-New York 1989

Link, W.: Messen, Steuern, Regeln mit PCs. 192 S., München 1989

Mansfried, N.: Das Benutzerhandbuch zum X Window-System. 454 S., Bonn-München-etc. 1990

Schmidt, G., Stensloff, H. (Hrsg): Mit vernetzten, intelligenten Komponenten zu leistungsfähigeren Meß- und Automatisierungssytemen. 690 S., München-Wien 1989

Scholz, B.: CIM-Schnittstellen. 206 S., München-Wien 1988

Vanja, S., Schlingensiepen, J.: CIM-Lexikon. 525 S., Braunschweig 1990;

8 Stichwortverzeichnis